臺灣史研究名家論集

（二編）

尹章義　王見川　吳學明

李乾朗　周翔鶴　林文龍

邱榮裕　徐曉望　康　豹

陳小沖　陳孔立　黃卓權

黃美英　楊彥杰　蔡相輝

蘭臺出版社

作者簡介（依姓氏筆劃排序）

尹章義　社團法人臺灣史研究會理事長、財團法人福祿基金會董事、財團法人兩岸關係文教基金會執行長。中國文化大學民國 106 年退休教授，輔仁大學民國 94 年退休教授，東吳、臺大兼課。出版專書 42 種（含地方志 16 種）論文 358 篇（含英文 54 篇），屢獲佳評凡四百餘則。

赫哲人，世居武昌小東門外營盤（駐防），六歲隨父母自海南島轉進來臺，住臺中水湳，空小肄業，四民國校、省二中、市一中畢業，輔仁大學學士，臺灣大學碩士，住臺北新店。

王見川　1966 生，2003 年 1 月取得國立中正大學歷史所博士學位。2003 年 8 月至南臺科技大學通識教育中心任助理教授至今。研究領域涉及中國民間信仰(關帝、玄天上帝、文昌、媽祖)、預言書、明清以來民間宗教、近代道教、佛教、扶乩與慈善等，是國際知名的明清以來民間宗教與相關文獻專家。著有《從摩尼教到明教》(臺北新文豐出版公司，1992)、《臺灣的齋教與鸞堂》(臺北南天書局，1996)、《漢人宗教、民間信仰與預言書的探索：王見川自選集》(臺北：博揚文化公司，2008)、《張天師之研究：以龍虎山一系為考察中心》(臺北：博揚文化公司，2015)等書。另編有《明清民間宗教經卷文獻》、《中國預言救劫書彙編》《臺灣宗教資料彙編：民間信仰、民間文化》、《中國民間信仰、民間文化資料彙編》、《明清以來善書叢編》等套書。

吳學明　國立臺灣師範大學歷史學碩士、博士，現任國立中央大學歷史研究所教授，曾任國立中央大學客家社會文化研究所所長、客家研究中心主任等職。主要研究領域為臺灣開發史、臺灣客家移墾史、臺灣基督教長老教會史與臺灣文化史，關注議題包括移民拓墾、北臺灣隘墾制與地方社會、南臺灣長老教會在地化歷程等。運用自民間發掘的族譜、契約文書等地方文獻，從事區域史研究，也對族群關係、寺廟與社會組織等底層民眾行動力進行探討。著有《金廣福墾隘與新竹東南山區的開發（1835-1895）》、《頭前溪中上游開墾史暨史料彙編》、《金廣福隘墾研究》、《從依賴到自立──臺灣南部基督長老教會研究》、《變與不變：義民爺信仰之擴張與演變》、《臺灣基督長老教會研究》

與學術論文數十篇，並着編《古文書的解讀與研究》（與黃卓權合編著）、《六家林氏古文書》等專書。

李乾朗　中國文化大學建築及都市設計系畢業，現任國立臺灣藝術大學古蹟藝術修護學系客座教授。致力於古建築田野調查研究，培養古蹟維護的專業人才，並積極參與學術研討會發表研究成果。曾出版了《臺灣建築史》、《古蹟入門》、《臺灣古建築圖解事典》、《水彩臺灣近代建築》、《巨匠神工》等八十餘本與傳統建築或近代建築相關之個人著作，同時也主持多項古蹟、歷史建築的調查研究計劃，出席各縣市政府之古蹟評鑑會議或文化資產議題會議，盡其所能地為臺灣古建築的保存與未來發聲。2011 年榮獲第十五屆臺北文化獎，2016 年榮獲第三十五屆行政院文化獎。

周翔鶴　廈門大學臺灣研究院歷史研究所副教授。

林文龍　南投竹山人，現寓彰化和美。1952 年生，臺灣文獻館研究員。喜吟詠，嗜藏書，旁及文房雅玩。近年，以科舉與臺灣書院研究為重點。著《臺灣的書院科舉》、《彰化書院與科舉》、《臺灣科舉家族——新竹鄭氏人物與科名》，以及《掃籜山房詩集》、《陶村夢憶雜詠》等集。別有書話《書卷清談集古歡》，含〈陶村說書〉、〈披卷餘事〉二編。

邱榮裕　臺灣省桃園縣中壢市人，1955 年生，臺灣省立臺北師專、國立臺灣師範大學、日本立命館大學文學碩士、博士。歷任國小、國中教師、臺灣師範大學專任助教、講師、副教授，全球客家文化研究中心主任；兼任中央大學客家學院副教授、臺灣大學客家研究中心特聘副研究員、中華民國斐陶斐榮譽學會榮譽會員等；曾任國立臺灣師範大學校友總會秘書長、臺灣客家研究學會第六屆理事長、考試院命題暨閱卷委員、客家委員會學術暨諮詢委員、臺北市客家事務委員會委員等。

學術專長領域：臺灣史、客家研究、文化資產與社區。專書有：《臺灣客家民間信仰研究》、《臺灣客家風情：移墾、產業、文化》、《臺灣桃園大溪南興庄纘紳公派下弘農楊氏族譜》、《傳承與創新：臺北市政府推展客家事務十週年紀實（民國 88 年至 98年）》、《臺北市文獻委員會五十週年紀念專輯》等，並發表相關研究領域學術研討會論文數十篇。

徐曉望　生於 1954 年 9 月，上海人。經濟史博士。現為福建社會科學院歷史研究所研究員，閩臺文化中心主任。2000 年獲評國務院特殊津貼專家，2012 年獲評福建省優秀專家，2016 年獲評福建省文史名家。廈門大學宗教研究所兼職教授，福建師範大學歷史系兼職教授，福建省歷史學會副會長。2006 年被聘為福建師範大學社會歷史學院博士導師。主要研究方向為明清經濟史、福建史、海洋史等。發表專著 30 餘部，發表論文 300 餘篇，其中在《中國史研究》等核心刊物上發表論文 100 餘篇，論著共計 1000 多萬字。主要著作有：主編《福建通史》五卷本 186 萬字，《福建思想文化史綱》40 萬字，個人專著有：《福建民間信仰源流》《閩國史》《福建經濟史考證》《早期臺灣海峽史研究》《媽祖信仰史研究》《閩商研究》《明清東南山區經濟的轉型——以閩浙贛邊山區為核心》等；近著有：《福建文明史》《福建與東南：海上絲綢之路發展史》等。獲福建省社會科學優秀著作一等獎一次，二等獎三次，三等獎二次。

康　豹　1961 年在美國洛杉磯出生，1984 年耶魯大學歷史系學士，1990 年美國普林斯頓大學東亞系博士。曾經在國立中正大學歷史研究所與國立中央大學歷史研究所擔任過副教授和教授。2002 年獲聘為中央研究院近代史研究所副研究員，2005 年升等為研究員，並開始擔任蔣經國國際學術交流基金會研究室主任。2015 年升等為特聘研究員。研究主要集中在近代中國和臺灣的宗教社會史，以跨學科的方法綜合歷史文獻和田野調查，並參酌社會科學的理論。

陳小沖　1962 年生，廈門大學歷史系畢業。現為兩岸關係和平發展協同創新中心文教平臺首席專家，廈門大學臺灣研究院歷史研究所所長、教授，《臺灣研究集刊》常委副主編。出版《日本殖民統治臺灣五十年史》等多部專著及臺灣史學術論文數十篇。主持或參加多項重大科研課題。主要研究方向：海峽兩岸關係史、殖民地時期臺灣歷史。

陳孔立　1930 年生，現任廈門大學臺灣研究院教授、海峽兩岸和平發展協作創新中心學術委員會委員。曾任廈門大學臺灣研究所所長、中國社會科學院臺灣史研究中心副理事長、中國史學會理事。主要著作有：《臺灣歷史綱要》（主編）、《簡明臺灣史》、《臺灣歷史與兩岸關係》、《臺灣史事解讀》,《臺灣學導論》、《走近兩岸》、《心繫兩岸》、《臺灣民意與群體認同》等。

黃卓權　1949 年生於苗栗縣苗栗市，現籍新竹縣關西鎮。現任客委會諮詢委員、新竹縣文獻委員、國立交通大學客家文化學院客座專家、《關西鎮志》副總編纂。專長臺灣內山開墾史、客家族群史、清代地方制度史。發表研究論著約百萬言，主編「新竹研究叢書」及文史專輯等十餘冊。主要著作：《苗栗內山開發之研究》、《跨時代的臺灣貨殖家：黃南球先生年譜 1840-1919》、《進出客鄉：鄉土史田野與研究》、《古文書的解讀與研究》上、下篇（與吳學明合著）等書；出版詩集《人間遊戲：60 回顧詩選》、《笑看江湖詩選》二冊；參與編撰《新竹市誌》、《獅潭鄉志》、《大湖鄉志》、《北埔鄉志》等地方誌書。

黃美英　政治大學宗教研究所博士生、法鼓佛教學院碩士（主修：佛教史、禪學）。清華大學社會人類學研究所碩士（主修：歷史人類學、宗教人類學、族群史）。臺灣大學中國文學系畢業、臺灣大學考古人類學系肄業。中央研究院民族學研究所研究助理、國立暨南國際大學歷史學系兼任講師。相關學術著作《臺灣媽祖的香火與儀式》、《千年媽祖》及論文二十多篇，主編十多冊書籍。

楊彥杰　男，廈門大學歷史系畢業，長期從事臺灣史和客家研究。歷任福建社會科學院研究員兼臺灣研究所副所長、科研組織處處長、客家研究中心主任、中國閩臺緣博物館館長等職，2014 年退休。代表作：《荷據時代臺灣史》、《閩西客家宗族社會研究》。撰著或主編臺灣史專題、客家田野叢書十餘種，發表論文百餘篇。

蔡相輝　中國文化大學史學研究所博士，歷任任國立空中大學人文學系主任、圖書館館長、總務長等職。現任臺北市關渡宮董事、臺南市泰安旌忠公益文教基金會董事、北港朝天宮諮詢委員、中華媽祖交流協會顧問等職。
　　　　著有：《臺灣的王爺與媽祖》（1989）、《臺灣的祠祀與宗教》（1989）、《北港朝天宮志》（1989、1994）《臺灣社會文化史》（1998）、《王得祿傳》（與王文裕合著）（1998）、《媽祖信仰研究》（2006）、《關渡宮的歷史沿革》《關渡宮的祀神》（2015）、《天妃顯聖錄與媽祖信仰》（2016）等專書及論文篇多。

《臺灣史研究名家論集》——總序

　　《臺灣史研究名家論集》即將印行，忝為這套叢刊的主編，依出書慣例不得不說幾句應景話兒。

　　這十幾年我個人習慣於每學期末，打完成績上網登錄後，抱著輕鬆心情前往探訪學長杜潔祥兄，一則敘敘舊，問問半年近況，二則聊聊兩岸出版情況，三則學界動態及學思心得。聊著聊著，不覺日沉西下，興盡而歸，期待半年後再見。大約三年前的見面閒聊，偶然談出了一個新企劃。潔祥兄自從離開佛光大學教職後，「我從江湖來，重回江湖去」（潔祥自況），創辦花木蘭出版社，專門將臺灣近六十年的博碩士論文，有計畫的分類出版，洋洋灑灑已有數十套，近年出書量及速度，幾乎平均一日一本，全年高達三百本以上，煞是驚人。而其選書之嚴謹，校對之仔細，書刊之精美，更是博得學界、業界的稱讚，而海峽對岸也稱許他為「出版家」，而不是「出版商」。這一大套叢刊中有一套《臺灣歷史文化叢刊》，是我當初建議提出的構想，不料獲得彼首肯，出版以來，反應不惡。但是出書者均是時下的年輕一輩博、碩士生，而他們的老師，老一輩的名師呢？是否也該蒐集整理編輯出版？

　　看似偶然的想法，卻也是必然要去做的一件出版大事。臺灣史研究的發展過程，套句許雪姬教授的名言「由鮮學經顯學到險學」，她擔心的理由有三：一、大陸學界有關臺灣史的任務性研究，都有步步進逼本地臺灣史研究的趨勢，加上廈大培養一大批三年即可拿到博士學位的臺灣學生，人數眾多，會導致臺灣本土訓練的學生找工作更加雪上加霜；二、學門上歷史系有被社會科學、文學瓜分，入侵之虞；三、在研究上被跨界研究擠壓下，史家最重要的技藝——史料的考訂，最後受到影響，變成以理代証，被跨學科的專史研究壓迫得難以喘氣。另外，中研院臺史所林玉茹也有同樣憂慮，提出五大問題：一、是臺灣史研究受到統獨思想的影響；二、學術成熟度仍不夠，一批缺乏專業性的人可以跨行教授臺灣史，或是隨時轉戰研究臺灣史；三、是研究人力不足，尤其地方文史工作者，大多學術訓練不足，基礎條件有限，甚至有偽造史料或創

造歷史的情形，他們研究成果未受到學術檢驗，卻廣為流通；四、史料收集整理問題，文獻資料躍居成「市場商品」，竟成天價；五、方法問題，研究者對於田野訪查或口述歷史必須心存警覺和批判性。

　　十數年過去了，這些現象與憂慮仍然存在，臺灣史學界仍然充滿「焦慮與自信」，這些焦慮不是上文引用的表面問題，骨子裡頭真正怕的是生存危機、價值危機、信仰危機，除此外，還有一種「高平庸化」的危機。平心而論，臺灣史的研究，不論就主題、架構、觀點、書寫、理論、方法等等。整體而言，已達國際級高水準，整個研究已是爛熟，不免凝固形成一僵硬範式，很難創新突破而造成「高平庸化」的危機現象。而「高平庸化」的結果又導致格局小、瑣碎化、重複化的現象，君不見近十年博碩士論文題目多半類似，其中固然也有因不同學門有所創見者，也不乏有精闢的論述成果，但遺憾的是多數內容雷同，資料重複，學生作品如此；學者的著述也高明不到哪裡，調研案雖多，題材同，資料同，析論也大同小異。於是乎只有盡量挖掘更多史料，出版更多古文書，做為研究創新之新材料，不過似新實舊，對臺灣史學研究的深入化反而轉成格局小、理論重複、結論重疊，只是堆砌層累的套語陳腔，好友臺師大潘朝陽教授，曾諷喻地說：「早晚會出現一本研究羅斯福路水溝蓋的博士論文」，誠哉斯言，其言雖苛，卻是一句對這現象極佳註腳。至於受統獨意識形態影響下的著作，更不值得一提。這種種現狀，實在令人沮喪、悲觀，此即焦慮之由來。

　　職是之故，面對臺灣史這一「高平庸化」的瓶頸，要如何掙脫困境呢？個人的想法有二：一是嚴守學術規範予以審查評價，不必考慮史學之外的政治立場、意識形態、身分認同等；二是返回原點，重尋典範。於是個人動了念頭，很想將老一輩的著作重新整理，出版成套書，此一構想，獲得潔祥兄的支持，兩人初步商談，訂下幾條原則，一、收入此套叢書者以五十歲（含）以上為主；二、是史家、行家、專家，不必限制為學者，或在大專院校、研究機構者；三、論文集由個人自選代表作，求舊作不排除新作；四、此套書為長期計畫，篩選四、五十位名家代表

作，分成數輯分年出版，每輯以二十位為原則；五、每本書字數以二十萬字為原則，書刊排列起來，也整齊美觀。商談一有結論，我迅即初步擬定名單，一一聯絡邀稿，卻不料潔祥兄卻因某些原因而放棄出版，變成我極尷尬之局面，已向人約稿了，卻不出版了。之後拿著企劃書向兩家出版社商談，均被婉拒，在已絕望之下，幸得蘭臺出版社盧瑞琴女史遞出橄欖枝，願意出版，才解決困局。但又因財力、人力、市場的考慮，只能每輯以十人為主，這下又出現新困擾，已約的二十幾位名家如何交代如何篩選？兩人多次商討之下，盧女史不計盈虧，終於同意擴大為十五位，並不篩選，以來稿先後及編排作業為原則，後來者編入續輯。

　　我個人深信史學畢竟是一門成果和經驗累積的學科，只有不斷累積掌握前賢的著作，溫故知新，才可以引發更新的問題意識，拓展更新的方法、理論，才能使歷史有更寬宏更深入的研究。面對已成書的樣稿，我內心實有感發，充滿欣喜、熟悉、親切、遺憾、失落種種複雜感想。我個人只是斗膽出面邀請同道之師長友朋，共襄盛舉，任憑諸位自行選擇其可傳世、可存者，編輯成書，公諸同好。總之，這套叢書是名家半生著述精華所在，精彩可期，將是臺灣史研究的一座豐功碑及里程碑，可以藏諸名山，垂範後世，開啓門徑，臺灣史的未來新方向即孕育在這套叢書中。展視書稿，披卷流連，略綴數語以說明叢刊的成書經過，及對臺灣史的一些想法、期待與焦慮。

卓克華

2016.2.22 元宵　於三書樓

《臺灣史研究名家論集》——推薦序

　　陳支平教授在《臺灣史研究名家論集》第一輯之《推薦序》裡精闢地談論海峽兩岸學者共同參與「臺灣史研究」學科建設的情形，並謂「《臺灣史研究名家論集》，在一定程度上體現了當今海峽兩岸臺灣史學術研究的基本現狀和學術水準。這套論集的出版，相信對於推動今後臺灣史研究的進一步開拓和深入，無疑將產生良好積極的作用」。誠哉是言也！

　　值此《臺灣史研究名家論集》第二輯出版之際，吾人亦有感言焉。

　　在中國學術史上不乏「良好積極」的示範：一套叢書標誌著一門學科建設的開啟並奠定其「進一步開拓和深入」的基礎。

　　譬如，1935—1936 年間，由編輯家、出版家趙家璧策劃，蔡元培撰序，胡適、鄭振鐸、茅盾、魯迅、鄭伯奇、阿英（錢杏邨）參與編選和導讀，上海良友圖書公司編輯出版了十卷本《中國新文學大系》。於今視之，《中國新文學大系》之策劃和序論、編選與導言、編輯及出版，在總體上標誌著「中國新文學史研究」學科建設的開啟並為其發展奠定基礎。

　　「臺灣史研究」的學科建設亦然。1957—1972 年間出版的《臺灣文獻叢刊》具有發動和發展「臺灣史研究」學科建設的指標意義和學術價值。1988 年 1 月 30 日至 2 月 1 日在臺北舉辦的「臺灣史學術研討會」開始有邀請大陸學者、邀請陳孔立教授「共襄盛舉」的計畫。由於政治因素的干擾，陳孔立教授未能到會，他提交了論文《清代臺灣移民社會的特點》，由臺灣學者尹章義教授擔任評論人。陳孔立、尹章義教授的此次合作，值得記取，令人感慨！2005 年，陳支平教授主持策劃的《臺灣文獻彙刊》則是大陸學者對於「臺灣史研究」學科建設的一大貢獻。

　　在我看來，作為叢書，同《臺灣文獻叢刊》、《臺灣文獻彙刊》一樣，《臺灣史研究名家論集》對於「臺灣史研究」學科建設的意義和價值堪當「至重至要」四字評語。

　　《臺灣史研究名家論集》第二輯的作者所顯示的學術陣容相當可觀。用大陸學界的習慣用語來說，陳孔立教授、尹章義教授及其他各位教授

均屬於「臺灣史研究」的「學科帶頭人」、「首席學者」一類的人物。

　　臨末，作為學者和讀者，我要對出版《臺灣史研究名家論集》的蘭臺出版社與籌劃總主編卓克華教授表達敬意。為了學術進步自甘賠累，蘭臺出版社嘉惠學林、功德無量也。

汪毅夫

2017 年 7 月 15 日記於北京

《臺灣史研究名家論集》——編後記

　　《臺灣史研究名家論集》〈二編〉就將編校完成，出刊在即，蘭臺出版社編輯沈彥伶小姐，來電囑咐寫篇序，身為整套論集叢書主編，自是不容推辭。當初構想在每編即將出版時，寫篇序，不過（楊）彥杰兄在福州一次聚會中，勸我不必如此麻煩，原因是我在《初編》中已寫過序，將此套書編集成書經過、構想、體制，及對現今研究臺灣史的概況、隱憂都已有完整交待，可作為總序，不必在每編書前再寫篇序，倒不如在書後寫篇〈編後記〉，講講甘苦談，說說些有趣的事兒，這建議非常好，正合我意，欣然同意！

　　當初以為我這主編只要與眾位師長、好友、同道約個稿，眾志成城，共襄盛舉就好了，沒想到事非經過不知難，看似簡單不過的事兒，卻曲折不少。簡言之，有三難，邀稿難，交稿難，成書更難。此話怎說？且聽我一一道來：

　　一、邀稿難：這套論集是個人想在退休前精選兩岸臺灣史名學者約40-50位左右，將其畢生治學論文，擇精編輯，刊印成書，流傳後世，以顯現我們這一代學人的治學成績。等到真的成形，付諸實踐，頭一關便遇到選擇的標準，選誰？反過來說即是不選誰？雖然我個人對「名家」的標準指的是有「名望」，有「資望」，尤其是有「重望」者，心中雖有些譜，但真的擬定名單時，心中卻忐忑不安，擔心得罪人。一開始考慮兩岸學者比例，以三分之二、三分之一為原則，即每編15位學者中，臺灣學者10人，大陸學者5人，大陸學者倒好處理，以南方學者為主，又集中在廈門大學。較困難的是北方有那些學者是研究臺灣史的？水平如何？不過，幸好有廈大諸師友的推薦過濾，尚不構成困擾。較麻煩的反倒是臺灣本地學者，列入不列入都是麻煩，不列入必定會得罪人，但列入的不一定會答應，一則我個人位卑言輕，不足以擔此重任，二則有些學者謙虛客套，一再推辭，合約無法簽定，三則或已答應交給某出版社出版，不便再交給蘭臺出版社，四則老輩學人已逝，後人難尋，難以

簽約。最遺憾是有些作者欣然同意，更有意趁此機會作一彙編整理，卻不料前此諸多論文已賣斷給某出版社，經商詢該出版社，三番兩次均不答應割愛，徒呼奈何。此邀稿難。

　　二、交稿難：我原先希望作者只要將舊稿彙整擇精交來即可，以15萬字為原則，結果發現有些作者字數不足，必須另寫新稿，但更多的作者都是超過字數，結果守約定的學者只交來15萬字，因此割愛不少篇章，不免向我訴苦，等出版社決定放寬為20萬字時，已來不及編輯作業，成為一大憾事。超過的，一再商討，忍痛割捨才定稿。更有對昔年舊稿感到不滿，重新添補，大費周章，令我又佩服又慚愧。也有幾位作者真的太忙，拖拖拉拉，一再延遲交稿，幸好我記取《初編》經驗，私下有多約幾位作者，以備遞補，遲交的轉成《三編》、《四編》。但最麻煩的是有一、二位作者遲遲不簽合約，搞得出版社不敢出版，以免惹上著作權法的法律問題。

　　三、成書難：由於不少是多年前的舊稿，作者雖交稿前來，不是電子檔，出版社必須找人重新打字，不免延擱時間。而大部份舊稿，因是多年前舊作，參考書目，註釋格式，均已改變，都必須全部重新改正，許多作者都是有年紀的人，我輩習慣又要親自校對，此時已皆老眼昏花，又要翻檢原書，耗費時日，延遲交稿，所在皆是。而蘭臺出版社是一家負責任且嚴謹的公司，任何學術著作都要三校以上才肯出版，更耗費時間。

　　不可思議的在《二編》校對過程，有作者因年老不慎跌倒，顱內出血；或身體有恙，屋漏偏逢連夜雨，居然又逢車禍；或有住家附近興建大廈，整日吵雜，無法專心校對，又堅持一定要親自校對……等等，各種現象都有，凡此都造成二編書延遲耽擱（原本預計九月底出版），而本論集又是以套書形式出版，只要有一本耽誤，便影響全套書出版。

　　邀稿難，交稿難，成書更難，這是我個人主編《臺灣史研究名家論集》最大的切身感受，不過忝在我個人自願擔負此一學術工程的重大責任，這一切曲折、波折都是小事，尤其看到即將成書的樣稿，那心中的

喜樂是無法言宣的，謝謝眾位賜稿的師友作者，也謝謝鼎力支持，不計盈虧的蘭臺出版社負責人盧瑞琴女士。

卓克華

106 年 12 月 12 日　於三書樓

徐曉望

臺灣史研究名家論集

（二編）

蘭臺出版社

目　錄

序

　　我一向做福建史研究，因福建與臺灣隔海相望，風俗、物產有不少相似之處，也就時時涉及臺灣史。諸如閩台家族籍貫固始問題、「陳林半天下」問題、鄉族械鬥問題、很早就很吸引我，而且這些問題大都涉及臺灣。20 世紀 80 年代，臺灣民眾開始到福建的許多廟宇進香，從而引發了一股研究信仰史的風潮。我也在那時候涉足福建、臺灣民間信仰的研究，有了《福建民間信仰源流》等著作。2000 年，我開始博士論文《16-17 世紀環臺灣海峽區域市場研究》撰寫，我的研究方向因而趨向於臺灣相關歷史的考證和研究，而後發表了一系列早期臺灣史的論文，並於 2006 年出版了《早期臺灣海峽史研究》，2014 年出版了論文集《早期臺灣海峽史考證》。

　　臺灣學術界很早就展開了臺灣史的研究，並取得了重要成果。在這方面對我影響較大的有方豪、梁嘉彬、曹永和、劉枝萬、丁煌、李豐楙等先生的著作。80 年代以來，臺灣新一代學者崛起，在臺灣史領域的成就突出，大陸學者中，研究臺灣史也成為一股風氣。在學術交流過程中，我得到許多啟發，也力圖尋找自己的特色。在媽祖和民間信仰研究方面，傳統研究著力於道教的影響，而我則認為佛教瑜珈教派對閩台各種民間信仰影響巨大。本書收集了我有關民間信仰與瑜珈教的多篇論文，或認為這是一個研究民間信仰新的視野。但我的論證是否充分，尚期待各方面的批評。學術應是討論中發展。

徐曉望

2017 年 2 月 6 日

論鄭成功復台之際臺灣的法律地位

內容提要：明末福建官府已經管理臺灣事務，同時，閩粵一帶的海盜長駐臺灣的北港，這都落實了明朝對臺灣的主權。但因日本的商船開始出沒於臺灣，而且臺灣的海盜屢降屢叛，在第二次澎湖危機中，福建官府順勢將荷蘭殖民者引向臺灣，企圖以此達到北拒日本、南平海盜的目的。明末荷蘭人在臺灣，相當於葡萄牙人在澳門，他們是租借了中國的一塊土地做生意。鄭成功驅逐臺灣的荷蘭殖民者，確實是「復台」，而不是佔領。明朝官府在臺灣設置郡縣的計畫，最終在鄭成功手裡完成。

關鍵字：鄭成功、臺灣、法律地位

　　1662 年 2 月，在鄭成功軍隊的監視下，熱蘭遮城堡內的荷蘭軍隊舉著白旗，乘船離去，從此，被荷蘭殖民者竊據 38 年的臺灣島回歸中國。然而，在海外學術界卻有一種聲音：說鄭成功是奪取臺灣，並非收復。這裡涉及到明清之際中國對臺灣的主權及臺灣的法律地位，有必要加以分析。

一、明萬曆年間臺灣法律地位的確立

　　臺灣自古是中國的領土。宋朝在澎湖列島駐軍，元朝在澎湖設立巡檢司，都反映了中國對臺灣地區的主權。元朝經略流求之際，臺灣南部已經成為元朝水軍往來的地方。所以，元末汪大淵才能登上臺灣島的山嶺，觀看日出。[1] 明初的海禁與遷島，使明朝對臺灣的管理倒退。然而，自從明代中葉以來，朝廷海禁政策的鬆弛，閩粵沿海民眾又來到臺灣港口捕魚。臺灣島上的雞籠、淡水、北港（大員）等港口再次進入民眾的視野。這些港口中，尤為重要的是臺灣南部的北港（大員）[2]。最早是閩南漁民到這裡捕魚，並收購鹿肉運銷漳州的月港，而後是福建商人將北港的鹿皮遠銷日本的平戶和長崎，月港商人到馬尼拉貿易，也經常路過北港（大員），於是北港（大員）成為福建商人對外貿易的中間站。[3] 不過，當時北港（大員）的形勢混亂，閩粵海盜也隨之進入北港，對號稱「東番」的原住民的生活形成威脅。

　　對中國海盜史的研究，使人們注意到：早在嘉靖、隆慶及萬曆初年，所謂「倭寇」就常在澎湖、臺灣活動。[4] 關於嘉萬年間倭寇的屬性，不論是日本的學者還是中國的學者，都認為這些「倭寇」實際上以中國人居多。[5] 我認為，嘉萬時期的倭寇是由明代中葉的漳潮海盜發展而來，

1　徐曉望：《元代瑠求及臺灣、彭湖相關史實考》，《福建師範大學學報》2011 年，第 4 期。
2　陳宗仁：《北港與"Pacan"地名考釋：兼論十六世紀、十七世紀之際臺灣西南海域貿易情勢的變遷》。《漢學研究》第二十一卷第二期，總第 43 號，臺北，2003 年 12 月版。
3　徐曉望：《論明代臺灣北港的崛起》，《臺灣研究》2006 年 2 期。
4　張增信：《明季東南中國的海上活動》，臺北，東吳大學 1988 年，第 34 頁。
5　在中日學術界，最早持這一觀點的有日本的田中健夫與中國的戴裔煊、林仁川等人。參見：

這些海盜常到日本做生意，雇傭一些日本浪人做打手，襲擊東南沿海，因而有了「倭寇」之稱。[6]晉江人黃克纘對此有一段精彩的論述：「議者徒見閩廣海上倭報時聞，不知此皆漳潮之民海上劫掠，懼舟師追捕，故每船買倭奴十數人，倚以為重。使人心寒膽喪，不敢與敵。不知倭既無多，飄飄海上，惟掠取商貨往賣，此直商賈中寇盜也。」[7]「夫閩人通倭則誠有之，然皆漳之窮民于海上掠取商貨以往。」[8]如其所說，嘉萬時橫行於臺灣海峽的「倭寇」以漳潮人為主，其實還有些泉州人，他們最多是雇傭了一些日本殺手。嘉靖年間的大股「倭寇」，其首領多為中國人，其原因在此。其時也有由日本人組成的倭寇，他們從日本的港口出發，直接到江南搶劫，但這類倭寇多是零星小隊，在整個倭寇活動中不占主導地位。當浙江倭寇被平定之後，浙江沿海被明軍封鎖，不讓日本船隻通過，完全以日本人為主的倭寇就更少了。在閩粵騷擾的所謂倭寇，絕大多數都是漳潮海盜。他們的巢穴在漳潮邊境的山區。他們迫於閩粵官軍的圍剿，開始將主要巢穴轉移到海島，先是在閩粵沿海島嶼，而後向澎湖與東番發展，這才造成萬曆初年閩粵海寇頻頻襲擊臺灣的現象。[9]從歷史的連續性來看，弘治、正德、嘉靖年間海盜及倭寇進入臺灣，都是個別現象，而萬曆年間閩粵海盜（含掛名的倭寇）對臺灣的侵擾，才具有歷史意義。

萬曆元年前後，活動於閩粵之間的著名海盜林道乾和林鳳，都曾到過臺灣。他們也將福建官軍引到了臺灣沿海。萬曆初年，明朝水師在臺灣沿海多次挫敗閩粵海盜。[10]其時臺灣草莽初辟，農業落後，所產糧食

田中健夫《倭寇——海上的歷史》，日本，教育社 1982 年；戴裔煊：《明代嘉隆年間的倭寇海盜與中國資本主義的萌芽》，北京，中國社會科學出版社 1982 年；林仁川：《明末清初私人海上貿易》，上海華東師範大學出版社 1987 年。

[6] 徐曉望：《早期臺灣海峽史研究》，福州：海風出版社 2006 年，第 71 頁。

[7] 黃克纘：《數馬集》卷一，查餘引以濟大工疏（萬曆三十年），江蘇古籍刻印社 1997 年影印明刊本，第 74-75 頁。

[8] 黃克纘：《數馬集》卷三三，柬朱四選中丞，江蘇古籍刻印社 1997 年影印明刊本，第 1576 頁。

[9] 徐曉望：《晚明在臺灣活動的閩粵海盜》，《臺灣研究》2003 年 3 期。

[10] 徐曉望：《晚明在臺灣活動的閩粵海盜》，《臺灣研究》2003 年 3 期。

無法養活外來人口，因此，海盜在臺灣無法久居，往往是一掠而去。明軍追逐海盜，多在臺灣沿海活動，並未深入臺灣。不過，臺灣的特殊地位越來越引起福建官府的注意。

萬曆二十年，日本的豐臣秀吉發動了侵略朝鮮的戰役，並有倭寇大舉南下的謠言傳播。鑒於嘉靖年間倭寇在東南造成的破壞，日本的異動引起東南諸省的警惕。福建方面因而有人提出設置「彭湖遊」的建議。萬曆二十六年起，福建的「彭湖遊」水師每年春秋二季登陸澎湖列島巡視。[11]不過，當福建水師撤退後，澎湖往往又成為海盜的活動地盤。萬曆三十年除夕，沈有容率福建水師在澎湖及臺灣之間的海面消滅了一股假託「倭寇」之名的廣東海盜，隨後登陸臺灣南部的北港（大員）。「夷目大彌勒輩率數十人叩謁」[12]，從此，福建省官府與臺灣原住民首領結下了關係。其後，「閩中偵探之使，亦歲一再往」[13]，福建省官府對臺灣的控制日益加強。在沈有容等閩粵水師將領的鎮壓之下，萬曆三十年後，台澎一帶的海盜活動陷於低潮，臺灣海峽出現難得的平靜。然而，萬曆四十年之後，福建多次出現災荒，閩粵海盜重起，並以北港為根據地，多次騷擾閩粵二省的沿海地區。若要鎮壓這些海盜，最好是在臺灣設立管理制度，於是，在萬曆末年，福建省官府已經有了在臺灣設置郡縣的計畫。[14]明軍為了平定海盜，也多次來到臺灣的北港。萬曆四十四年，漳州趙秉鑒任福建水師右翼軍之後，曾和廈門把總林志武、澎湖把總方輿合作，在臺灣的北港築赤嵌城。儘管其時趙秉鑒有叛亂之意，但其赤嵌築城的行動，參加者都是福建水師將領，所以，這一事件是福建省官府直接統轄臺灣之始。[15]在萬曆四十六年前後，趙秉鑒還向福建巡

[11]徐曉望：《論晚明對臺灣、澎湖的管理及設置郡縣的計畫》，《中國邊疆史地研究》2004年3期。

[12]陳第：《東番記》，轉引自方豪：《臺灣早期史綱》，臺北，學生書局1994年，第141頁。

[13]張燮：《東西洋考》卷五，東番考，北京，中華書局2000年，第106頁。

[14]徐曉望：《論晚明對臺灣、澎湖的管理及設置郡縣的計畫》，《中國邊疆史地研究》2004年3期。

[15]徐曉望：《福建省統轄臺灣之始》（2005年），福建省炎黃文化研究會等編：《臺灣建省與抗日戰爭研究——紀念抗日勝利60週年暨臺灣建省120週年學術研討會論文集》，廈門，鷺江出版社2008年；徐曉望：《鄭芝龍之前開拓臺灣的海盜袁進與李忠——兼論鄭成功與

撫黃承玄建議襲取北港，全面控制台灣的港口。天啟年間出版的姚旅《露書》記載：「北港……其人散居無君長，惟甲長之類為頭目。中國十人以下至其地，則彼殺之。五十人以上，則彼閉戶而避。我捕魚、逐鹿者入其境，必分贈甲長土宜。閩撫院以其地為東洋（此處應指菲律賓）、日本門戶，常欲遣數百人屯田其間，以備守禦。」[16]按照姚旅透露福建巡撫的計畫，當時福建巡撫想出兵數百人，在北港屯田。明人周嬰在其同名為《東番記》的一文中提到北港：「泉漳間民漁其海者什七，薪其嶺者什三。言語漸同，嗜欲漸一，唯以雕偽之物，欺誘其情，異海翁之狎鷗，等狙公之賦芋，疆場喜事之徒，爰有郡縣彼土之議矣。」[17]可見，當時福建官府已經有在臺灣設立郡縣的計畫。萬曆四十七年，在北港活動的海盜袁進與李忠投降福建官府，福建官府的管轄權隨之進入臺灣的北港，其時，北港發生的民事糾紛案件，都是由福建布政使處理。時任福建右布政使的沈演在其《答海澄》一文中說：「大患乃在林錦吾北港之互市，引倭入近地……如所謂林心橫諸人皆林錦吾下小頭領，其作此無賴，錦吾亦未必知，就中何法禁弭，移檄北港詰問，似可行。」[18]沈演的史料表明：在他當福建巡撫的時候，被招安的北港海盜林錦吾等人在當地招覽日本商人，進行貿易，沈演對此感到不安，因而發文到北港質問閩商林錦吾等人。這一事件表明：福建官府已經在管理臺灣北港的事務，可以說，這一時期，臺灣已經明確是中國的領土。[19]

荷蘭人關於臺灣主權之爭》，漳州：《閩台文化交流》2006 年第 1 期；陳小沖：《張燮〈霏雲居續集〉涉台史料鉤沉》，《臺灣研究集刊》2006 年第一期；徐曉望：《早期臺灣海峽史研究》，福州：海風出版社 2006 年。

[16] 姚旅：《露書》卷九，風篇中，四庫全書存目叢書，子部，第 111 冊，齊魯書社 1995 年，第703 頁。

[17] 周嬰：《遠遊篇》《東番記》，福建師範大學藏手抄本。第 37 頁。

[18] 沈演：《止止齋集》卷五五，論閩事，臺北，中央圖書館影印崇禎六年刊本，第 20 頁。

[19] 徐曉望：《論晚明對臺灣、澎湖的管理及設置郡縣的計畫》，《中國邊疆史地研究》2004 年3 期。

二、鄭芝龍及晚明盤據臺灣的海盜

　　1661 年鄭成功在臺灣登陸時，鄭成功嘗試招降荷蘭人，讓荷蘭人自動從臺灣退兵，鄭成功對荷蘭使者說：「那一地區（指臺灣）是他的父親一官借給荷蘭人使用，並屬於中國大地盤，現在他想自己進駐。」[20]我們知道：鄭成功那首著名的詩——《復台》詠道：「開闢荊榛逐荷夷，十年始克復先基。」在該詩中，鄭成功還注明臺灣是「太師（鄭芝龍）會兵積糧」之所。這表明鄭成功堅信臺灣是其父親最早開拓的地方。這是他向荷蘭人索討臺灣的原因。

　　不過，早在鄭成功入台之初，荷蘭人便對此表示過不同意見。「荷蘭人乃於五月三日派兩個代表去求見鄭成功，準備好公司與鄭芝龍的關係舊檔，想要跟鄭成功理論一番。但是見面時，鄭成功不談公司和他父親的關係往事，只逼問荷蘭人要不要趕快投降。」[21]鄭成功想快刀斬亂麻似地迅速解決問題，他當然不會給荷蘭人留下拖延的機會，那麼，荷蘭人想講什麼？據荷蘭研究臺灣史專家包樂史研究，當時荷蘭人認為：從荷蘭檔案的記載來看，鄭芝龍到臺灣是由李旦派遣的，他和李旦於1623 年至 1624 年之間抵達臺灣，而他的任務是給荷蘭人做翻譯。[22]所以，鄭芝龍到臺灣在荷蘭人之後，換句話說，臺灣不可能屬於鄭芝龍。如前所述，其實在萬曆末期，福建巡撫已經在處理臺灣北港的民事案件，只是當時福建官府並未在北港設立行政機構，多數事件是臺灣北港的商人、海盜自行處理，只有遇到大事才會向福建巡撫請求仲裁。所以，真正能夠管理臺灣北港事務的，是當地的權威人士——他們很可能是海盜。那麼，鄭芝龍是否這些海盜中的一員？他有沒有對臺灣的管理權？

　　對這一問題，臺灣老一輩的學者楊雲萍認為：鄭成功向荷蘭索要臺灣時聲稱：是他父親鄭芝龍將臺灣借給荷蘭人一說，是「欲取其地，何

---

[20]程紹剛譯注：《荷蘭人在福爾摩沙》，臺北，聯經出版公司 2000 年，第 547 頁。

[21]江樹生譯注：《梅氏日記》，臺灣，《漢聲》雜誌，第 132 期，漢聲雜誌社 2003 年，第 35 頁。

[22]包樂史：《論鄭芝龍的崛起》，福建省方志委、福建省地方誌學會編：《鄭成功誕辰 370 周年》，福州，《福建史志》增刊，1994 年 7 月，第 21 頁。

患無辭」,「說他父親借給荷蘭人,根本沒有此事」。所以,他提出:鄭成功是開創臺灣而不是恢復臺灣。[23]楊雲萍教授的話表明:對鄭成功是開台還是復台,在臺灣學術界還是有爭議的,倘若此前中國已經對臺灣建立了統治權,鄭成功就是復台,若是沒有這一點,鄭成功就是開台,近年臺灣民間學者說到鄭成功常說他是「開台始祖」,看來與楊雲萍教授這一觀點有關。然而,鄭成功收復臺灣的詩歌:「開闢荊莽逐荷夷,十年始克復先基」,這首詩抒發了鄭成功的心臆,流傳很廣,可見,鄭成功自己認為:他是收復臺灣而不是開闢臺灣。當然,是收復還是開闢,其關鍵在於:在荷蘭人統治臺灣之前,鄭芝龍是否建立了對臺灣的有效統治?按照鄭成功的說法,他的父親早在荷蘭人抵達臺灣之前,就在臺灣建立了根據地,是鄭芝龍將臺灣讓給荷蘭人暫時居住,而早期荷蘭人則說,是中國官方讓他們在臺灣居住,鄭芝龍只是荷蘭人雇傭的一個翻譯。顯然,這是一個有待釐清的問題。那麼,鄭芝龍與臺灣的關係如何?這裡需要回溯明代末年臺灣海盜的歷史。

自從萬曆三十年沈有容襲擊在澎湖、臺灣活動的海盜之後,在閩粵水師的強大壓力下,閩粵之間的海盜活動一度陷於低潮。在這一時期,福建漁民常到臺灣沿海捕魚,閩台關係日益發展。然而,到了萬曆末年,福建沿海災害頻發,尤其是萬曆四十四年泉州一帶的大旱災,餓死許多沿海百姓。在這一背景下,有一些人下海為盜,形成了大股盜匪,於是,臺灣的海盜活動再次猖獗起來。這些海盜中最為著名的是袁進和李忠。

海外學者很早就關注到袁進和李忠的活動[24],不過,許多人以為這股海盜的根據地是在閩粵交界處的南澳島。其實,明朝為了控制南澳島的海盜活動,早在萬曆四年便於南澳設縣管理,並由福建、廣東各派一支水師駐紮南澳,分區管理。著名的廣東水師將領鄧子龍便在南澳當過副總兵。南澳水師是閩粵水師的精華,因此,袁進、李忠不可能避開南澳水師而在南澳活動。其實,就原始材料而言,袁進與李忠的巢穴是在

---

[23]楊雲萍:《鄭成功的歷史地位》,《南明研究與臺灣文化》,臺灣風物雜誌社 1993 年,第 371 頁。

[24]張增信:《明季東南中國的海上活動》,臺北,東吳大學 1988 年,第 120-123 頁。

臺灣。「崇禎八年，給事中何楷陳靖海之策，言：『自袁進、李忠、楊祿、楊策、鄭芝龍、李魁奇、鐘斌、劉香相繼為亂，海上歲無寧息。今欲靖寇氛，非墟其窟不可。其窟維何？臺灣是也。臺灣在彭湖島外，距漳、泉止兩日夜程，地廣而腴。初，貧民時至其地，規魚鹽之利，後見兵威不及，往往聚而為盜。」[25]又如周之夔的《棄草集》寫到：「賴萬曆之季，復嚴通倭之禁，勾引絕，故倭雖能並琉球，而不敢入吾地。而吾奸民大盜聚徒眾有名號者，遠借倭為啣喝，近習東番為逋藪。合力致死，橫行海上，急之則鳥獸散，緩之則蝟集，民生息之路不通，交走無弗」[26]此處的「東番」，即指臺灣。關於袁進下海的時間，張增信推斷是萬曆四十二年左右，我認為還可更早些。史載沈有容於萬曆三十年平定台澎海盜後，「海上息肩者十年」[27]，而後才有新海盜的活動。所以，袁進下海，有可能是在萬曆四十年。其後，因萬曆四十四年泉州大旱，饑民加入海盜隊伍，袁進的隊伍大發展。萬曆四十七年（1619 年）秋，海寇袁進、李忠投降福建水師參將沈有容之時，擁有四十餘隻船，擄獲六百餘人。[28]最近，我在葉向高的《蒼霞餘草》一書中也找到有關袁進的史料。葉向高在為福建巡撫王士昌所寫的《中丞王公靖寇碑》一文中寫到：

> 劇寇袁進、李忠輩，遊釜驚魂，食椹變音，遣其親屬，輸誠效順。公又授策于副總兵紀元憲、參將沈有容等，震以必殺之威，開以可生之路。遂蒲伏聽命，泥首轅門。餘黨數千，悉行解散。[29]

這條史料表明，袁進、李忠的海盜隊伍實有數千人！從袁李海上活動的軌跡來看，袁進與李忠是將臺灣當作《水滸傳》中的「梁山泊」，他們在這裡駐紮數千人的海盜隊伍，擁有數十艘海船，經常出掠臺灣海峽的商船，並與明朝水師作戰。由於袁進與李忠在臺灣至少八年以上，

---

[25]《明史》卷三二三，雞籠傳，第 8377 頁。

[26]周之夔：《棄草集》卷一，閩海剿略序，江蘇廣陵古籍刻印社 1997 年，第 386 頁。

[27]《明史》卷二百七十，沈有容傳，第 6939 頁。

[28]曹學佺：《曹能始先生石倉全集》《湘西紀行》卷下，明天啟間刊本，海防，第 45-46 頁。

[29]葉向高的《蒼霞餘草》卷十五，中丞王公（士昌）靖寇碑，揚州，江蘇廣陵古籍刻印社 1997 年，第 22 頁。

所以，他們要在臺灣建立水寨，打獵捕魚，乃至墾田種地，就這個意義上說，袁李二人才是臺灣最早的開發者。此前雖有一些零星的海盜在臺灣活動，甚至潮州大盜林鳳也到過臺灣，但他們都不像袁進與李忠長久駐紮，不能成為開發臺灣的第一人。

曹學佺的《石倉全集》記載：袁進與李忠離開臺灣之後，北港成為商業港口，中國與日本的商人在此貿易。但是，當地形勢很複雜，臺灣的張增信、陳宗仁在沈演（湖北烏程人，1619-1620 年任福建右布政使）的《止止齋集》中發現多條有關林錦吾盤據臺灣北港的史料。《論閩事》：

「袁俊（袁進？）歸降，又複東行，盜勢解散，今歲尤躑躅，尋自離披，似可小憩。而挾倭貲販北港者，實繁有徒。此輩不可剿、不可撫，急且合倭以逞六十年前故事。」[30]

「稅事得門下料理自安，林錦吾可因而用之，使陰就吾約束，不可剿，亦不可招。」[31]

「答海道論海務」：「若北港之局，牢固不拔，奸民接濟者多負賴，起釁者又多……不意連日得報，有林心橫劫殺洋船事，今又有徐振裏壓冬事，亦既蠢蠢動矣。此輩恐皆林錦吾下小頭領耳。」[32]

以上事件大致發生在萬曆四十七年（1619 年）及萬曆四十八年（泰昌元年、1620 年）之間。

北港的局勢愈演愈烈，「天啟元年（1621 年），有慣走倭國巨賊總管大老、大銃老、鳴嗜老、黃育一等，因領島酋貨本數千金，為其黨我鵬老所奪，不敢復歸，竟據東番北港擄掠商船，招亡納叛，爭為雄長」。以上史料表明：袁進離開臺灣北港後二年，有一股在日本貿易的商人因財產被海盜擄掠，乾脆下海為盜，他們也在臺灣北港駐紮。《臺灣外志》記載顏思齊與鄭芝龍正是在天啟元年到臺灣開拓，他們不是屬於我鵬老一夥，便是屬於「大銃老」一夥，當然也有可能自成體系。這些史料還表明：當時臺灣北港的海盜亦商亦盜，部分海盜是從商人轉換過來，而

[30]沈演：《止止齋集》卷五六，答海澄，臺北，中央圖書館影印崇禎六年刊本，第 32-34 頁。
[31]沈演：《止止齋集》卷五五，與海澄，第 8 頁。
[32]沈演：《止止齋集》卷五五，答海道論海務，第 18-19 頁。

海盜也有可能經商,或者與商人保持密切的關係。實際上,當時在臺灣有最大影響的恰是僑居日本的同安華僑李旦,他是日本平戶港華僑的首領,長年派船到臺灣的北港做生意,臺灣北港對日本貿易是他一手做大的。因此,李旦在臺灣北港具有很大勢力,他甚至能讓臺灣的海盜聽他的話。[33]鄭芝龍從澳門移居日本平戶後,在李旦手下做事多年。李旦身居高位,凡事不必親鄰,他與臺灣的貿易,應會派鄭芝龍等親隨代表自己,在這一背景下,鄭芝龍也就與臺灣海盜有了關係。

從萬曆四十七年到天啟元年的二、三年內,臺灣的形勢有很大變化。大海盜袁進被招安之後,北港先是成為赴日本走私商人彙聚的一個港口,而後這些商人之間的爭奪,又形成了海盜。鄭芝龍有李旦為靠山,在這些海盜中左右逢源。川口長孺的《臺灣鄭氏紀事》云:「顏振泉……與群盜分十寨保焉。群盜陳衷紀、楊六、楊七、劉香、袁進、李忠等相共嘯聚。芝龍之臺灣,與弟芝虎共入振泉黨曰:『請為我許一發艦而劫略,獲之多寡,得以卜我命』。振泉許之,眾亦相佐。俄而劫得暹羅好貨四舡,芝龍分每艘半與九酋;九酋以芝龍所請得,不受,悉畀之;於是芝龍富甲十寨矣。及振泉死,九寨無所統,欲推擇一人為長,不能定,因共禱於天,割牲而盟,插劍于米中,令各當劍而拜,約曰:『拜而劍躍動者,天所授也』。次至芝龍,劍躍出於地,眾皆異之,俱推為魁,縱橫海上」。以上記載雖有戲劇性的成分,但作為李旦的代表,鄭芝龍在顏思齊(振泉)死後成為臺灣海盜頭領,是有可能的。考慮到鄭芝龍天啟年間率海盜大舉襲擊閩粵沿海,他應是在天啟元年就成為臺灣海盜的首領,同時又保持著與鉅賈李旦的關係。

從袁進、李忠到顏思齊、鄭芝龍,我們可以看到明末臺灣海盜一脈相承的關係。他們長期以臺灣為巢穴,在襲擊台海商船的同時,也在做商業貿易,這使明末臺灣的北港即是海盜巢穴,又是一個商港,這類情況是極為少見的。所以說,首先開發臺灣的,應是這夥亦盜亦商的「盜商」。他們進入臺灣比荷蘭人早,在荷蘭人到達之前,他們經營臺灣已

---

[33]岩生成一:《明末僑寓日本的中國人甲必丹李旦考》,許賢瑤譯:《荷蘭時代臺灣史論文集》,臺灣,佛光人文社會學院 2001 年,第 59 頁。

有 10 年之久。正是在這一背景下，臺灣的海盜自封為臺灣的主人。鄭芝龍作為臺灣海盜的頭目及海盜事業的繼承者，在荷蘭人抵達臺灣之前，已經對臺灣實現「有效管理」，鄭成功認為鄭芝龍是臺灣的主人，有其一定道理，而且，這與福建官府對臺灣的管理並不矛盾。

三、荷蘭殖民者竊據臺灣──一個歷史錯誤的發生

明天啟二年（1642 年），荷蘭軍隊進佔澎湖，從而引起了東亞歷史上著名的澎湖危機。十七世紀的荷蘭是一個世界性的海洋強國，他們在反抗西班牙軍隊佔領的尼德蘭革命中，將對西班牙的戰爭擴大到世界各大洋，並在亞洲和非洲建立了荷蘭殖民地，四處攔截西班牙和葡萄牙的船隻，荷蘭的勢力因而擴張到全世界。當時的荷蘭人亦盜亦商，他們抵達東方，主要目的是與中國做生意，而不是殖民中國。然而，晚明中國仍然實行朱元璋時代的有限對外貿易政策，即：允許海外國家到中國進貢，而南海國家專門的貿易港口為廣州。其時，葡萄牙人已經以租借的名義佔領澳門，從而達到了獨佔歐洲國家對中國貿易的特權。荷蘭人抵達東方後，也想進入澳門港貿易，但被葡萄牙人拒絕。荷蘭軍隊兩次強襲澳門，都被澳門的葡萄牙人打敗。葡萄牙人還向廣東官府告狀，說荷蘭人是海盜，這使明朝對荷蘭人的防範更加嚴厲。在這一背景下，荷蘭人轉向福建沿海，想取得貿易的機會，這是引發兩次澎湖危機的原因。其實，早在萬曆三十二年（1604 年），荷蘭艦隊就來到過澎湖，企圖以此為據點，尋找與中國貿易的機會。福建官府聞訊，派出沈有容率福建水師前往澎湖談判，從而迫使荷蘭艦隊退出澎湖列島。天啟二年荷蘭艦隊再次抵達澎湖，要求與中國貿易。當時的福建雖然開放月港對外通商，但因歷史上屢遭倭寇侵略的關係，月港實行「許出不許進」的政策，就是允許月港商人到海外通商，但不讓外商進入月港貿易。在這一背景下，福建巡撫商周祚向荷蘭人提出：荷蘭人退回巴達維亞港（即雅加達港），福建派出福建商人到巴達維亞貿易，澎湖交還給福建官軍。荷蘭

人認為：福建到巴達維亞的船隻不多，荷蘭人在巴達維亞港不可能得到足夠的中國商品，因而拒絕。為了迫使福建官府允許荷蘭人到月港及廈門貿易，荷蘭艦隊攻掠福建沿海港口，造成人員和財產的嚴重損失。此時，荷蘭要求貿易的活動完全轉化為海盜行為了。繼任福建巡撫南居益於天啟四年派出水師在澎湖登陸，與荷軍對抗。他並派人與荷蘭人談判。南居益和水師提督俞諮皋商量處理澎湖的策略：「臣問計將安出？諮皋言：泉州人李旦，久在倭用事，旦所親許心素今在繫，誠質心素子，使心素往諭旦立功贖罪，旦為我用，夷勢孤，可圖也。臣初不敢信，因進巡海道參政孫國楨，再四商榷，不宜執書生之見，掣閫外之肘，遂聽其所為。」[34]在福建官府的壓力下，李旦帶著翻譯鄭芝龍出現於澎湖島，他周旋於兩軍之間調停，最終使荷蘭人答應退往臺灣大員港（即北港）。明軍隨之攻擊澎湖殘存的荷蘭勢力，完全控制了澎湖列島。

　　按，明朝僵化的海禁政策，在明末遇到了危機。其時荷蘭人的目的不過是到中國貿易而已，明朝若能像清朝那樣開放港口，荷蘭艦隊不可能襲擊福建沿海，也不會佔據澎湖或是臺灣的北港。明朝官府咬定月港不接納外商，從而迫使貿易無路的荷蘭殖民者尋找其他的貿易之路，因而強佔澎湖。為了收回澎湖，福建官員不得不讓出臺灣的北港，從而造成更大的損失。顧祖禹評價：「總兵俞諮皋者，用間移紅夷於北港，乃得復彭湖……然議者謂彭湖為漳、泉之門戶，而北港即彭湖之唇齒，失北港則唇亡而齒寒；不特彭湖可慮，漳、泉亦可憂也。北港蓋在彭湖之東南，亦謂之臺灣。」[35]「天啟初紅毛夷侵入要求互市，總兵俞諮皋用間徙之北港，北港即臺灣，以羊易牛，其失則均。」[36]不過，其時福建官府並沒有割讓臺灣，荷蘭人也沒有要求佔有臺灣，荷蘭人與福建官府的談判目標一直很明確，他們只是想像葡萄牙人那樣，在中國邊疆租一個港口進行貿易。所以，當時的臺灣還是屬於中國的。《臺灣歷史綱要》指出：「荷蘭人佔據臺灣不久就同日本人發生衝突，因為日本人反對向

---

[34]《明季荷蘭人侵據彭湖殘檔》，臺灣文獻叢刊第154種，第26~27頁。
[35]顧祖禹：《讀史方輿紀要》卷九九，福建五，臺灣文獻叢刊本，第131頁。
[36]《清朝續文獻通考》卷三百十五，

他們繳納關稅。在爭執中，荷蘭人指出『臺灣土地不屬於日本人；而是屬於中國皇帝，中國皇帝將土地賜予東印度公司，作為我們從澎湖撤退的條件』，現在東印度公司已成為主人，日本人應當向他們納稅。從這些話可以看出，當時荷蘭人承認臺灣是中國領土，但他們說中國皇帝已將土地賜予他們，則不是事實。」[37]實際上，荷蘭人在臺灣的地位，有點像葡萄牙人在澳門，只是租借一塊土地做生意而已。

那麼，為什麼福建官府會允許荷蘭人租借臺灣的北港？這是因為，當時福建官府覺得北港不好管理，福建布政使沈演在《答海澄》一文論述北港：「海上賊勢雖劇，倏聚倏散，勢難持久，猶易撲滅。而大患乃在林錦吾北港之互市，引倭入近地，奸民日往如鶩，安能無生得失。明明汪五峰故事，倭之市雖不可絕，而接濟之奸安得不嚴禁……其患或在數年之後，不意目前遂爾猖獗……倭銀若至北港，雖日殺數人，接濟終不能止，何者，利重也。……倭之欲市，誠不可絕，然渠何必北港，使斷此一路，倭市在洋船而不在接濟，無論餉食日增而海上永無患矣……如所謂林心橫諸人皆林錦吾下小頭領，其作此無賴，錦吾亦未必知，就中何法禁弭，移檄北港詰問，似可行。」[38]「答海道論海務」：「若北港之局，牢固不拔，奸民接濟者多負賴，起釁者又多……日本發銀買貨，於法無礙，若就呂宋與洋船貿易，即巨奸領銀牟利，自可相安無事。惟停泊北港，引誘接濟奸民，釀今日劫殺之禍，起將來窺伺之端，不得不嚴禁耳。如林、如徐，畢竟於內地，獲利不貲，身家念重，就中駕馭而牢籠之，使其市場在呂宋，不在北港，接濟自絕，瑕隙自杜。」[39]可見，福建官府最為擔心的還是日本浪人借貿易而盤據北港，使北港成為侵略中國的跳板。他們以為，若是讓荷蘭人租借臺灣，便可以夷制夷，抵消日本圖謀臺灣的勢力。這一策略其實是引虎拒狼，後患無窮。

在荷蘭人佔據臺灣北港事件上，在指出福建官府失策的同時，我們也應看到：荷蘭人佔據臺灣，確實得到明朝廷的同意。因為檔案證明福

[37] 陳孔立主編：《臺灣歷史綱要》，北京，九洲圖書出版社1997年，第42頁。
[38] 沈演：《止止齋集》卷五五，論閩事，第20頁。
[39] 沈演：《止止齋集》卷五五，答海道論海務，第18-19頁。

建巡撫南居益將處理此事前後都上奏給朝廷。不過，對明朝廷來說，荷蘭人一直是租借臺灣的北港，明朝隨時都有權將其收回。因此，崇禎年間明朝兵部職方司主事陳祖綬說：「近時民多走北港、彭湖、淡水、雞籠四嶼。四嶼之大，足以敵四府，收之以為外屏，又足以翼四府。置縣則崇明也，衛則金山、昌國也。原我臥榻之內，防海預防防於此。福興泉漳枕席安固矣。」[40]可見，其時明朝官府考慮：或是在臺灣設縣管理，就像崇明島，或可設置衛所，像金山衛、昌國衛一樣。陳祖綬還認為，設置衛所或是縣，能夠大大鞏固福建沿海的安全。這種考慮是對的。他又說：「淡水一帶，自白狗山對過迤南至彭湖相望，有四府之寬，直可如崇明設府縣，皆閩人浮此互市，今為佛郎所據，守此則四府可欺。東南夷之患此地，不早圖之，為福府梗。」[41]陳祖綬的身份是明朝兵部職方司的官員，可見，當時福建官府已經將在臺灣設府縣的計畫上報給中央，而明朝廷也同意這一計畫，其意圖是最終在臺灣設立郡縣。這些事實表明，明朝政府並沒有放棄對臺灣的主權。

那麼，臺灣海盜與荷蘭人的關係如何？如前所述，明天啟年間的臺灣，在福建官府開始管轄的同時，實際上又被海盜佔領。那麼，當時福建官府是通過什麼手段讓臺灣海盜讓出地盤的？據岩生成一的考證，當時福建官府對李旦在同安的家屬施壓，又讓與李旦交好的鉅賈許心素作中間人，迫使李旦出面調解澎湖危機。李旦帶著鄭芝龍等人奔走於雙方，最後將荷蘭人引向了臺灣的北港。在荷蘭人與臺灣海盜之間，我們也可以看到一種微妙的關係，鄭芝龍及臺灣海盜的巢穴是在北港內海（台江）的赤崁，赤崁位於台江內海的東側，而荷蘭人則將熱蘭遮城堡建在台江內海的西側，有意無意地堵住了北港的出海口。1624 年荷蘭人進入臺灣北港之後，鄭芝龍即率臺灣海盜襲擊福建沿海，長期在閩粵邊境活動，並於崇禎元年被朝廷招安，成為福建的水師將領。而後，他又率福建水師大敗荷蘭艦隊。然而，鄭芝龍與荷蘭人之間即有鬥爭的一

---

[40]陳祖綬：《皇明兩京十三省職方地圖表》卷上，玄覽堂叢書三集，第十一冊，影印道光刻本，第 88 頁。按，該書原刻於崇禎九年。
[41]陳祖綬：《皇明職方兩京十三省地圖表》卷下，第 41 頁。

面，又有合作的一面，他們之間有商業協定。鄭芝龍在臺灣的利益，也得到荷蘭人的承認。熊廷燦任福建巡撫時，還讓鄭芝龍招集流亡農民到臺灣屯墾，鄭芝龍得以在臺灣向農民收租，這都反映了明朝對臺灣的主權。鄭芝龍與荷蘭殖民者之間談談打打，充分反映了明末東亞海上變幻莫測的政治風雲。

明末荷蘭人在臺灣一直以做生意為主，但在明朝滅亡後，他們利用明清鼎革之際大陸勢力無法東顧的狀況，逐步加強了對臺灣的佔領，並在法律上將臺灣看作是自己的一塊殖民地。為了永保荷蘭對臺灣的統治，他們還有意無意地濫殺在臺灣的華人，因而有了郭懷一事件。這一事件反映了荷蘭殖民者與福建海商利益的對抗性，因而引來數年後鄭成功軍隊的討伐。1662 年 2 月，鄭成功與荷蘭東印度公司在臺灣的領導人簽訂條約，迫使荷蘭同意退出該島，臺灣因而完整地回歸祖國的懷抱。歷史的錯誤在讓中國人付出巨大代價後，終於有了一個理想的結局，福建官府在臺灣設置郡縣的計畫，也在鄭成功手裡實現。（《福建論壇》2012 年第 10 期）

臺灣光復與釣魚島列嶼的法理回歸

　　1972 年日本東都大學的井上清教授在其雄文中論證了釣魚島列嶼自明清以來屬於中國所有。其後，日本的一些學者對此提出了一些質疑。本文主要論證釣魚島列嶼在明代就由福建省管轄，清代先由福建臺灣府管轄、後由臺灣省管轄，清朝被迫割讓臺灣後，才失去對釣魚島列嶼的所有權。日本二戰失敗後，被迫歸還中國的領土臺灣，因而，從法理上而論，釣魚島列嶼已經在法理上回歸中國。

一、釣魚島問題的以往研究

　　中國與日本分界的釣魚島問題，歷來是兩國爭論的焦點。在日本學者中也分成兩種觀點。奧原地敏雄主張釣魚島屬於日本的沖繩縣[1]，而井上清教授在其雄文《尖閣列島——釣魚諸島歷史的解明》中，經過詳細的考證，論證釣魚島列嶼屬於中國領土。[2]井上清教授的雄文最早發表於 1972 年，本是其專著的一部分，1996 年又由東京第三書館出版《尖閣列島——釣魚諸島的歷史剖析》專著。井上教授搜羅的釣魚島相關中日文獻十分詳盡，論證也十分有力，因而在中日兩國產生巨大影響。其後，中國學者中，楊仲揆、丘宏達、沙學浚、方豪相繼對這一問題進行研究，發表了一系列成果。大陸學者中，吳天穎於 1994 年發表專著《甲午戰前釣魚列嶼歸屬考——兼質日本奧原地敏雄諸教授》[3]，該書在詳細辨析史料的同時，對日本奧原地敏雄諸人的觀點進行了批駁。1998年，鄭海麟在香港發表《釣魚島列嶼之歷史與法理研究》一書[4]，該書在前人研究的基礎上，增加了許多西文與圖史料，並從國際法的角度批駁了日方的觀點。正如陳捷先所說：「咸認該書徵引史料豐富，研究深

1　奧原敏雄《尖閣列島的領有權問題》1971 年 3 月。《季刊沖繩》第 56 號，1971 年 3 月。
2　井上清：《尖閣列島——釣魚諸島歷史的解明》，日本現代評論社 1972 年。
3　吳天穎：《甲午戰前釣魚列嶼歸屬考——兼質日本奧原地敏雄諸教授》，中國社會科學出版社 1994 年。
4　鄭海麟：《釣魚島列嶼之歷史與法理研究》，香港明報出版社 1998 年。

入徹底，論證公允客觀，並為釣魚島列嶼主權之歸屬中國，提出了如山的鐵證。」[5]2007 年由中華書局出了鄭海麟著作《釣魚島列嶼之歷史與法理研究》增訂本。原著有 22 萬字，增訂本達 30 萬字。21 世紀以來，中日雙方都有新的著作問世。鞠德源所著《日本國竊土源流——釣魚列嶼主權辨》[6]以較大的篇幅詳細論證了釣魚島列嶼屬於中國。其後，作者在 2006 年又出版了《釣魚島正名：釣魚島列嶼的歷史主權及國際法淵源》[7]，進一步論證了釣魚島歸屬中國的觀點。和慈毅在其《明清時期琉球日本關係史》一書中，從日本與琉球的關係討論中，論證了釣魚島列嶼屬於清朝的版圖。[8]

在日本方面，2002 年浦野起央著有《尖閣諸島‧琉球‧中國》一書，仍然堅持釣魚列島原是無主島的觀點。[9]浦野起央還與在日本的中國學者合作，編著了《釣魚臺群島（尖閣諸島）問題研究資料彙編》一書[10]，書中羅列了中國與日本雙方的主要資料和觀點。值得注意的是，日本學者不肯公示有利於中國的日文史著，如 1719 年新井白石所著《南島志》[11]，1785 年林子平的《三國通覽國說》，以及《沖繩志》、《沖繩志略》等書。

在中日學者的爭論中，日本學者也向井上清及中國方面提出了一些問題。例如，日本有人說：在陳侃出使琉球的明代嘉靖年間，中國的統轄權尚未伸及臺灣島，所以，作為臺灣附島的釣魚島也不可能是中國領土。日方學者因而主張釣魚島是無主之地。對這些問題，有必要認真回答。我認為日本學者觀點之不當在於，他們有意無意忽略了琉球與福州

---

[5]　陳捷先：《評鄭海麟著〈釣魚島列嶼之歷史與法理研究〉》，引自鄭海麟：《釣魚島列嶼之歷史與法理研究》，中華書局 2007 年，第 277 頁。

[6]　鞠德源：《日本國竊土源流——釣魚列嶼主權辨》，首都師範大學出版社 2001 年。

[7]　鞠德源：《釣魚島正名：釣魚島列嶼的歷史主權及國際法淵源》，北京，昆侖出版社 2006 年。

[8]　和慈毅：《明清時期琉球日本關係史》，江蘇古籍出版社 2002 年。

[9]　浦野起央：《尖閣諸島‧琉球‧中國》，東京，三和書籍 2002 年。

[10]浦野起央等：《釣魚臺群島（尖閣諸島）問題研究資料彙編》，東京，勵志出版社 2001 年。

[11]新井白石：《南島志》（1719 年刊本），原田禹雄譯注：《南島志》，新井白石原著，沖繩，榕樹社 1996 年版。

之間的密切關係，從而忽略了琉球與福州之間早就形成的疆界，這一疆界不只是自然疆界，而且是具有法律意義上的國家之間的疆界。

二、琉球與福建關係的建立

　　沖繩群島位於亞洲大陸架東面的海洋之上，大致處於中國的東面、日本的南面。因而沖繩在歷史上一直受到中國文化及日本文化兩方面的影響。南宋末年，沖繩主島出現了獨立的國家，由舜天王統治。明代該國受中國之封，取名為中山國。中國史籍也稱之為琉球。

　　明代福建與琉球往來的港口最早的泉州，後改到福州，對這一問題學術界的研究成果頗多。大致來說，自唐宋以來，福建的主要對外貿易港口從福州轉到泉州，其原因應與福州港的弱點有關。福州港是閩江的內港，進入閩江口之後，還有一百多里佈滿礁石的航道，才能抵達福州港。所以，福州港歷來被航海家稱為最險的港口。除了本地人，外來的船隻不敢隨意進入。這就限制了自身的發展。事實上，當時從海外進入福建領水貿易的船隻，大都願意到泉州的港口，而不是到福州。其次，福建南部的閩南人，是中國海洋文化的主要承載者，唐宋時期從中國出發的船隻，大都屬於他們所有。在他們的經營下，泉州與亞洲多數港口都建立了聯繫。對外商來說，只要進入泉州港，就可與各國商船貿易，買到自己想買的商品。這是泉州港勝過福州港的原因，也是明朝將三大市舶司之一設於泉州的原因。在前述背景下，可知當時琉球與泉州之間的航路是二者之間的主要航路，閩南的民眾也常私下到琉球貿易。如正統三年，「龍溪民私往琉球販貨」。[12]可以證之歷史的是，在琉球國度起到重要作用的明朝移民，如蔡、鄭、林、梁、金等居住於琉球的久米村，他們多為閩南人的後裔。他們應是在琉球人到泉州進貢的時代結識了琉球人，而後有機會到琉球發展，並被奉為上賓。

　　然而，設置於泉州的福建市舶司，最終於明朝成化年間移到了福

---

12 《明英宗實錄》卷四七，第 905 頁。

州，這與琉球人的選擇有關。在明朝三大市舶司中，泉州市舶司的地理
位置不如明州市舶司，更不如廣州市舶司。因為，泉州市舶司夾於明州
和廣州兩大市舶司之間，從北方國家到中國貿易的船隻，大多到明州的
寧波港，而從南方國家來到中國的船隻，大多到廣州港進行貿易，不論
是從北方來的船隻還是從南方來的船隻，到泉州的都不多。自宋元以
來，泉州海外貿易的發展，主要得益於當地民眾自行到海外貿易，官府
因而得以抽稅，所以要設市舶司。自明朝實行海禁制度後，民眾去海外
貿易成為非法行為，閩南人不能從泉州港到海外貿易，只好自行冒禁下
海，他們大多集中於九龍江流域的漳州區域，泉州港在明代前期的私人
海上貿易中，發揮的作用不大。而在官方的對外貿易中，泉州只能與來
自東方的港口貿易。具體地說，當時自動來到泉州港貿易的，主要是東
方的琉球和東南方向的三嶼、蘇祿等港口。三嶼和蘇祿應是分佈於菲律
賓群島的小國，他們的經濟較為落後，對中國商品的需求不大，所以，
他們沒有迫切的進貢要求，來到明朝的機會也不多。明代中葉以後，蘇
祿國不再向中國進貢。這樣，泉州市有價值的貿易對象，實際上剩下了
國家雖小、但對海外貿易十分積極的琉球國。琉球人從其海島向中國航
行，早期是沿著海島向西南行駛，過了臺灣之後，再由澎湖抵達泉州。
這是一條曲折的海路，抵達臺灣北部後，還得沿著臺灣西部的岸線向南
航行，然後在澎湖休整，擇期向泉州航行。從清朝的記錄看，這條水道
一般要三到四天。但琉球人很快發現：他們到了臺灣北部之後，只要順
著東風向西航行，只要一天的時間就可到達福建的口岸，而且大都是到
福州沿海的港口。由於他們使者的地位，一到福建登陸，就可受到官方
的招待。官府會讓他們從驛道南下到泉州。這一路上，所有人員的費用
及貨物運費，都由福建省擔負。「發現」這一訣竅後，琉球人大都選擇
從臺灣北部直航福州，畢竟，航海是十分危險的行動，只要在海上，都
有可能遇到風暴。早一天登陸，就多一分安全。

　　琉球商人總到福州登陸，也讓福建的官員頭痛。因為，讓琉球使團
上百人乘傳到泉州，要動員大量的人力和物力，這都要由沿途百姓負
擔。他們在泉州晉見市舶司官員，並驗明貨物之後，又要乘傳北上南京，

或是北京，這樣，他們又要從泉州順驛道抵達福州，然後才從福州北上兩京。如果說從福州到北京的驛站開銷是無法避免的，那麼，琉球使團往來於泉州的費用就是浪費。節省的辦法，是將位於泉州的市舶司遷到福州，這樣，福建省就可減少一筆費用。當然，如果當時的泉州市舶司還要招待其他國家，為了琉球將市舶司遷到福州，則是行不通的。但明代中葉的泉州市舶司只有琉球一國的使者可以接待，認識到這一點，最明智的方法就是將福建市舶司遷到福州，這是成化年間福建市舶司從泉州搬到福州的原因。不過這裡要說明的是，由於福州是省城，且是從泉州到北京驛道的必經之地，所以，早在洪武年間，琉球與福州之間，就結下了深厚的關係。這一關係，在福建市舶司遷到福州之後，進一步加強了。對琉球人來說，他們直接在福州登岸，也節省了由福州到泉州的時間和精力。

三、明代福建與琉球的交往與劃界

琉球與中國的關係，是明清兩代對外關係史上的一段佳話。明洪武五年正月，朱元璋派遣閩籍學者楊載出使琉球，報知明朝建立的消息，並要求琉球進貢。同年十二月，琉球國中山王察度遣其弟入貢明朝，雙方建立了貢封國的關係。明朝封琉球察度為中山王，並賜以王印，從此琉球諸島的統治者頻繁地向明朝進貢。赤嶺誠紀據琉球古代文獻研究，僅在洪武年間，琉球王察度、武寧先後派出的貢船達 54 艘次，使團人員達 3510 人次；永樂年間，琉球派出的貢船達 64 艘次，使團人員約為 4480 人次，詳情見下表[13]：

---

[13] 赤岭誠紀：《大航海時代的琉球》，沖縄タイムス社 1988 年版。

明代琉球貢船數及搭乘人數

年代	貢船數	搭乘人數	平均每船人數
洪武	54 艘次	3510 人次	65
建文	無	無	
永樂	64 艘次	4480 人次	70
洪熙	5 艘次	400 人次	80
宣德	40 艘次	約 4000 人次	100
正統	45 艘次	約 5400 人次	120
景泰	17 艘次	約 2380 人次	140
天順	16 艘次	約 2400 人次	150
成化	47 艘次	11811 人次	251
弘治	26 艘次	6337 人次	244
正德	24 艘次	5586 人次	233
嘉靖	57 艘次	7456 人次	131
隆慶	10 艘次	1159 人次	116
萬曆	50 艘次	4378 人次	88
天啟	7 艘次	644 人次	92
崇禎	31 艘次	2529 人次	82
合計	493 艘次	62452 人次	127

　　以上總計明代 276 年間，琉球共派出 493 艘次的貢船，搭乘的人員共計 62452 人次。平均每年派出 1.79 次貢船。不過，明代前期琉球的貢船密度明顯高於明代後期，從洪武元年到弘治元年的 120 年間，琉球貢船共達 288 艘次，平均每年 2.4 艘次。在當時的東亞國家中，只有琉球的船隻如此密集地到達中國沿海。

　　琉球積極向明朝進貢，其實是在利用其獨特的地位進行貿易。他們從東南亞及日本購入各種海外商品，到福建的泉州或福州換取中國商

品，然後出售於日本及東南亞。他們從中獲得一定的利潤，國家因而繁榮起來。對中國而言，尤其是對福州而言，與琉球的貿易也是一條財富來源之路。因而福州的商人相當重視與琉球的貿易。在福州城郭之外的河口碼頭，為招待琉球的使者，專門設置了柔遠驛，為了方便琉球船隻的往來，明朝官方在河口疏通港道，以便閩江上的大船直接駛入河口的柔遠驛一帶，此處被稱為新港，設有供航海者朝拜的天妃宮。在閩江上的南台島上，福州官吏專門劃出一部分水域供琉球大船停泊，福州人稱之為「番船浦」。百年過去之後，番船浦形成了一大塊陸地，都是琉球人在使用。琉球人在福建死亡，有官府劃出的墓地供其埋葬。這塊墓地在福州倉山的白泉庵之後，距離番船浦約有數里路。在福州方面，數百年以來，也形成了專門做琉球生意的球商十大家族，他們居住於河口鎮附近，其生意的包銷琉球帶來的各種貨物，並為其提供各種商品。以上這些事實，都表明了福州與琉球之間的密切關係。它也是研究中琉關係史的學者的共識。

中國與琉球之間往來密切，自然會形成各自活動的疆界，而且這一界限肯定在大家心中是明確的，否則不方便二者之間的交往與利益的劃分。所以，明清與琉球之間，一定會形成疆界。而其劃界，必然與福建與琉球之間的航路有關。

琉球和中國之間長期往來，逐步形成了傳統航路，如前所述，這條航路有兩種，早期琉球船隻在經過臺灣北部後，繼續沿著臺灣西岸南下，經澎湖到泉州；其二，琉球船隻抵達臺灣北部後直接向西，抵達福州的港口。從航路發現史來看，元代應有泉州商人向東航行，抵達澎湖列島之後，又向北航行，因而到達臺灣北部、琉球群島、日本的東南部。楊載出使琉球，他也應是從泉州北上東進，因而得已抵達琉球群島。

明代初年，中國人將臺灣和沖繩群島一概稱之為琉球，因琉球人常從澎湖而來，所以，人們常以為來進貢的琉球人是來自臺灣的。其後，福建人漸漸明白琉球人是來自沖繩群島，以後赴琉球的航路從以澎湖為核心的南線逐漸轉移到臺灣北部為焦點的北線，這就是從福州到臺灣北部再到釣魚島列嶼再到琉球群島的線路。自從陳侃記載了這條航行路線

後，從晚明到清代，兩國使者一直是走這條固定的航路。上一節的史料表明，明代琉球人平均每年都會派出 1.79 次貢船向明朝進貢，清代琉球的進貢也很頻繁。至於中國方面，經常到達釣魚島的漁民及冊封琉球的中國使者，也都走這一條路。正如中山王尚豐在其諮文中所說：「照得琉球世守東隅，休戚相關，毗連福建，壤綿一脈，天造地設，界水分遙。」[14]

這就有了雙方的分界問題。因為界限不明，會帶來許多麻煩。

福建與琉球的關係，是中國一個省與附屬國的關係，它必須遵行國家的政策。中國是一個崇尚儒學的國家，而琉球對中國一向十分尊重，投之以桃，報之以李，中國對琉球的朝廷，也是十分重視的。在明清時代的中外關係中，中國與琉球的關係常被視為中國官方視為一種模範關係。因而，雙方界限的制定，中國從來不會強迫琉球，雙方之間界限的確立，只能是雙方人員活動自然形成的範圍。在這一前提下，雙方形成了自然邊界。

對福建人來說，釣魚島列嶼周邊的海域，是一個很好的漁場，歷來就有福建漁民到釣魚島打魚，因而給釣魚島取了一個中國式的、與漁業有關的名字。至於琉球人，他們的人數較少，對他們而言，沖繩群島範圍內的海域，已經夠了他們使用了。雙方活動範圍不同，自然形成了不同的地域。琉球西南的姑米山之島，便是一個有琉球風味的名字，它意味著琉球漁民主要在姑米山以北的海域活動。到了釣魚島列嶼，就是中國漁民（當時主要是福建漁民）的活動範圍，所以有釣魚島之名。

有人會說，明朝實行海禁制度，還會有漁民在海上航行嗎？這是知其一，不知其二。明朝的海禁主要是防止倭寇。自從明初洪武七年明朝水師在「琉球大洋」[15]及遼東的某地大敗倭寇之後，倭寇的活動逐漸沉寂，明朝的海禁也相應鬆弛。明代中葉，已經有許多漁船在海上自由航

---

[14] 轉引自吳天穎：《甲午戰前釣魚列嶼歸屬考——兼質日本奧原地敏雄諸教授》，第 123 頁。

[15] 傅維麟：《明書》卷九五，張赫傳記載：洪武七年，張赫在牛山洋（海壇島）「遇倭，追至琉球大洋，擒倭酋，俘獲多人。」見吳天穎：《甲午戰前釣魚列嶼歸屬考》，社會科學文獻出版社 1994 年，第 70 頁。

行。明代後期，雖然朝廷多次重申海禁，但禁止的只是對外貿易船隻，對沿海貿易船及漁船，都不禁止。所以，從明中葉開始，福建等省的漁船自由地在海洋上活動，朝廷並不干預。不過，中國的漁民大都不識字，所以，他們也不會記載自己的活動地域。因而，在中國史書上，也很少這類記載。以福建漁民在臺灣的活動來說，若非荷蘭人留下了福建漁民到臺灣沿海捕魚的記載，中國學者不會相信，在明代後期，福建去臺灣沿海活動的船隻，每年會有數百艘之多。他們在釣魚島的活動也是這樣，文獻上罕有記載，但釣魚島之名，表明了它與福建漁民的活動有極大關係。

我認為，正是雙方漁民活動自然形成的疆界，成為福建及琉球的分界線。這道分界線，自然反映於明清兩代學者的記載中。

嘉靖十三年（1534 年），明朝第 12 次冊封使陳侃的《使琉球錄》說：「過平嘉山，過釣魚嶼，過黃毛嶼，過赤嶼，目不暇接，一晝夜兼三日之程。夷船帆小不能及，相失在後。十一日夕，見古米山，乃屬琉球者。夷人（船上的琉球人）鼓舞於舟，喜達於家。」

任何人讀了這一段話，若非有特殊的政治立場，都會理解陳侃的這段話表明了中國與琉球的分界線。井上清先生說得好：

「琉球的向象賢的《琉球國中山世鑒》以『嘉靖甲午使事紀日』的形式，摘錄了大段的陳侃使錄。其中原文照抄了 5 月 10 日和 11 日的記事，並未加任何注解。當時琉球統治階層中，親華派與親日派的對立十分激烈，而向象賢是親日派的筆桿子。《琉球國中山世鑒》與其說是部客觀的歷史書，不如說它是為把親日派的立場當作正確歷史的、政治色彩很濃的書更恰當些。
然而，即使是在這樣的一部書中還原文照搬了陳侃的記述，這說明當時不僅中國人，而且任何琉球人也明白：久米島是琉球領土的邊界，赤嶼以西不是琉球的領土。琉球政府聲明中說：「琉球方面及中國方面，任何一方面的文獻都沒有表明尖閣列島是本國領土。」但是，這「任何一方」的文獻。中國的自不必說，就連琉球執政官、最大的學者也清楚地承認釣魚群島不是琉球領土。

然而琉球和中國的『任何一方』也絲毫沒有寫到那裡不是中國的
領土。誠然，在陳侃使錄中，只表明了到達久米島之前的赤居、
黃尾、釣魚等島不是琉球的領土，但它們是哪國的領土呢？從這
幾行文字中不能說明什麼，但郭講到赤嶼是琉球地方的界山。這
個「界」是琉球地方與何地的分界呢？郭從中國的福州出航，經
過了花瓶嶼、彭佳山等中國島嶼，又駛過了許多中國人早就知曉
的、冠有中國名稱的一個個島嶼，到達了這個列島的最後一個島
嶼──赤嶼。郭在此想到如果順風再行一日便可看見琉球領土久
米島了，回首望來程感慨道，這個赤嶼就是與『琉球地方分界』
的島啊。這個「界」肯定是與他離開的、現又遠隔座座小島的那
個國家，即中國的分界。如果把這牽強附會地說成是琉球與無主
地的分界，那他一定是對中國語言的表達方式過於無知了。如此
看來，陳侃在到達久米島之後才說這裡是琉球領土。這也不僅僅
是寥寥幾個字，而我們應該抓住他記述整個航程的文脈──從中
國領土的福州出航，經過許多中國島嶼，到達久米島，這樣一來
就可以看清，他認為從福州到赤嶼是中國的領土。這對他及全體
中國人來說是不言自明的。所以，他不會想到要特意寫出來這裡
是中國領土，而到了久米島後，正因為他想到了這裡已不是中國
領土，而是琉球領土了，才有意記上一筆。」[16]

　　在陳侃之後，許多出使琉球及日本的使者都提到明朝與琉球的分
界。

　　嘉靖三十五年（1556年），鄭舜功出使日本，歸來後撰成《日本一
鑑》一書，書中記載：「釣魚嶼，小東（即臺灣）小嶼也。」此文認為
釣魚嶼是臺灣的附屬小島。

　　嘉靖四十年（1561 年）間出使琉球的使者郭汝霖於出使琉球，其
《重刻使琉球錄》曰：「閏五月初一日，過釣魚嶼。初三日至赤嶼焉，
赤嶼者，界琉球地方山也。再一日之風，即可望見姑米山（久米島）矣。」
其中「赤嶼者，界琉球地方山也。」一句明指赤嶼為福建與琉球交界處
的鎮山。

---

[16] 井上清：《尖閣列島──釣魚諸島歷史的解明》，日本現代評論社 1972 年。

　　同年，鄭若曾所著《鄭開陽雜著》的第一卷所載「萬里海防圖」，將釣魚島、黃毛山、赤嶼都列入福建海防圖內。

　　嘉靖四十一年（1562 年），胡宗憲主持、鄭若曾等人編纂的《籌海圖編》所附福建沿海之海圖，以官府的名義將釣魚島、黃毛山、赤嶼都列入福建海防圖內。這都說明，明代閩浙水師的活動，已經將釣魚島納入防守的範圍之內。

胡宗憲、鄭若曾：《籌海圖編》中所附福建沿海山沙圖

　　萬曆三十四年（1606 年），冊封使夏子陽記載隨船的琉球人員「望見古米山，夷人喜甚，以為漸達其家。」

　　天啟元年（1621 年）茅元儀編纂的《武備志》，其中的《海防・福

建沿海山沙圖》也列入了釣魚島、黃毛山、赤嶼諸島。

崇禎二年（1629 年），茅瑞徵著《皇明象胥錄》，其中提及「福建往（琉球）……望見古米山即其境。」

以上史料都證明福建與琉球航線上的姑米山（古米山）之東北，才是琉球故土。有關記載都確認明代中國與琉球的邊界在中國的赤嶼及琉球的古米山之間。

四、清代福建臺灣與琉球的劃界

清朝於 1644 年進入北京後，取代明朝成為中國的新一個朝代，它自然繼承了明朝的一切領土及權宜，清代中琉分界仍然沿襲明朝的界限。康熙二十二年（1683 年），汪楫出使琉球，他的《使琉球雜錄》記載：「二十五日見山，應先黃尾而後赤嶼，不知何以遂至赤嶼。未見黃尾嶼也。薄暮過郊（或作溝）……問：『郊之義何取？』曰：『中外之界也。』」閩南語中的「郊」和「溝」是同音的。位於赤嶼及姑米山之間有一條黑色的海流，水流速度較高，小漁船很難沖過海流。因此，自古以來，中琉雙方漁民以溝為界，形成各自不同的捕魚區。在這一前提下，汪輯會提出，這條海溝是中外之界。這一邊界是繼承明朝的。

同為康熙二十二年，清朝統一了臺灣，而後允許中國沿海之民到海外貿易為生，此後的閩人大舉向琉球及日本發展，使中琉關係及中日關係都更為重要。由於琉球南部島嶼和臺灣東部山區隔海相望，雙方便有了進一步劃分界限的問題。

康熙五十九年，出使琉球的清朝使者徐葆光為編寫《中山傳信錄》一書，與琉球的學者反復交談，他聽說中山國有《中山世鑒》一書，便向琉球方面請借此書。《中山世鑒》為琉球親日派首領羽地朝秀（向象賢）編著，編成於清順治七年（1650 年），書中收錄陳侃《使琉球錄》的文字，也照抄了陳侃的一句話：「見古米山，乃屬琉球者。」反映了他對陳侃的記載並無質疑。

徐葆光在參考大量資料後，編成了《中山傳信錄》，徐葆光在該書

中說琉球國的領土除了本島之外，尚有三十六島，並在其書中錄寫了
36 島的名字。從這些名字看，徐葆光是在用漢語諧音的方式記載了琉
球三十六島的名字，從其記音，可知都是有琉球特色的名字。徐葆光自
己當然不會懂琉球文字，可見，這三十六島之名字，都是琉球學者教他
的。這也就是說，徐葆光所記琉球國的領土，完全是琉球人自己所說的，
反映了琉球人的觀點。指出這一點是很重要的，因為，這表明清朝與琉
球方面各自確定領土的時候，清朝使者尊重琉球國的觀點，並沒有以大
壓小，侵佔琉球國的領土。如圖所示，在徐葆光的《中山傳信錄》一書，
中山國的領土並沒有包括釣魚島。

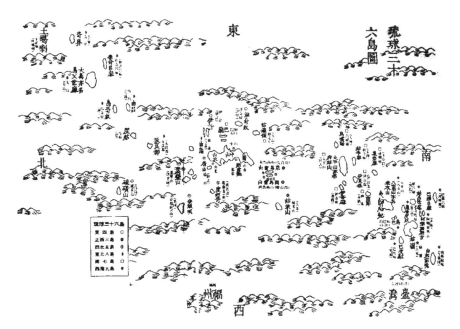

圖 3-7　徐葆光《中山傳信錄》(1722)附《琉球三十六島圖》，其毛釣魚島列嶼

徐葆光《中山傳信錄》所附琉球三十六島圖

　　此外要注意的是，琉球三十六島的範圍，完全是由琉球人自述的，
他們因而得以將臺灣東部的許多島嶼列入三十六島範圍，其中不少島嶼
本是臺灣的附屬島嶼，離臺灣島僅有數十海里，據琉球人的解釋，這些
島嶼也被劃入了琉球。就是說，琉球人在這次劃界中，實際上是得到很

多的。他們的領土向東南的延伸，得到了清朝的承認。但是，就是以這些圖為據，琉球人本島之外的三十六島中，也沒有包括釣魚島，這也證明釣魚島列嶼是屬於中國的。以後的中國文獻一直證明這一點。

乾隆二十一年（1756 年）周煌所著《琉球國志略・山川》記載：「琉球，環島皆海也。海面西距黑水溝與閩海界，福建開洋至琉球，必經滄水過黑水」。

乾隆三十二年（1767 年）奉乾隆帝繪製《坤輿全圖》的法國傳教士蔣友仁（Michael Benoist），在其圖中給出了「好魚須（釣魚嶼）」、「懽未須（黃尾嶼）」、「車未須（赤嶼）」諸島，其設色與中國大陸及臺灣島相同。

嘉慶五年（1800 年），出使琉球的清朝使者趙文楷在《槎上存稿》中說：「十一日見古米山，近琉球矣。」

嘉慶十三年（1808 年），出使琉球的清朝使者齊鯤記載：「閏五月十三日，午刻見赤嶼，又行船四更五，過溝祭海。」可見，按齊鯤所載的界溝，應在赤嶼之外「四更五」的水程。他的《航海八詠・姑米山》之詩題下注：「此山入琉球界。」

以上史料都證明，中國與琉球之間往來五六百年，兩國之間有一道雙方承認的習慣邊界，這條邊界即在釣魚島列嶼的赤嶼及琉球的姑米山之間。

五、日本和沖繩文獻中的中琉劃界問題

明代琉球國琉球國留下的文獻很少，清代琉球國留下最早的文獻是《中山世鑒》一書，如前所述，該書在談到琉球領土時，主要引用明嘉靖十三年出使琉球使者陳侃的著述；其後還有程順則的《指南廣義》等書。《指南廣義》用兩頁分別記載航路上的諸嶼，而其記載古米山和馬齒山，都指出（琉球）「國人」的觀點。而記載赤尾嶼、黃尾嶼、釣魚臺等，便不表意見，可見，他很明確琉球和中國的分界。

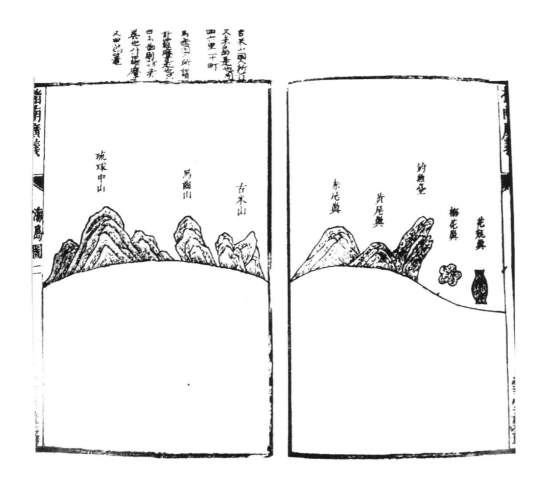

本圖引自鞠德源：《日本國竊土源流——釣魚列嶼主權辨》

再如琉球國的國家文獻《中山世譜》所附的琉球國地圖，該書由琉球國大臣蔡溫所編，撰成於 1725 年。該書上有寫於雍正五年的序，所以，該書大致完成於雍正初期。

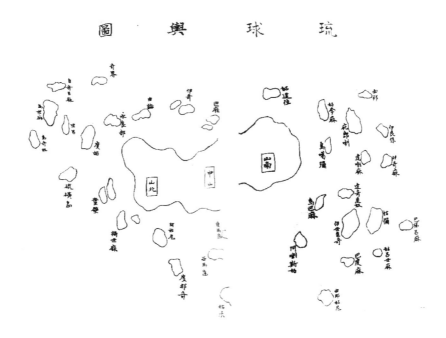

中山世譜所附的琉球輿圖

　　這幅圖清晰地繪出琉球中山國所轄三十六島圖，其中沒有釣魚島列嶼。這表明，琉球人自己也不認為釣魚島是琉球的領土。

　　日本人很早就對琉球發生了興趣，日本文獻也常涉及中國與琉球的分界。日本學者河津佑川 1741 年編著的《中山紀略》中附有「琉球三十六島圖」，在這幅圖中沒有釣魚島列嶼，但釣魚島的位置標明「福州」。這表明當時日本人認為釣魚島列嶼屬於「福州」。實際上，此時的釣魚島列嶼應屬於臺灣府管轄。

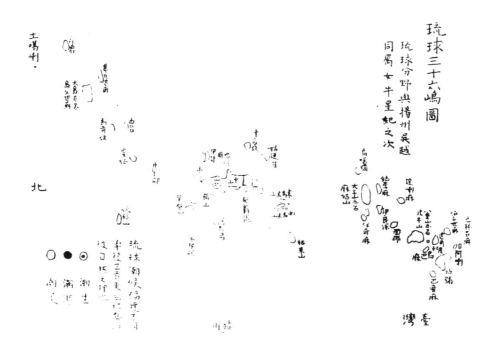

本圖引自鞠德源:《日本國竊土源流——釣魚列嶼主權辨》

　　1785 年林子平所著的《三國通覽圖說》中,明確將釣魚臺、黃尾嶼、赤尾嶼當作中國領土,這些島嶼所標明的顏色與中國大陸一致,都是用粉紅色。

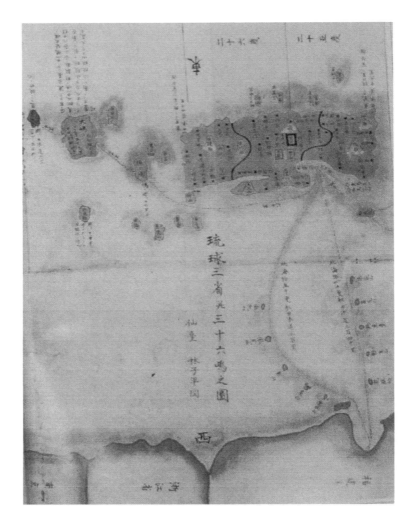

林子平《三國通覽圖說》的附圖，「琉球三省及三十六島之圖」

　　關於林子平《三國通覽圖說》的附圖，井上先生說：「我在東京大學附屬圖書館看到過一本，那個「琉球三省及三十六島之圖」畫在一張寬 54.8 釐米、長 78.3 釐米的紙上。圖中央題有「琉球三省及三十六島之圖」，左下方有一行「仙台林子平圖」的署名小字。這張地圖是彩色印刷的。東北角是日本鹿兒島灣附近至其南方的「吐葛喇」列島，被塗為灰綠色；自「奇界」（鬼界）島向南，奄美大島、沖繩本島至宮古、八重山群島的原琉球王國的領地被塗成了淺灰色；西面的山東省至廣東省的中國本土塗上了淡紅色；另外，臺灣及「澎湖三十六島」被塗成了

黃色。圖上還印有從福建省的福州到沖繩本島的那霸的南北兩條航線。南航線上由西向東排列著花瓶嶼、彭佳山、釣魚臺、黃尾山、赤尾山。這些島嶼都塗上了與中國本土一樣的淡紅色。北航線上各個島嶼就更不用說，顏色也和中國本土的一樣。從這張圖上可以看出林子平是把釣魚群島看作中國領土的，這是一目了然，毫無疑問的。」

　　日本在明治維新後，開始了現代化過程，同時也開始「開拓」海外的歷史過程。明治幕府中有一班人主張吞併琉球，因而開始了對琉球史地的研究，在這一背景下，日本人出版了兩部有關琉球的專著。其一為大槻文彥的《琉球新志》，據在日本生活過的鞠德源介紹，此書由日本國書刊行會出版於明治六年（1873 年）[17]又一本書是伊地貞知馨的《沖繩志》，據鞠德源的介紹，此書出版於明治十年（1877 年）。可惜的是，鞠德源未曾介紹此書的版本。由於這兩本書主張對外擴張，因而得到了當時日本外交部的推崇。[18]其中更引人注目的是，伊地貞知馨的《沖繩志》出版於日本宣佈吞併琉球之際，1875 年，日本出兵琉球阻止琉球向清朝進貢，1879 年，日本正式宣佈對琉球廢藩置縣。當此之際出版的《沖繩志略》，當然具有特殊意義。伊地貞知馨寫這本書之時，曾經四赴琉球諸島考察，因此，他在寫這本書之時，對琉球所轄每一個島都有詳細的描述，在其所寫的琉球諸島介紹中，並未將釣魚島列嶼包括進去。

　　我在日本時，看到同為伊地貞知馨所著的《沖繩志略》，出版於明治十一年，該書全面介紹了沖繩的三十六島，其中也沒有包括釣魚島。

六、清代福建與臺灣的分界問題

　　清朝統一臺灣之後，設立了臺灣府，臺灣島由臺灣府管轄。那麼，釣魚島列嶼此時由誰管轄？就目前的史料來看，因釣魚島離臺灣島較

---

[17]大槻文彥：《琉球新志》，國書刊行會明治六年（1873 年）版。見鞠德源：《日本國竊土源流——釣魚列嶼主權辨》，首都師範大學出版社 2001 年，第 380 頁。

[18]鞠德源：《日本國竊土源流——釣魚列嶼主權辨》，首都師範大學出版社 2001 年，第 391 頁。

近，習慣上由臺灣府管轄會方便些。乾隆年間考察臺灣的黃叔璥在談到臺灣防禦問題時，曾提到了釣魚島。他的《清臺地莫若先嚴海口疏》」寫到：

> 「近海港口，哨船可出入者只鹿耳門、南路打狗港、北路蚊港、笨港、淡水港、小雞籠、八尺門，其餘如鳳山大港、西溪、蟯港、蟯港、東港、茄藤港、放索港、大昆麓社寮港，後灣仔諸羅、馬沙溝、歐汪港、布袋澳、茅港尾、鐵線橋、鹽水港、井水港，八掌溪猴樹港、虎尾溪港、海豐港、二林港、三林港、鹿仔港、氷里港、牛罵、大甲、貓干、吞霄、房里、後壟、中港、竹塹、南嵌、八里坌、蛤仔爛，可通杉板船；臺灣州仔尾、西港仔，灣里鳳山、喜樹港、萬丹港，諸羅海翁堀、崩山港，只容舟古仔小船；再鳳山岐後、枋寮、加六堂、謝必益、龜壁港、大繡房、魚房港，諸羅□仔、穵象領，今盡淤塞，惟小魚船往來耳。山後大洋北有山名釣魚臺，可泊大船十餘。崇爻之薛坡蘭，可進杉板。」[19]

黃叔璥的這篇奏文是研究清軍對臺灣的控制。臺灣島的西岸大多是淺灘，東岸是陡峭的山崖，因而，臺灣南北，適於停船的港口並不多。鑒於這種情況，清軍只要控制台灣的大小港口，就能有效地控制台灣。黃叔璥注意到這一點，便全面研究了臺灣的港口。其中，也提到了「山後大洋北有山名釣魚臺，可泊大船十餘」。

乾隆十二年范咸編成的《重修臺灣府志》在其中的「海防附考」中，全文轉載黃叔璥的這段話：「山後大洋北有山名釣魚臺，可泊大船十餘。崇爻之薛坡蘭，可進杉板。」[20]

乾隆二十九年，余文儀等人編成的《續修臺灣府志》，也全文引用了黃叔璥的這段話。「府志」、「縣誌」等地方誌，是中國史書中主要記載地方行政的政書，它明白記載著各級機構的管轄權，所以，釣魚島列嶼被列入《臺灣府志》，實際上說明臺灣府對釣魚島的管轄權。進一步

---

[19] 黃叔璥《台海使槎錄》卷二，赤嵌筆談，武備。《全台文》第 52 冊，第 40-41 頁。
[20] 范咸：乾隆《重修臺灣府志》卷二，規制，海防附考，中華書局 1985 年影印《臺灣府志》乾隆十二刊本，第 1468 頁。

而言，它證明福建省對釣魚島的管理由福建省掌管下的臺灣府直接管理。

又如清末光緒十九年十月，慈禧太后服用盛宣懷所進藥丸有效後，給其頒發了一道聖旨：「盛宣懷所進藥丸甚有效驗，據奏，原料藥材來自臺灣海外釣魚臺小島。靈藥產於海上，功效殊乎中土，知悉。」慈禧因而將「釣魚臺、黃尾嶼、赤嶼三小島賞盛宣懷為產業，供采藥之用。」其文中將釣魚臺列嶼當作臺灣所附島嶼。對於這道聖旨，海峽兩岸的學者檢查故宮所藏原檔，沒有發現相應的記載，而且詔書上所蓋印章也不是慈禧常用的印章，因而斷其為盛宣懷私下請宦官蓋章的文獻。此處無意探討詔書的真偽，只是想說，這份 19 世紀的文獻，將「釣魚臺、黃尾嶼、赤嶼三小島」視為臺灣的附屬小島。

由於清代釣魚島列嶼被劃入臺灣府範疇，臺灣建省後，釣魚島列嶼自然歸屬臺灣省管轄，所以，中國在甲午戰敗後，被迫割讓臺灣之時，對中國來說，釣魚島列嶼也就被日方佔有了。據吳天穎對日文《臺灣匪賊征討附記》一書研究，日本的臺灣總督樺山資紀準備接收中國被迫割讓之臺灣時，在其第一號命令中，令日本艦隊集中於臺灣淡水港附近之集合地。其後命令中，又指出這一地方為臺灣淡水港北方約九十海浬之位置，之後，樺山又發出「總督發出訓示」一令，其中第三條指明，這一地方「即為北緯二十五度二十分，東經一百二十二度，即小閣島迤南五海裡處。各官員到該地點待命。」[21]就此而言，當時日本人即將釣魚島海面當作臺灣的部分海域。

1943 年中美英三國《開羅宣言》明確規定：「要使日本所竊取於中國之領土，例如滿洲、臺灣、澎湖列島等，歸還中國。日本亦將被逐出於其以武力或貪欲所攫取之所有土地。」1945 年中美英三國敦促日本投降的《波茨坦公告》強調：「《開羅宣言》之條件必將實施。」，其後日本政府接受以上條件投降。此後日本的領土便只限於本土四島。二戰結束後，美國又迫使日本簽定《三藩市和約》，「這一條約中涉及琉球主

---

[21]吳天穎：《甲午戰前釣魚列嶼歸屬考——兼質日本奧原地敏雄諸教授》，第 116-119 頁。

權內容的第三條是這樣表述的：日本對於美國向聯合國提出將北緯二十九度以南之南西諸島（包括琉球群島與大東群島）、孀婦岩島以南之南方諸島（包括小笠原群島、西之島與琉璜列島）及沖之鳥島與南鳥島置於聯合國託管制度之下，而以美國為唯一管理當局之任何提議，將予同意。在提出此種建議，並對此種建議採取肯定措施以前，美國將有權對此等島嶼之領土及其居民，包括其領海，行使一切及任何行政、立法與司法權力」。[22]

　　日本在第二次大戰中失敗之後，承認放棄臺灣的領有權，由於當時釣魚島歸臺灣管轄，所以，從法理上而言，日本已經放棄對釣魚島列嶼的管轄權。由於釣魚島列嶼原是中國的領土，很顯然，釣魚島列嶼應屬中國所有。在中國方面，它屬於臺灣省。進一步說，屬於臺灣省的宜蘭縣。

　　綜上所述，明清以來，福建省與琉球島建立了密切的關係，因此，很早就有了劃界問題。就中琉雙方的史書記載而言，明代釣魚島應歸福建福州管轄。清朝統一臺灣之後，福建成立臺灣府，釣魚島列嶼此時應歸臺灣府管轄。此時的臺灣府已經與沖繩隔海相望，雙方有必要確定界限。康熙五十九年，徐葆光出訪琉球，在與琉球官員及學者的商榷中，確定了雙方的分界。琉球方面得以正式佔有臺灣以東的許多小島，但釣魚島列嶼也正式劃歸中國的福建。日本吞併琉球之後，一度提出瓜分琉球的計畫，未得中國政府接受，按其計畫，釣魚島理當屬於中國。而後，日本開始侵佔周邊島嶼，並竊占釣魚島。其時中國政府一直要求日本還琉球獨立，沒有和日本劃界。臺灣建省之後，福建與臺灣之間未曾明確劃界，但從劃分原則而言，釣魚島應屬臺灣管轄。1895 年，中國在甲午戰爭中失敗，被迫割讓臺灣，不久，日本竊據釣魚島。因管理上的問題，日本最終將釣魚島劃歸臺灣總督府管轄。1945 年，日本戰敗，聲明放棄臺灣，臺灣由中國政府接收，由於當時釣魚島歸臺灣管轄，所以，從法理而言，釣魚島已經自動回歸中國。在臺灣省建立以前，福建福州

---

[22] 百草止水：《琉球獨立和釣魚島的歸屬》，網上文章，2007 年 4 月 5 日。

對釣魚島的管轄至少有 500 多年的歷史，福建漁民常到釣魚島周邊海域捕魚，所以，釣魚島海域理應由中國大陸與臺灣共同管轄。（本文為提交 2010 年 8 月重慶紀念臺灣光復與抗日戰爭勝利六十五年會議論文，後發表於《東南學術》2011 年第 2 期）

論中華文化與閩台文化

閩台文化是一元還是多元的？它在中華民族燦爛的文化體系中所占地位如何？儘管這二個問題尚未成為學者們爭論的重點，但從海內外報刊發表的各種言論看，人們對這些問題的分歧是確實存在的。筆者認為：閩台文化是一體多塊的地方性文化，其中，臺灣文化是閩台文化的一個組成部分；從總體而言，閩台文化是中華文化之中的一個區域文化，它是中世紀中原文化的延伸，並在吸收古老的閩越文化、畬族文化與海外文化成分的基礎上，形成了富有開創性的地方性文化。以下試從民族語言，宗教信仰，文化藝術，風俗習慣、經濟結構等方面論證我的觀點。

一、閩台文化是一個統一的區域文化

中華文化是以漢族炎黃文化為主體的中華民族共同的文化，它的根在黃河和長江中下游的廣大區域，在漫長的歷史長河中，中華文化不斷向四方傳播，並為各地方民族文化所吸收，從而形成了幾大板塊的區域文化，例如：巴蜀文化，湘楚文化，嶺南文化，贛文化，吳越文化等。這些地方性文化都是中華文化的組成部分，但它們各具獨特的區域文化特質，在人口組成，方言語彙，宗教信仰，經濟結構，文化藝術、風俗習慣等方面有鮮明的個性。我認為，閩台文化即是這種性質的地方性文化，它在中華文化體系中佔有重要地位。

閩台文化一詞最初被提出來，本意是福建文化與臺灣文化之和，始倡者恐無閩台文化是一元地方性文化之意。我提出閩台文化是一體的地方性文化，還有許多懸而未決的問題。首先，閩台文化的定義問題，我認為：閩台文化是指生活在中國東南濱海區域與島嶼範圍內操閩語方言的人民共同擁有的區域文化，它不是福建、臺灣兩省文化簡單的相加。僅就範圍來說，閩台文化區域除了現在的福建、臺灣兩省外，還包括地理上相連的操閩語的廣東潮州府以及浙江南部的少數縣；更重要的是，

閩台文化範圍內的人民在民族語言、宗教信仰、文化藝術，風俗習慣、經濟結構等方面都有共同的文化特質，所以，他們屬於一個共同的文化區域。以下對閩台文化的特質加以歸納分析。

第一，地理形勢。閩台處於東南海疆，大致可以劃分為兩大區域，其一為大陸部分，其二為島嶼部分。大陸部分的地貌以丘陵山地為主，屬於東南丘陵地區。閩台的島嶼部分以臺灣為主，在臺灣與大陸之間，還有許多小島。臺灣島的北端緯度與福州相近，它的南端緯度與潮卅相近，中間雖隔一個臺灣海峽，但海上交通十分便利，福州與基隆港之間的海程僅 150 海里（180 公里），而福州與閩北重鎮邵武之間的距離便有 300 多公里，所以，福州與臺北之間的交通實比福州與閩北山區之間的交通更為方便。在歷史上，臺灣一直是福建的一個府。

第二，人口語言。閩台都是以漢族為主體的區域，現代語言學家認為，福建境內有三大漢族方言區，它們分別是閩東語系、閩南語系、客家語系，有的學者認為閩東方言還可劃分為兩個系統，閩北方言系和閩東方言系。這四種方言都有福建方言的共同特點：只有 15 個聲母。所以，個別學者主張把閩語納為一個方言系統，福建之外，廣東潮汕地區使用閩南話，臺灣人使用閩南話與客家話。由於有共同的語言與血緣，所以，福建與臺灣的關係極為密切，把二地劃為同一文化區域是很自然的。

第三，宗教信仰。閩台文化區流行佛教與道教，這和中國其他漢族區域是一致的。除此之外，閩台的民間信仰具有鮮明的地方色彩。天妃是閩台人民共同奉祀的守護神。在大陸部分，閩江區域人民最崇拜臨水夫人，客家範圍內，當地人民崇拜定光佛，莘七娘，閩南區域內，保生大帝吳本的地位最高。其次，泉州人信仰青山王，漳州人崇拜陳元光，潮州人禮敬三山國王。這些民間信仰也隨著閩潮移民來到臺灣，分佈於臺灣各地。閩台的民間信仰有很強的地方性，在閩台區域之外，幾乎沒有人知道這些神靈。它反映了閩台文化的特質。

第四，文化藝術。閩台文化區域內的文化藝術聯繫也是很密切的。潮州流行的戲劇在漳州境內有許多觀眾，泉州地方戲中有陳三五娘的劇

本，講的是泉州儒生陳三與潮州姑娘五娘之間的愛情故事。閩台的文化聯繫更為密切，鄭成功收復臺灣後，王忠孝等儒者移居臺灣，為臺灣播下了最早的儒學文化種子。臺灣第一座孔廟修於鄭經統治時期，清代臺灣官員為培養本地人材，在臺灣興辦了臺灣書院、崇文書院，南湖書院、引心書院等幾十座書院，它的師資大都來自福建。臺灣開發的早期，移民讀書的較少，興化、泉州、漳州一帶的儒生便遷居臺灣，參加當地的科舉考試，據說，考中的機會大於內地。這樣，久而久之，閩台文化上的聯繫更進一層。閩台的藝術也是親不可分的。傳自閩南語系區域的臺灣地方戲有亂彈，九甲，查媒戲，車鼓戲，七腳仔戲、布袋戲，傳自客家區域的有四平與採茶戲。這些戲劇都是福建特有戲種，在閩台區域之外，沒有人看得懂這些戲劇。

　　第五，經濟聯繫。閩台經濟自古以來就是互補型經濟結構。在日本佔據臺灣之前，臺灣經濟是單一的農業經濟，並以稻米、食糖兩項為主。而福建沿海一帶，手工業較發達，人多地少，缺乏糧食。因此，清代的閩合貿易極盛，臺灣輸出稻米，輸入日用百貨，福建輸出日用百貨，輸入稻米，二地間形成了相互依賴的關係，一旦臺灣米不能來閩，福建便會發生饑荒，而臺灣稻米輸出減少，也會引致經濟蕭條。在閩台經濟方面，尤其值得一提的是，在臺灣早期開發過程中，福建人傾注了大量的人力，物力。可以說，早期臺灣建設所需的物資，人才，資金都來自福建，在福建移民的貢獻下，臺灣很快就成為名符其實的寶島，迨至日人據臺灣之前，臺灣已成為國內經濟最發達的區域之一。臺灣變化之速在國內是極少見的，為了加深人們的印象，試以海南島作為比較。海南島土地的肥沃程度不亞於臺灣，在歷史上，漢族移民開發海南的歷史也早於臺灣，然而，海南島的發展卻遠不能與臺灣相比，迄至清末，海南仍為國內最落後的區域之一。為什麼會產生這種差距呢？關鍵在於：臺灣開發得到福建人全心全意的投入，而海南島得到的大陸人才、資金、勞力都遠遜於臺灣。今日，台資湧入福建幫助福建發展經濟，也可算是對歷史的報答吧。

　　廣東潮州在歷史上雖屬於嶺南行政區域，但它與福建的經濟聯繫一

向密切。清代潮州也是缺糧區，本地商人以鹽易米，他們向汀江上游的汀州輸出食鹽，購進糧食，而汀州輸出的大宗山貨，例如煙草、紙張也都是走汀江水路，在汕頭出海，汕頭的繁榮與汀州是分不開的。

　　以上從五個方面分析了閩台文化的特質，它足以證明閩台是一個統一的文化區域。今日閩台文化區人口已超過五千萬，經濟力量也十分雄厚，完全可以和其他文化區並肩而立。

　　在閩台文化區內部，還可以方言為主，將閩台劃分為三塊地方性文化區域，其一為閩南方言文化區，它包括清代的興化府、泉州府、漳州府、永春府、龍巖州、潮州府、臺灣府，這裏之所以把臺灣劃入閩南方言區，是因為臺灣的閩南話占絕對優勢，連居於第二位的廣東客家人也有改用閩南話的趨勢。

　　其二，客家方言區，以汀州境內的客家人為主。汀州之外，清代邵武府的建寧、泰寧、光澤、邵武四縣也有許多講客家話的人，但在歷史上，邵武府與建寧府、延平府關係極為密切，以故，這裏劃分客家文化區不把它包括在內。

　　其三，閩江流域文化區。它包括建甌方言系和閩東方言系兩大區域，共有建寧府、延平府、邵武府、福州府、福寧府等五個府。閩江及其支流將五個府緊密地聯繫在一起，在歷史上，五個府之間的經濟、文化聯繫極為密切。

　　以上三塊文化區各有其特點，從民間信仰的差異而言，它們的文化背景不盡相同。這反映了文化背景上的差異。

二、閩台文化是中世紀中原文化的延伸

　　閩台文化是中原文化在傳播過程中形成的地方性文化，它的基本面貌定型於唐宋時期。閩台文化與楚文化、巴蜀文化有所不同，楚文化原是周代楚國文化，它後來雖然融進了漢文化的大海中，但它的早期是與華夏文化有很大差別的區域性文化。閩台文化則不然，閩文化區域在秦漢時期曾有過古老的閩越文化，但自漢武帝將閩越族人全體遷往江淮區

域後，閩區域殘留的閩越人極少，已不能構成閩文化的主流。今日的閩台文化是建立在漢族開發閩台區域的歷史基礎之上的。自西晉永嘉之亂以來，漢民族多次掀起南下移民的浪潮。可是，早期南下移民多停留於江南區域，一直到隋朝，福建居民僅 12420 戶。唐宋時期，中原人民數次大規模遷居福建，宋末福建路戶口為 1,704,186 戶，3,553,079 口。

可見，福建居民絕大多數都是唐宋時期中原移民的後裔。這一點也可從閩台人民的族譜中看出，以我所見，幾乎百分之百的閩台族譜都說自己是中原人的後裔，其中雖不乏偽託的成分，但閩人認同於中原文化卻是不可質疑的。唐宋以後，北方遊牧民族多次入侵中原地區，使中原區域的民風發生很大變化，而福建僻處東南，所受波及較少。況且，自宋代開始，福建就是國內人口最密集的區域之一，人口流向以外流為主，因此，自身的文化傳統未再受到強烈的撼動。這樣，唐宋中原文化便在福建保存下來了。迄今為止，閩台人民仍保留許多古代中原文化的傳統。

第一，方言。今日福建漢族方言與北方話差距很大，產生差異的原因何在呢？按照語言學的發展規律，各民族的語言都不是一成不變的，尤其是在民族融合時，外族語言會對本族語言產生極大衝擊，導致語言音素變化。漢族發源的黃河流域是一個民族大熔爐，自五代二宋以後，多次受到北方民族移民浪潮的衝擊。因而，宋元以後北方方言語音發生很大變化。將反映明代北方話的《洪武正韻》與唐宋時期的《切韻》、《集韻》相比，就可以看出，北方話的聲母、韻母、音調都有很大變化。而唐宋以後，福建方言基本未受到外來語言大規模的衝擊，所以，福建方言基本保留了唐宋以前漢族北方話的風貌。例如，在聲調方面，福建四大方言至今仍保留了中古時期的八種聲調。

其次，從聲母方面來看，福建人在明清時期仍保持 15 音系統，並且至今不變。

再次，從韻母來說，現代北方話也發生了很大變化，許多唐詩宋詞用現代普通話來念，已經不押韻，然而，倘若使用福建方言朗誦唐詩宋詞，仍然朗朗上口，音韻鏗鏘。這也說明，今日福建方官接近於古代中

原漢語。

第二,聚族而居的習慣。中國人重視血緣關係,這是商周時期即形成的風俗習慣,唐宋時期,中原人民仍保持著這種習俗,他們聚族而居,世代不遷,宗族有很強的凝聚力。在經歷金元統治的歷史後,中原人民聚族而居的風俗業已式微,明清時期,中原已很難找到獨姓的村莊。福建的情況與北方不同,他們的祖先自中原南下,是聚族而遷,來到福建後,各個族姓仍保持了古代中原的傳統,他們聚族而居,修族譜、選族長、設族田、辦私塾,每年都要舉行祭祖活動,聯絡族眾感情。這種習慣大大加強了他們對外競爭的能力。

第三,秉承中原重視儒學的傳統。儒學發源於齊魯區域,盛行于中原,是典型的中原文化,閩台區域開發較遲,唐代才有儒學。唐末五代,中原南下的王審知割據閩中,他「聚書建學,以養閩士之秀者,」福建儒學遂登上一個新的臺階。宋代,周敦頤、張載、程顥、程頤等大儒在中原提倡理學,被稱為儒學正宗,北宋末年,游酢、楊時將二程理學引入福建,三傳至朱熹,便創立秉承理學正統的閩學。閩學對福建士子的影響是極為深遠的,一直到清代,閩台人民都以閩學為驕傲,他們的學者也多能秉承朱熹學派的傳統,產生了許多傑出人才。宋代理學在福建發揚光大,也從一個側面反映了唐宋中原文化在福建得到繼承。

第四,宗教。中國宗教最盛的是佛教,佛教發源於印度,它向東方傳播有兩個系統,從北路傳到中原的是大乘佛教,從南路傳向東南亞的是小乘佛教。古代福建與印度、東南亞保持著密切的聯繫,但是,福建人沒有接受小乘佛教,卻接受自北方傳來的大乘佛教,這也反映了閩台文化的根在中原。明清時期,北方佛教衰落,而福建佛教仍有一定勢力,許多失傳的佛經保留在福州與泉州的寺院中。清末民初,福建還產生了圓瑛法師等一代高僧。

福建的其他宗教也深受中原區域影響。道教中的泰山行祠是北方最常見的道觀之一,而在清代的福建,許多縣都設有泰山行祠,其密度不亞於北方,其中,福州的泰山行祠占地很廣,香火極盛,在民間影響很大。此外,邵武一帶,以北方真武大帝為水路守護神,許多縣都有真武

大帝廟。在民間信仰方面，北方人最尊重的關帝在福建也得到許多人奉祀，漳州東山縣城，幾乎每家每戶都懸掛關帝像，這在北方也是很難見到的。

第五，文學藝術。唐宋文學在我國歷史上的地位很高，它的影響是全國性的。福建詩人歷來崇拜唐詩，歷宋元明清，刻意模仿唐詩已成為閩中詩人的風格。明初，以林鴻為首的閩中士子鼓吹學習盛唐氣度，在詩壇獨樹一幟，產生一定影響。福建的戲劇藝術也源於北方，五代時期，泉州太守王延彬聘請的樂伎、聲伎，都一定要選用北方人。北宋，仙遊人蔡京任宰相多年，他把開封的戲班子帶回家鄉，這就是莆仙戲的起源。現在，莆仙戲的舞美、音樂越來越受到多方面的重視。

第六，風俗習慣。清代福建人民的服飾仍遺有唐人風格，周亮工的《閩小記》寫道：「閩素足女多簪全枝蘭，煙鬟掩映，眾蕊爭芳，響屧一鳴，全莖振眉。予常笑謂昔人有肉台盤，此肉花盎也。繼在京師，見唐人美人圖，亦簪全蘭，乃知閩女正堪入畫，向者之評，謬矣！」至今，泉州婦女仍在髮鬟戴白玉蘭，這應是唐人遺風。

第七，對待外來文化的態度。魯迅曾說，唐人氣度博大，對外來文化博采廣取，虛懷若谷。迨至明清時期，中國人盲目自大，對海外文化採取視而不見的態度，已經失去唐人風格。就總體而言，魯迅這種評價不算錯，但就區域而論，閩台等靠海的區域實比北方更開放，即使是在閉關自守的明清時期，閩人對海外文化的興趣也很濃，伊斯蘭教和基督教曾在福建沿海紮根，閩人還積極到西班牙、荷蘭、英國在東南亞的殖民地貿易，至今福建方言中還有許多在明清時期從西方傳入的辭彙。五口通商之後，福建不僅出現了嚴複、林紓這類積極介紹西方文化的翻譯家，還出現了辜鴻銘（馬來亞華僑，福建籍）、林語堂這類學貫中西的學者文人。總之，唐人對外來文化的氣度，依稀能在近代閩台人民身上看到。

明清時期，中原文化出現中衰現象，唯有東南沿海地區蓬勃向上，繼承了中原的文化傳統。閩台文化的價值也在這裏，從某種角度而言，閩台文化是根植於唐宋中原文化上最美的花朵之一。

三、閩台文化是中華文化的優秀的組成部分

閩台文化繼承了唐宋中原文化的精華,在形成過程中還吸收了閩越文化、畬族文化、海外文化等各種文化的養分,從而成為中華文化優秀的組成部分之一。

閩台文化與閩越文化。漢武帝將閩越人遷往江淮,這使閩越族的歷史發生中斷,可是,漢朝大軍退還中原區域後,逃散於深山老林的閩越遺民仍有一定數量,他們相聚一起,自立為冶縣,接受漢朝統治。從他們僅立一縣來看,留在閩中的閩越人最多不過一、二千戶而已。迨至唐代,閩越人已基本融入漢族之中,宋初《太平寰宇記》引用唐代的《開元志》說,福州城中的林黃二姓多是閩越人後裔,但他們與漢族已沒有區別了。不過,閩越人雖被同化,但他們的風俗習慣也在一定程度上影響了福建漢族。對這個問題,今人尚無專門研究,以我之見,至少可以找到二點:其一,婦女下田勞動的習慣。中原漢族的男女分工是男耕女織,婦女不下田勞動,而今日福建婦女卻是下田勞動的,可見婦女下田勞動不是北方人的習慣,而是本地習俗。從古代文獻中知道,這種習俗來自閩越人。漢族南下福建,帶家眷的不多,他們後來都娶閩越婦女為妻,於是,閩族婦女下田勞動的習慣也變成了漢族婦女的習慣。唐宋明清時期,北方來福建做官的人對福建婦女下田勞動、纏小腳的習俗常感驚奇,可見,福建婦女下田勞動的習俗有其歷史淵源。附帶說一句,漢武帝將閩越人遷往江淮一帶,閩越人也把婦女勞動的習俗帶到江淮,一直到晚清時期,外地人還譏笑安徽婦女是「安徽大腳婆」。現在,隨著時代改變,人們的價值觀念也隨之變化,再也沒人以小腳為榮了。公正地說,福建婦女下田勞動對福建歷史的貢獻是很大的,福建男人以在外闖事業聞名天下,倘若他們的背後沒有婦女在支撐家庭,他們是不可能取得現有成就的。

閩越人對福建漢族第二大影響是開發海洋。古代漢族生活在中原地帶,對航海比較陌生,而南方越人生活在東南沿海,航海是他們生活的一個部分。所以,在我國秦漢時期,就有「北人馳馬,南人乘舟」的說

法。閩越國滅亡後，一部分族人逃到海上，以船為家，可見，他們的航海術極精。自唐宋元明清以來，福建人航海聞名天下，他們的這種技術與傳統是直接繼承越人的。

閩越人對漢族的影響還可列舉多種，限於篇幅，不再贅述。僅婦女勞動，航海這二項習俗對閩台文化的貢獻，就是不可估量的。

第二，閩台文化與畬族文化。國內學術界對福建畬族的來源有兩種看法：一種認為畬族是古代閩人後裔，另一種認為畬族與湘桂畬族同源，隋唐以後才遷到福建。從現在來看，畬族與閩越人的習慣有同有不同，相同處如婦女參加田間勞動，男人強悍好鬥；不同處在於，明清以來，畬族主要活動於山區，大都不懂航海，和精於航海的閩越人有很大區別。看來，畬越是否同源一時難以下結論。福建畬族在宋元時期是一個強大的少數民族，元代，他們佔據了漳州、汀州的大部分區域，動輒掀起幾千萬人的大起義，元廷為鎮壓汀漳畬族起義，曾花費了九牛二虎之力。明清以後，畬族大部分融於福建漢族中，現代的畬族總數不多。畬族是個以經營山地作物為主的民族，福建歷史上有名的山地作物如毛竹、茶葉、靛青、杉木之類，最早都是由畬族人經營的。其次，畬族人給福建漢族帶來了以流動為主的生活習慣。古代畬族人墾殖山地，數年一遷，一般不在一地久居，這種習慣與中原漢族是不同的。中原漢族安土重遷，不到迫不得已時，他們決不離開家鄉。現代閩台漢族則不然，他們大都不安守家鄉，喜歡到外地闖天下，這種性格的形成與畬族人有一定的關係。

第三，閩台文化與海外文化。福建是中國歷史上與海外文化接觸最多的區域之一，長期以來，一直受到海外文化的滲透，除了前述宗教、語言的影響外，還可列舉音樂、建築等藝術。今人發現，泉音和波斯音樂有許多相似的音樂成分，這方面的研究正在展開，它將為我們揭示出中古時期波斯音樂傳入泉州的過程。其次，再以閩南的石建築藝術來說，中原漢族生活在北方黃土地帶，那一地區缺少石料，所以，當地建築業一向以土木建築為主。而福建閩南一帶，石建築藝術極盛，它應是傳自擅長石建築的印度、阿拉伯地區，所以，福建中世紀的石刻還帶有

濃郁的中亞、南亞風格。

總之，閩台人民發揚和繼承了中原文化的精華，同時又吸收了閩越文化、畬族文化和海外文化的有益成分，因而創造了現代的閩台文化。閩台文化在宗教、儒學、文學、藝術、史學、建築、音樂、戲劇等各個領域裡都卓有成就，以下分段論述。

宗教。閩文化走向全國是從禪宗佛教開始的，約在盛唐時期，廣東籍僧人慧能開創了禪宗佛教學中的南宗學派，它以後成為禪宗的主流。唐代禪宗長期在南方傳播，慧能的嫡派傳人中有不少閩籍高僧。禪宗之中的五大宗派都與福建僧人有關，所以，在晚唐五代北宋，福建禪宗佛教在國內的地位很高。

道教是國內第二大宗教，在道教三十六洞天中，福建有霍童山，武夷山，太姥山三大名山。道教的神靈有許多出在福建。

儒學。宋代，福建儒家興起，著名的人物有楊時、羅從彥、李侗、朱熹、蔡元定，蔡沈、黃榦、陳淳、真德秀等人，他們在儒學歷史上的地位很高。所以，南宋時期，福建閩學被認為是儒學正宗。元代的歷史雖然短促，但福建儒者仍然留下一百七八十部注解經書的著作。明代，儒學中心北移江南，但福建仍有許多著名人物，像晉江的蔡清、漳浦的黃道周都有全國性影響。最為出名的是打出反「偽道學」旗號的李贄，他雖以叛逆的面貌出現，但從某種角度來說，他是真正秉承儒家傳統的人。清代閩籍名儒有李光地、蔡世遠、童能靈、雷宏、孟超然、陳庚煥、陳慶鏞等。著名的翻譯家嚴復也是終身服膺儒學，不過人們對他的誤會頗多。以上材料足以證明：古代閩人發揚光大了儒學。

文學。自唐以來，福建產生了許多文學家與詩人，唐代有歐陽詹、黃滔、徐寅、陳陶、翁承贊、江文蔚、鄭文寶，宋代有楊徽之、楊億，蔡襄、柳詠，張元幹、劉克莊，元代有陳旅、林弼、楊載，明代有林鴻等閩中十子，清代有梁章鉅、張際亮、何秋濤，近代有林紓、許地山、林語堂，而當代臺灣文學之興起，更是有目共睹的事實。

史學。閩人在史學上的貢獻頗多，宋初楊億編《冊府元龜》，南宋鄭樵著《通志》，袁樞著《通鑑紀事本末》，都是中國史學名著。明代李

贄著《藏書》，評點歷史人物自成一說。清代陳夢雷編成《古今圖書集成》，是我國歷史上有名的類書之一。

科技，宋代蔡襄著《荔枝譜》，宋慈著《洗冤錄》，曾公亮主編《武經總要》，都是科技史上有名的著作。此外，蘇頌是有名的數學家、醫藥學家、天文學家，楊士瀛是著名的醫學家。元代的陳普精於天文學。明代福建的造船術、制糖術、制鹽術、制茶術等多種實用技術都領先於國內。清代福建著名的醫學家陳修園，著名的兵器學家丁拱辰也都享譽海內。近代，福建科學家層出不窮，不再贅述。

藝術。福建的建築藝術堪稱海內一絕，泉州的洛陽橋、安平橋、東西塔，漳州的江東橋都是古代建築史上的奇跡。在戲曲藝術史上，宋元南戲被視為現代戲曲藝術的源頭，福建的閩劇、南音、莆田戲至今仍保留了許多宋元時期的劇目，許多戲史專家認為，南音、莆仙戲、閩劇等福建地方戲劇是宋元南戲的一個組成部分，對現代中國戲劇有很大影響。

總之，閩台文化在各個領域都卓有貢獻，這奠定了它在中華文化中的地位。把閩台文化稱為中華文化的優秀組成部分之一，這並不是誇張。

綜上所述，閩台文化是在唐宋中原文化基礎上發展起來的一個地方性文化，它繼承、發揚了唐宋時期中國文化的優良傳統，隨著時間的推移，日益顯示出強大的生命力。但是，不論它怎樣發展，它與中華文化的血肉聯繫都是不會割斷的。(《東南文化》1992 年第 3—4 期。全文收入《新華文摘》1993 年，第 3 期。)

論緣文化與閩台社會的人際關係特徵

一、閩台社會的血緣紐帶

　　重視血緣關係是中華民族古老的文化傳統，在商周時代，中國有嚴密的宗法組織，迄至漢代，一系列著名的豪族一直控制了社會。九品中正制是這一制度的頂峰。但在魏晉南北朝的四百年動亂中，中國古老的宗族大都因為戰亂在政壇上消亡。隋唐時代，北方的宗法組織經過重組，舊的姓氏衰亡，新的姓氏崛起，但從總體上而言，北方的宗法社會仍然十分強大。可是，從安史之亂開始，中國的北方進入了一個長期的戰亂時期，迄至元朝的崛起，來自蒙古高原的遊牧騎兵席捲中國北方，無數的城市在戰亂中焚毀，中原民眾大批逃亡四方，北方傳統的宗族組織在長達六七百年戰亂中基本滅亡。在漢唐極盛的族居現象，在明清時期已是相當難見了。明代中葉，王士性很感慨地說：「宛、洛、淮、汝、睢、汴、衛，自古為戎馬之場，勝國以來，殺戮殆盡。郡邑無二百年耆舊之家，除縉紳巨室外，民間俱不立祠堂，不置宗譜，爭嗣續者，止以殯葬時作佛超度所燒痤紙姓名為質。庶名服制外，同宗不相敦睦，惟以同戶當差者為親。同姓為婚，多不避忌同宗子姓，有力者蓄之為奴。此皆國初徙民實中州時各帶其五方土俗而來故也」[1]。據王士性所說，北方族居制度在明代中期已經徹底瓦解了。

　　北方宗族制度的瓦解與地理形勢有關。北方中原區域是一望無際的大平原，一旦遊牧民族入侵，當地居民每每遭到徹底的蹂躪。因此，一旦遇到戰亂，他們最佳選擇就是逃難異鄉，這就造成當地居民每隔數百年就要輪換一茬的現象，而古老的宗法制度也很難在這一塊土地上延續。

　　南方的地理情況與北方不同。以福建來說，福建號稱「東南山國」，境內群山臚列，交通極為不便，自古就有「閩道更比蜀道難」之歎。在

1　王士性：《廣志繹》卷三，江北四省，北京，中華書局 1981 年，第 41 頁。

這種地理環境裡，即使發生戰亂，受影響的也只限於交通要道的個別城市，例如，福建的興化、建州、漳州諸城，每每在改朝換代之際，遭受屠城之慘禍。但是，福建大多數家族都住在交通不便的山區，即使改朝換代，這些地區一般不會有大兵駐紮，因此，所受破壞也小。由於這一條件，古老的族居習俗，在明清時期已不見於北方，但在福建等地，卻保留得相當完整。

福建在唐代，由於北方移民的遷居，才進入開發階段。我們注意到：當時的北方移民每每有整族遷移的習慣。例如，唐末名詩人韓偓「挈其族南依王審知」[2]；建陽的《廬峰蔡氏族譜》記載：蔡爐「同妹夫劉翱既西河節度使翁部，率領五十三姓入閩。」而唐末光州、壽州移民，則在刺史王緒的率領下，共有數萬人入閩。後來，他們在固始人王潮、王審知兄弟的指揮下，擊敗了福建的地方豪強勢力，建立政權，割據閩中數十年，史稱閩國[3]。毫無疑問，光壽移民是福建歷史上最大的一次聚族移民。他們進入福建後，由於時代習俗的影響，大都保持聚族而居的習慣，例如，唐末潘武源「由滎陽入閩……子孫聚族焉峰」[4]。唐代宋仕唐任建陽縣令，「愛邑山水風俗，病革，囑其妻曰：『我有遺愛在民，即不諱，可聚族於此，後子孫遂世居焉」[5]。福建宗族的戀土性很強，他們在某一地區定居，子孫繁衍，幾十代人不離鄉土。清代孟浩然說：「余世居閩中，見鄉井多聚族而居，數百年不變，其居城市者亦罕輕去其里也，不得已而遷徙，閱百十年子孫猶以為故居，敬其耆長，往來不衰」[6]。久而久之，福建便形成了聚族而居的習慣。如陳壽祺所說：「閩越之區，聚族而居。丁多者數千，少亦數百，其間有族長，有房長，有家長，有事則推族長為之主。有司有所推擇、征索，亦往往責成族長。此猶古人同族尚齒之遺也」[7]。

2　《新唐書》卷一八三，韓偓傳，北京，中華書局1974年，第5390頁。

3　《新五代史》卷六八，閩世家，北京，中華書局1974年，第845-851頁。

4　石有紀修、張琴纂：民國《莆田縣誌》卷七三，氏族。福建省圖書館藏抄本，第17-18頁。

5　梁興等：道光《建陽縣誌》卷九，建陽縣方志委1989年點校本，第348頁。

6　孟超然：《瓶庵居士文抄》卷三，論習俗示蜀中人士。嘉慶二十年刊本，第36頁。

7　陳壽祺：《左海文集》卷六，安溪李氏續修族譜序，左海全集本，第63頁。

　　閩人向海外的發展，使他們將家鄉的血緣組織帶到海外。在新加坡，在馬來亞，在菲律賓，最為流行的華人組織是宗親會。小小的新加坡，竟然有幾百個姓氏宗親會，其中有影響的是王氏宗親會、林氏宗親會、陳氏宗親會等，他們大都發源於福建。這類宗親會，與本土的宗族又有很大的不同。福建、臺灣的宗族，大抵是某一福建開基祖的直系後裔，而海外的宗親會，彼此之間大都沒有直接的血緣關係，雖說「五百年前是一家」成為海外同姓相互聯絡的口號，其實，加入宗親會者，可以來自廣東，也可以來自福建，即使將他們的族譜上溯五百年，也很難溝通。在這裡，重要的已不是同宗同姓的事實，而在於尋找一條共同的紐帶組成聯合的實體，將海外零散的華人組織起來，以便在異國的環境中相互支援、共同奮鬥，血緣組織在異國的環境中昇華了。

　　臺灣作為早期閩人開闢的一個區域，也是福建宗族組織移植的一個地點。但是，臺灣在其開闢過程中長期被列入移民的禁地，所以，福建人很少有整個家族集體移民臺灣某地的例子。在多數情況下，他們是分散地、偷偷地進入臺灣，直到發了財，才想辦法成家立業，然後才與家鄉的宗族聯繫，再想辦法續譜。因此，臺灣的早期社會的宗族組織並不發達。我們所瞭解的多是「閩粵分類」、「漳泉械鬥」，地緣組織起更重要的作用。但隨著時代的推移，一個家族從一個人發展到幾十人至幾百人，為了維繫他們之間的關係，血緣組織也隨之發展，以故，現代臺灣的農村，族居現象還是相當普遍的。

　　然而，現代臺灣姓氏組織的發展，早已超越了農村的族居。宗親會組織發源於東南亞，現代也席捲了臺灣。對這一組織最感興趣的已不是臺灣農村的農民，而是城市商界的頭面人物，他們大都出面組織本身姓氏的宗親會。並用以發展與海外同姓宗親會的關係。海外宗親會大都有世界性的組織，這與臺灣商人的積極參與有相當關係。而且，這一組織也向大陸滲透，在中國內地都有自己的影響。總的來說，當今閩台血緣組織的繁榮是商品經濟發展的產物。

二、閩台社會的地緣紐帶

　　由於福建位於中國的邊遠地帶，福建的方言一向與中原區域有一定距離，唐代的《十道志》論閩中：「嗜欲衣服別是一方」[8]。劉禹錫也說福建：「閩有負海之饒，其民悍而俗鬼，居洞砦、家浮筏者與華言不通」[9]。因此，一旦閩人北上中原，方言成為絕響，這使他們在異鄉感到十分的孤獨。在五代時，曾發生這樣一茬事件：「荊楚賈者，與閩商爭宿邸，荊賈曰：『爾一等人，橫面蛙言，通身劍戟，天生玉網，腹內包蟲』。閩商應之曰：『汝輩腹兵，亦自不淺』。蓋謂荊字從刀也。」[10]由此可見，唐代的閩商常被中原民眾視為「蠻夷」。然而，這種文化歧視反而使他們加強聯絡。宋代有人說福建人：「一路雖不同，相逢則曰鄉人，情好倍密」[11]。宋代朝廷中的「福建幫」是有名的，他們相互引援，在朝廷中形成很大的勢力。乃至傳出「閩人不可為相」的謠言。

　　對普通閩人而言，同鄉往往是他們在異鄉可以求援的對象。因此，不論移居何地，他們都喜歡居住一起，宋代的廣州，「瀕江多海物，比屋盡閩人」[12]。清代的蘇州，「自閶門至楓橋多閩中海賈，各飾郡邸，時節張燈陳百戲，過從宴犒」[13]。為了聯絡鄉情之誼，他們在異鄉建立會館，以福建的省會福州來說，在其最為熱鬧商業街——南台市區，擁有46 座以上的福建各縣市民眾自建的會館，至於江南與京城等福建人來往較多的地方，明清以來，皆有福建會館的建置。如上海設有泉漳會館，「建自乾隆年間，其規模之宏遠，氣象之堂皇，橫覽各幫，洵無多讓」[14]。蘇州有八座福建會館[15]；至於明清的首都北京，一共擁有 25 座福建

---

[8]　樂史：《太平寰宇記》卷一百，福州風俗，同治十年金陵書局刊本，第 3 頁。

[9]　劉禹錫：《唐故福建等州都團練史兼禦史中丞贈左散騎常侍薛公神道碑》，《全唐文》卷六百九，北京，中華書局 1982 年版，第 6155 頁。

[10]陶穀《清異錄》卷上，文淵閣四庫全書本，第 25 頁。

[11]王得臣：《塵史》卷下。文淵閣四庫全書本，第 4 頁。

[12]劉克莊：《後村先生大全集》卷十二，城南，第 10 頁。

[13]朱仕琇：《梅崖居士文集》卷八，《太學生餘君墓誌銘》。乾隆刊本。

[14]《上海碑刻資料選輯》上海人民出版社 1980 年版，第 233-236 頁。

[15]范金民《明清時期活躍于蘇州的外地商人》，《中國社會經濟史研究》 1989 年第 4 期。

各地的會館[16]。會館成為異鄉閩人交流資訊之所。在這裡，無論是儒生、官員，還是商人、醫卜之流，都以同鄉的面目出現，他們相互幫忙，互通資訊，在異鄉擰成一股力量。值得注意的是：清代臺灣已成為一個獨立的府，但是，臺灣卻沒有自己的會館，由於他們多來自福建的漳泉二府，所以，他們在異鄉都自動加入漳州、泉州各自的會館，或是泉漳合辦的會館。如晚清的王韜記載：「閩粵大商多在東關外，粵則從汕頭，閩則從臺灣運糖至滬，所售動以百萬金。於滬則收買木棉載回。其地閩粵會館六七所，類多宏敞壯麗。最盛者閩為泉漳，粵為惠潮。皆擇其地紳士董習其事，凡事曲直不定者，咸就決之。無不服焉」[17]。

在海外諸國，凡有閩人聚集處，皆有閩人的會館。如西貢的福建會館，在當地是相當有名的。這些會館雖說不是嚴密的組織，日常活動也只是些敬神、演戲，但它提供了一個公益活動的場所，使同鄉在交往中加深了感情，而且，一旦有什麼事發生，同鄉人總是相互幫助，共渡難關。例如，臺灣開發之初，「土著既鮮，流寓者視同井猶骨肉。疾病死喪相恤，貧無歸者，集眾捐囊助之，雖慳者猶畏譏議」[18]。他們在異鄉相互幫助，逐步形成了同鄉人共同居住一地的情況，這也就是臺灣多「閩莊」、「粵莊」之類稱呼的由來。清代臺灣的鄉貫是極為重要的。一旦發生訴訟、械鬥之類的事件，同鄉人總是幫同鄉。著名的臺灣分類械鬥，大都是以鄉貫為單位的。

三、閩台社會的神緣紐帶

在信仰習俗上，中國南北有很大的差異。中國的北方地形平坦，氣候乾燥，春夏秋冬，四季分明。經過千百年的開墾，這片土地對北方人民來說不再有神祕感。所以，北方人民對宗教的態度比較超脫，「天道

---

[16] 以上參見：李景元《閩中會館志》等書，此處引自胡春煥、白鶴群著：《北京的會館》，北京，中國經濟出版社 1994 年第 80-81 頁。

[17] 王韜：《瀛壖雜誌》，《小方壺輿地叢抄》第九帙，第 51 頁。

[18] 胡朴安：《中華風俗全志》上編，河北人民出版社 1986 年，第 126 頁。

遠，人道邇」，是他們精神世界真實的寫照。與其相比，南方的群山起伏，森林茂密，氣候潮濕，微生物生長速度快，每當瘟疫流行，人口死亡率較高。對死亡的畏懼，成為南方人宗教生長的土壤。古代閩越人即以「信巫尚鬼，好淫祀」聞名於世，他們遇到疾病、傷害、旱澇等各種生活中的問題，總要先行向神靈禱告。比之北方人，閩台民眾對神明信仰的投入要比北方人更多些。而南方人中，又以古代越人的後裔對民間信仰最為重視。在浙江省、福建省、廣東省、廣西省，民間信仰都成為民眾生活中相當流行的社會現象。人們曾經以為：隨著社會的發展，對神的崇拜會逐漸淡化，而與之相關的人際關係自然不受人重視。然而，事實上，隨著商品經濟的發展，閩台的神靈崇拜不是淡化了，而是加強了。與古代社會相比，商品經濟社會的特點是動盪不安的，商場上的鬥爭更加變幻莫測，於是，普通的民眾百姓更需要神的「保佑」。在閩台區域，不論是城市還是鄉村，到處都有神靈的廟宇，乃至每家每戶都有神像設置。當今福建民間信仰之盛，是歷史上所罕見的，幾乎每一個鄉村，每一個村莊都有五六座至十幾座神廟，金碧輝煌的古式建築與紅磚的現代民居形成鮮明的對比。而福建城市中的廟宇，香火之盛，也是外省城市不多見的。至於臺灣省，民眾對神明的崇拜更是社會中普遍的現象，由於近三十年來臺灣經濟的發展，大量的富裕資金被投入神廟建設中去，因此，臺灣的神廟建築甲於全國。總之，閩台的神靈崇拜在全國最盛。

　　無處不在的神靈崇拜，成為古人生活中的一件大事。古代中國流行多神崇拜，百姓信奉的神靈有多種，在福建與臺灣境內，最為著名的是媽祖、觀音、關帝、吳真人、臨水夫人等等。信仰的多元化，導致信徒的多元化，一座城市裡，有人最信奉關帝，也有人最信奉媽祖，南方人在信仰上的選擇是多元的、隨意的。於是，一個家族裡，有信奉上帝的，也有信奉媽祖的；一個村莊裡，有信佛教的，也有信仰道教的。這種情況說明：儘管神明崇拜往往與地緣關係與血緣關係有關，但也有不同於地緣關係與血緣關係的時候，因此，信仰便超越了民眾血緣組織與地緣組織，成為民眾的另一種「緣份」。這種緣份，有時是宗教，表現為宗

教組織；有時僅僅是對某一神明的共同信仰，表現為「神明會」組織。例如，福建古代的摩尼教是信眾崇拜「摩尼光佛」的組織；而「阿媽會」則是民間崇拜媽祖的組織。當然，二種組織的組合力度是不同的，宗教是終身性的組織，諸如基督教與伊斯蘭教，一旦成為這二種宗教的成員，都要嚴格地遵守教規與教儀，終身服膺教主的教諭。而信仰某一神明的神明會，則是一種相當鬆散的組織，人們只有在共同的祭祀節日，才聚集在一起，共同操辦祭祀儀式。

　由於神靈在古代閩台社會的信徒中成為絕對權威的象徵。因此，由共同敬奉某一神明從而形成的社會組合形式，在閩台社會中也發揮了相當重要的作用。宗教徒之間所產生的合力自不待言，普通的神明會，也能在社會中發揮特殊的作用。閩台鄉村有一個特殊的現象——每一個「境（村莊）」都有自己的「境主神」，這一境主神，或是某某將軍，或是某某元帥，有時也選用泰山、城隍等著名神靈，關鍵在於：他們傳播到當地的時間最早，最早成為民眾崇拜的對象。他們本身的地位並不一定最高，但百姓相信他們是當地最靈驗的神，他們在神靈世界的地位猶如人間的鄉長、縣令、知府，是地方事務的掌管者，百姓相信他在當地有絕對的權威。因此，當地熱心於公益事業的人，都願意借用神的權威來協調民眾的利益。據鄭振滿的研究，莆田江口平原一帶的水利事業，是由地方鄉紳組織的，他們以當地的城隍神為號召，利用百姓對境主神的崇拜，將他們組織起來，每年進行水利的維修，或進行水利資源的分配。這種習俗實際上廣泛存在於福建各地，在臺灣，由於民眾赴台開墾多是民間的行為，而臺灣的早期居民之間大都沒有血緣關係。以故，民間自然形成的領袖，多運用神明崇拜的權威，來組織民眾進行公益事業，諸如水利事業的運行、墟市的設立，往往與神緣有關。這已由臺灣學者的多項研究而證明。由此可見，民間信仰的神緣在閩台社會中起了相當重要的作用。

　對於神緣，我們還要注意的是：神緣對緣際關係的其他二緣都有滲透，血緣關係往往始於對祖先的崇拜。裔孫以拜神的心理敬祖，開基祖在他們的眼裡，其地位如同神明。而且，他們利用這一崇拜，將子孫都

團結在一起；地緣關係也和神緣緊密相聯，福建在外省的會館，都少不了供奉媽祖，而且，會館的重要活動之一，便是在三月二十三的媽祖誕，舉行一次盛大的遊行。其次，在福建、臺灣各地公益事業中起核心作用的神明崇拜，大都是地方性，得到某一地方民眾的認可，因此，這一類神緣關係，其實與地緣關係是密切相關的；人的緣際關係中，還有業緣與學緣，業緣是同業者共同關係的體現，閩台各地多有同業者創辦的同業公所，公所中各有自己的祖師崇拜，例如，木匠崇拜魯班，藥店崇拜藥王菩薩。這說明業緣與神緣有密切關係；至於學緣，其來源是同學之緣，表面上看與神緣沒有關係。但在古代中國，各級學校都要設置「至聖先師」的像，每年有春秋二祭，每一個學校的生員，都要參拜文素王——孔子。所以，神緣在閩台的緣際關係中的地位是相當重要的。

四、閩台社會的業緣紐帶

同業者因為工作內容相同的緣故因而聚合起來，我們稱之為業緣。業緣是相當古老的一種「緣份」，最早出現于自由手工業者之間。原來，中國古代手工業多是官營的，官府因其需要設置了種種手工業作坊，在這些作坊中工作的手工業者沒有人身自由，他們的生產與分配，都取決於管理者的安排。但是，隨著商品經濟的發展，許多手工業脫離官府的管轄，他們自行生產、自行銷售，其身份相當於農村的自由農。對這些自由手工業者來說，必須解決的首要問題是自我的管理。他們必須防止不正當競爭，規定商品統一的品質、價格，制定行規。這些手工業者的組織，我們稱之為行會，同業者的行會是一種典型的業緣組織。

行會的萌芽時期還不很清楚，但在唐宋時代已有一定的發展。其時中國的城市每每有各種手工業者的行會。不過，當時的行會尚要受到官府的控制，為其承擔稅收與徭役。明清時代，隨著官府對工匠控制的鬆懈，城市中的行會基本成為手工業者之間的組織，與官府沒有直接關係，獲得較完整的自立。福州與廈門，在清代都是典型的工商城市，手工業相當發達。其中福州的手工業尤其著名。在福州有「三百六十行」

的組織，幾乎每一種手工業，都有自己的「行」。例如，南台牛皮行，其中包括牛皮箱的製造者、皮箱的經營者。中國舊式行會組織的一個特點是工商不分，福州的三百六十行，幾乎每一個行會都包括手工業者與商人，不像歐洲中世紀的行會，商人與手工業者是分開的。不過，在中國，手工業者與商人之間，沒有絕對的界限，大多數手工業者都是前店後場，一邊在工廠中生產自己的產品，一邊在店中出售這些商品，當他們積累起一定的資金，也可以進行某種手工業商品的批發經營。在明清福建的城市，商人與手工業者之間沒有嚴格的區別，只要條件具備，二者之間可以相互轉化。行會對他們的意義在於：某一種生意，只有某一種行業的人才可以進行，別人要進入這一行業，就要拜師學藝，經過三年漫長的學徒生涯，學會本行業的技術之外，還要學會本行業的規矩，要出師是不容易的。如此嚴格的規定，是為了防止技術外泄及不合理的競爭，導致本行業利潤下降。這類組織對該行業的人們來說，是維持生活的前提。一個外國人曾經這樣描述福州的行會：「對於不按行會規定發給工資，或超過行會規定多收學徒的店東，採取極嚴厲的報復。這種事實的記載是常有的，瑪高溫曾經描述福州一個違犯行規的人被殘酷地打死的故事。但他指出，這種辦法是很少採用的，行會內部問題，一般不須採取不正當的衝突而獲得解決」[19]。

　　手工業者經營的範圍主要在自己的城市，他們即使上升為商人，也是「坐賈」。而商人中有「行商坐賈」之分。坐賈與手工業者有很深的關係，他們的行會大都與手工業者有關。但行商的組織，則與手工業者關係不大。清代福建的福州與泉廈等城市，都有自己的商人行會，福州商人的組織稱為「幫」，閩南商人的組織稱為「郊」。蘇州的三山會館由福州商人捐建，由其署名中，我們可看到福州商人的行幫，如：洋幫、乾果幫、青果幫、絲幫、花幫、紫竹幫等等。[20]廈門城與泉州城有著名

---

[19]G.S agurgess,The guilds of peking. P204。轉引自彭澤益：《中國近代史手工業史資料》第二冊，北京，中華書局 1962 年新 1 版，第 31 頁。

[20]《道光三十年重修三山會館勸助姓名典》，蘇州歷史博物館編：《明清蘇州工商業碑刻集》，江蘇人民出版社 1981 年，第 352 頁。

的「郊商」組織，其中有經營福建與臺灣貿易的「鹿港郊」，有經營北路貿易的「北郊」，以及經營南路貿易的「南郊」。在泉州的南關，有一座鐵鐘，上有「鹿港郊公置鐵鐘銘文」，由銘文中我們可以知道：鹿港郊下轄 46 家經營閩台貿易的商號。

　　進入晚清時代，隨著西方制度的影響，西方同業者聯合起來的作法也傳入中國。於是，中國各地有了商會之類的組織，她的組織特點是將城市中各行各業的商人集中起來，成立統一的組織。這類組織的建立，其實並未打亂中國原有的行會組織，她僅是在原有的分行業的商人組織之上，建立一個共同的組織，它也是以業緣為主的。晚清的商會之類的組織在地方政治上有一定影響。由於統治者開始意識到工商業是國家發展的希望，商會在政治上的發言權明顯增加了。從晚清到民國，地方的公益事業，幾乎都離不開商會的作用。但在民國時期，商會最突出的作用是為過境的軍隊籌資，也就是說，承擔軍隊對城市的剝削。因此，中國的行會組織，在近代政治上，還沒有獲得真正的權利。

　　總的來說，業緣關係存在於閩台的古代，但它主要是城市中手工業者與商人的組織，在傳統社會的影響遠遠不如血緣、地緣與神緣。但是，隨著閩台社會的發展與近代化，業緣組織日益普及、擴大，標誌著近代階級意識的覺醒。然而，閩台社會的特色在於：儘管業緣關係日益重要，古老的血緣關係、地緣關係與神緣關係仍然存在。

五、閩台社會的學緣紐帶

　　師生之情，同學之緣，我們稱之為學緣。有的同志將學緣與業緣合在一起，以為學緣其實是業緣的一種。從表面看，同學是同業的延伸，實際上，由同學之情而產生的學緣，不同於其他四緣。學友，可以是不同血緣、不同地緣、不同神緣、不同業緣的一群人，只要他們曾經在一起學習過，他們便可以超越國家、信仰、血統、專業，尋找到共同的語言。

　　其實，學緣也可以在中國社會尋找到古老的社會根源。自孔夫子以

來，中國一直是一個重視師門傳統的國家。在中國，人們將老師與學生的關係比作家庭中的父子關係，由此而來，同學的關係也就成了同門中的兄弟關係。我們知道：在古代中國，兄弟關係是一種非常親的關係，由它延伸而來的同學關係，受到相當的重視。學緣，它甚至成為行為的規範。例如，我們在潛意識中都認為：一位舊日的同學一旦遭了難，我們都有責任伸出救援之手。對同學視而無睹，在中國社會被視為不道德的行為之一。在古代官場，每隔三年就要進行一次考核，這種考核，不是現代意義上的考核，衡量是非的標準只是表面文章，關鍵在於人際關係。如果與考官的關係好，只要不出太大的差錯，總能輕鬆過關；倘若平時得罪了考官，關鍵時刻考官落井下石，不得升遷還是小事，遭受免職等意外之禍，將使官場的喜劇變為悲劇。因此，在官場建立人際關係是非常重要的，這就要重視人與人之間的緣份。而在古代官場，大家都是官員，業緣已不存在，血緣是令人忌晦的，神緣讓人可笑，地緣過於矚目，只有學緣在官場被認為最為正常的關係，同學幫同學，不僅是被認為正常的現象，而且還被視為應盡的義務。所以，學緣在官場是極為重要的。

在古代中國官場，最為突出的是同門學生的共進退。唐代的「牛李黨爭」，是唐代中後期重要的黨派鬥爭，起源於牛僧孺與李德裕的門戶之見。其後，他們的學生分別糾合成「牛黨」與「李黨」，黨同伐異，相互攻擊。唐代牛黨執政，起用牛黨成員，李黨紛紛告退；李黨執政，起用李黨成員，牛黨紛紛告退。在這一時代，同學即為同派，倘若有誰敢於背叛自己的門派，很可能是既得不到對方的認同，也得不到同學的支持，陷入眾叛親離的境地。孔子對其學生冉求施政之道不滿，呼籲自己其他的學生「鳴鼓而攻之」。對冉求而言，受到自己同學的攻擊，不能不說是他在政治上的一大失敗，他原來是作為孔門的代表進入魯國政壇，他若得不到孔門的支持，魯國執政者起用他的意義何在？這肯定會削弱他在主人心中的地位。所以，古代官場，學緣是非常重要的。

學緣的影響同樣表現於明清時代的地方官場。明清時代，府州縣都設有學校，稱之為：府學、州學、縣學，學校中生員在當時是廣泛意義

上的後備官員。他們之中會有人考上舉人、進士，成為國家正式官員。因此，地方官對於地方的生員與舉人，不敢十分小視，因為：他們的同學中，可能已有些人進入仕途，成為自己的上級。事實上，縣令在其地方行政中，相當重視秀才、舉人及一般生員的作用。有的縣令親自給生員講課，選拔一些優秀人才，在地方行政方面，也極為重視生員的作用。明清時代的一些傑出的生員，或是秀才、舉人，都會在當地行政中有重大影響，從而成為當地著名的人物。

如果說古代社會學緣的影響主要是在政壇，當代社會則發展到每一個角落。這是因為：古代社會的讀書人是極為少數的一部分人，大約占全體人民的百分之一二，除了極個別地方，一般不會超過百分之十。但在當代社會，學校已是每一個人必經的階段，不論每一個人的職業是什麼，是工人、是商人、是農民，是軍人、是公務員，他們都經歷過學校的培訓。可以說，普及教育造成學緣的普遍化，就像每一個人都有其血緣關係、地緣關係一樣，每一個人都有了學緣關係。今天的中國，不論是臺灣，還是福建，到處都有同學會，有小學同學會，有中學同學會，有大學同學會，當代社會的學緣關係已是重要的人際關係紐帶。無處不在的校友會，不僅是聯絡同學之情的鬆散組織，而且是尋找個人發展支持點的來源之一。人們在同學會上的敘舊，是一種典型的感情投資，在需要的時候，同學之情便成為自己事業的支撐點，因此，同學之緣已成為當代社會重要的社會網路。學緣對於個人的重要性，其實不亞於其他各種緣文化。

六、小結

中國人一向懷念夏商周三代，在他們看來，那一時代是一個人際關係極為協調的時代。在這種黃金時代，每一個人都不要為自己操心，他只要為公家認真地做事，便能得到自己應有的一切。但到了秦漢以後，中國社會發生了很大變化，明代福建著名學者蔡清，分析道：「三代以降，井牧之制不復，又別是一乾坤矣。天下之生紛紛董董，上之人大概

都不甚照管他，號照管者，恐亦未盡其道。只是任他自貧自富，自有自無，惟知有田則有租，有身則有庸而已。田連阡陌由他，無卓錐之地由他」[21]。在這種社會裡，每一個人都不能像以往一樣以清高自許，他們若要獲得成功，便得與社會上各種人發生關係，每一個人在社會中的成功，都離不開人際關係的建立，只有在人際關係上處理成功的人，才能得到自己的東西。這是中國與西方社會不同之處。而中國社會的人際關係，主要來自五緣。這是五緣在中國得到重視的原因。有人對商品經濟發展時代五緣文化的發展極為不解，但只要我們參透了五緣文化在人際關係中的作用，便可知道：它在當代的發展並非偶然的。社會學不能再忽略這一現象，對此加強研究，有助於對當代中國的理解。(《福建論壇》（經社版）2000 年 7 期)

---

[21] 蔡清：《虛齋蔡先生文集》卷二，寄李宗一書，文淵閣四庫全書本，第 16-17 頁。

閩台漢族籍貫固始問題研究

翻閱福建、臺灣的族譜，大多自謂其祖先來自河南固始縣，何以北方一個小縣對福建的人口產生這麼大的影響？從人類學的觀點看：這不僅是一個有趣的問題，還是一個嚴肅的學術問題。它對解譯南方漢族的形成歷史、血緣構成、文化認同都具有重要意義。筆者認為：閩台人民中有 20% 以上的固始血統，由於千百年來通婚導致的混血的關係，實際上，清末以前傳承數百年的福建家族，多多少少都有固始血緣。從這個意義上而言：固始確為閩人的「根」。

一、閩人籍貫固始的歷史記載

許多閩人來自固始，有相當程度上的真實性。唐末淮河流域戰亂不已，據《新唐書·王潮傳》記載，當時淮南道光州刺史王緒由於無法應付大軍閥秦宗權的勒索，「悉舉光、壽兵五千人，驅吏民渡江。」[1] 從此，他們離開家鄉，轉戰南方，于唐僖宗光啟元年（885 年）進入福建，當時「有眾數萬」。[2] 後來，由於王緒濫殺部眾，光壽移民隊伍中的光州固始人王潮率鄉親發動兵變，囚王緒，被推舉為新的統帥。王潮以其眾平定福建，被授為威武軍節度使。王潮死，其弟審知繼之，審知死，其子延翰建閩國，更四主而亡。從王氏入閩至閩國滅亡，王氏經營福建達 60 年之久。在其統治期間，光州、壽州移民散佈於福建各地，發展繁衍，對福建人口影響很大。從人口總數來說，唐代福建地廣人稀，唐元和年間僅有 74467 戶[3]，唐末黃巢入閩，「殺人如藝」[4]，使福建人口又進一步減少。所以，光壽移民入閩，以區區數萬之眾，攻城掠地，不可阻擋。從當時福建人口比重來看，唐末福建原有人口不過數萬戶而已，而入閩的光壽移民又達數萬人，若以一戶五口為計，僅僅這一批北方移

---

[1] 司馬光等：《資治通鑒》卷二五六，北京：中華書局 1956 年點校本，第 8320 頁。

[2] 歐陽修《新五代史》卷六八，閩世家。中華書局 1974 年點校本，第 845 頁。

[3] 梁方仲《中國歷代戶口、田地、田賦統計》，上海人民出版社 1980 年，第 104 頁。

[4] 《新唐書》卷二二五，逆臣下，黃巢傳，第 6454 頁。

民，可能就占了福建總人口的1／5！所以，至今閩人族譜中多有祖先來自光州固始的記載。

　　以福州為例：張睦，光州固始人，為王審知手下重臣之一，「終葬福州赤塘山」，其子張廡亦為閩國重臣。張氏世代居住福州，遂為福州人。[5]又如李相，壽州人，定居閩縣；[6]「高氏本光州固始人，從王氏入閩，遂為閩縣人。」[7]閩清吳處士之祖，亦為固始人。[8]周毅：「公諱毅，仁仲，字也。其先光之固始人，從王氏避地，遂居福之閩縣。」[9]「許份，字子大，其先光之固始人，今為閩人。」[10]閩縣的尚干林氏，「林姓十九代祖穆自光州固始入閩，居方山。十三世至津龍，為元尚幹官，地以官顯。」[11]「馬公者，諱森，字孔養。其先豫之固始人。以唐季從王潮下閩，遂居懷安之屮峯坑，家焉。」[12]「林氏，本光州固始人。其先有曰慶源者，五代時仕為某官。從王審知入閩，居候官。」[13]「鄭俠，字介夫。其先光州固始人。四世祖佰，唐末隨王氏入閩，遂為福清人。」[14]又如陳襄：「公諱襄，字述古。其先本光州固始人。當五代之末，隨王氏入閩，因家於閩之福唐，今為福唐人。」[15]「陳公諱貴誼，字正甫，其先固始人，後徙居於福清。」[16]福清的黃茂齡：「黃氏之先，光州固始人也。五季之亂，從王審知入閩。為判官，因家焉。後析而三，一居福清之塔林、一寓閩邑之黃巷，其居長樂北鄉之黃䃞者，君之祖也。」[17]閩

5　吳任臣《十國春秋》卷九五，張睦傳，第1377頁。
6　吳任臣《十國春秋》卷九七，李相傳。第1397頁。
7　王直：《抑庵文後集》卷二十六，高知縣墓表，文淵閣四庫全書本，第51頁。
8　朱存理：《珊瑚木難》卷五，吳處士墓銘，文淵閣四庫全書本，第3頁。
9　林之奇：《拙齋文集》卷十八，故左奉議郎臨安府府學教授周仁仲行狀，文淵閣四庫全書本，第8頁。
10　李幼武：《宋名臣言行錄續集》卷二，文淵閣四庫全書本，第11頁。
11　鄭善夫：《少穀集》卷十二，閩進士林允大墓誌銘，文淵閣四庫全書本，第7頁。
12　王世貞：《弇州續稿》卷一百二十九，資政大夫戶部尚書鐘陽馬公神道碑，文淵閣四庫全書本，第11頁。
13　李時勉：《古廉文集》卷十，國子學正林先生墓誌銘，文淵閣四庫全書本，第61頁。
14　周應合：《景定建康志》卷四十八，孝悌傳，文淵閣四庫全書本，第90頁。
15　葉祖洽：《陳襄先生行狀》，陳襄：《古靈集》卷二十五，文淵閣四庫全書本，第13頁。
16　魏了翁：《鶴山集》卷八十七，故參知政事兼同知樞密院事贈少保陳公神道碑，第1頁。
17　程珌：《洺水集》卷十，黃君茂齡墓誌銘，文淵閣四庫全書本，第5頁。

縣人黃振龍，「其先自固始入閩。」[18]福州鄭穆：「其先光州固始人，唐末高祖為王潮所虜，入閩，遂死之。子孫家福州今為候官人。」[19]福州的李氏：「公之先自固始入閩，為候官人。」[20]林埏，「公諱埏，字仲成。其先固始人。八世祖著作平遷福清。」[21]長樂陳完，「其先光州固始人，五代時因避梁難入閩，居玉融南陽之新豐。至諱泰者，析居長樂之江田」。[22]長樂江田的陳氏：「其先為光州之固始人，從王潮入閩，而家福清之南陽村。三傳而諱泰者，徙長樂之江田。」[23]「閩之著姓，其先世多光州固始人。蓋自五代時從王審知入閩，遂家於此。今長樂古槐陳氏其一焉。」[24]「翰林院侍讀學士張以寧。張以寧，字志道，其先河南固始人。厥祖光祿大夫從王審知入閩，遂居福建之古田。少貧苦，嗜學。登元泰定辛卯進士。」[25]李仁達，光州人，也長期在福州做官。[26]福州在閩國後期是王氏故舊拱辰都、控鶴都駐紮的地方，光壽二州人是不少的。

　　泉州是王氏入閩後的主要根據地，王潮和王審邽的子孫大都定居於此，至今王氏仍為當地大族之一。此外隨王氏入泉的也不少，如《溫陵中山彭氏族譜》自序，該族之祖隨王潮渡江之後，先居泉州，次遷南安，後定居於晉江之北的虹山。[27]王審邽在泉州設招賢院，唐貴族官宦如李洵、王滌等人隨之安居泉州。[28]傅正議，「公諱某，字凝遠。其先為北地清河著姓。後徙光州，為固始人。唐廣明之亂，光人相保聚南徙閩中，今多為大家。而傅氏之祖曰府君實，與其夫人林氏始居泉州晉江縣。」

[18] 真德秀：《西山文集》卷四五，宋故鄉貢進士黃君墓誌銘，文淵閣四庫全書本，第 16 頁。

[19] 范祖禹：《范太史集》卷四三，寶文閣待制鄭公（穆）墓誌銘，文淵閣四庫全書本，第 2 頁。

[20] 真德秀：《西山文集》卷四五，國子監主簿李公墓誌銘，文淵閣四庫全書本，第 33 頁。

[21] 劉克莊：《後村集》卷三十七，林沅州墓誌銘，文淵閣四庫全書本，第 3 頁。

[22] 楊榮：《文敏集》卷二十一，故儒林郎左春坊左贊善兼翰林編修陳先生墓誌銘，文淵閣四庫全書本，第 6 頁。

[23] 王世貞：《弇州四部稿》卷七十，陳氏族譜序，文淵閣四庫全書本，第 18 頁。

[24] 楊榮：《文敏集》卷二十三，故大理寺右評事陳以義墓誌銘，文淵閣四庫全書本，第 10 頁。

[25] 廖道南：《殿閣詞林記》卷四，院學，文淵閣四庫全書本，第 18 頁。

[26] 吳任臣《十國春秋》卷九八，李仁達傳。第 1409 頁。

[27] 莊為璣、王連茂《閩台關係族譜資料選編》福建人民出版社 1984 年，第 174 頁。

[28] 吳任臣《十國春秋》卷九四，王審邽傳，第 1363 頁。

[29]陳樂，「公諱樂，字堯和，號東溪。其始由光州固始入閩，為泉之晉江人，而定居于南安之梅溪山者，公之五世祖君錫。」[30]元代進士盧琦向吳鑒說：「吾先世光州固始人也，唐末避亂從王諸入閩，居泉之惠安。」[31]南安的傅姓，「蓋傅之先為光州固始人，在唐有諱實者，仕至威武軍節度使尚書左僕射兼御史大夫。廣明間避亂入閩，家於泉之東郊，而閩始有傅氏。僕射生八子，析居仙游、連江、長泰，而南安則長子左侍禁之所居也。」[32]

興化府各族籍貫固始的也很多。劉韶「固始人，隨王審知入閩，官泉州別駕，卜居涵江。」[33]莆田的傅姓「其先由光州固始隨王潮入閩，官泉州。」[34]「林氏，其先光州固始人，居仙遊。」[35]《興化縣誌》記載：當地的董氏、蔡氏、蕭氏，皆從王審知來閩。[36]蔡氏，「唐僖宗時由光之固始入閩，居赤湖。其子分處平陽、莆田。居莆田者，六世而為端明殿學士忠惠公，諱襄，以文章德業為宋名臣。」[37]又如仙游周氏與王潮有緣：「按紀事，周氏，唐固始人。系出周平王別子。唐末盜起，周氏有從雅翁者，與王潮兄弟同裡閈，厚相結納，保障鄉里。嘗柵梅林以扼盜沖。翁料事多中，潮因呼為梅林獨識。及潮得閩泉州刺史，翁謀依潮，筮之吉，乃以光啟三年入閩。潮見翁喜，授宅裡於泉州仙遊縣之東鄉。」[38]

邵武府各族籍貫固始的也不少。宋賢黃榦的祖先黃膺，「由光州固

---

[29]陸遊：《渭南文集》卷三三，傅正議墓誌銘，文淵閣四庫全書本，第9頁。

[30]王慎中：《遵巖集》卷十七，封雲南道監察御史東溪陳公暨配贈太孺人賴氏行狀，文淵閣四庫全書本，第14頁。

[31]吳鑒：《故前村居士盧公墓誌銘》，盧琦：《圭峯集·附錄·行實》，文淵閣四庫全書本，第1頁。

[32]吳寬：《家藏集》卷四十一，南安傅氏族譜序，文淵閣四庫全書本，第6頁。

[33]石有紀等：民國《莆田縣誌》卷七，氏族，第31頁。

[34]石有紀等：民國《莆田縣誌》卷七，氏族。第44頁。

[35]林光朝：《艾軒集》卷九，林兵部墓誌銘，文淵閣四庫全書本，第23頁。

[36]周華：《興化縣誌》卷三，大姓志。第6-7頁。

[37]陳高：《不系舟漁集》卷十四，蔡氏族譜跋，文淵閣四庫全書本，第16頁。

[38]周瑛《翠渠摘稿·續編》卷八，續修族譜序，文淵閣四庫全書本，第4頁。

始同王審知入閩，居邵武軍，而為邵武人。」[39]朱熹為邵武的黃崇作傳：「金紫光祿大夫黃公，諱崇，字彥高。其先光州固始人。十一世祖鷹避地閩中，今為邵武軍邵武縣人。」[40]元代著名詩人黃清老為邵武和平鄉人。「按黃氏，光之固始人。諱惟淡者，徙閩，五子，各明一經，世號黃五經家。貴溪令知良，第三子也。居邵武之和平鄉。及子俏生，植樹於門，曰：『汝大，則吾宗蕃衍。』既久，樹乃暢茂。俏有子二十一人。」[41]在閩北的邵武府境內，人們曾發現閩國時將軍鄧植的墓，當地傳說他是受閩王的派遣駐守大杉嶺要隘[42]，我們在縣誌中亦可找到印證：「鄧植，閩王遣屯兵大杉嶺。」[43]

　　建寧府籍貫固始的多為大姓。「孟威，固始人。天祐中從太祖為都押牙，任建州刺史有能名。」[44]鄭氏，「公諱轂，字致剛，姓鄭氏。其先光州固始人。唐僖宗時避亂，從王潮入閩，居建城南鄉之龍池，故今為建州人。」[45]黃洧「字清臣，姓黃氏。建寧府人。其先世相傳自光州固始入閩，居建陽之水東，後徙甌寧之演平。」[46]北宋末年的余姚知縣李穎士，「其先為光州固始人，徙居建之浦城」。[47]「景憲名淵，姓詹氏。其先有自固始入閩者，至武夷之下居焉，遂為崇安人。」[48]「雷氏其先出萬春之後，傳至五代時，有諱鸞者，由光州固始遷建寧之建安。」[49]建陽名儒劉燏，其祖劉閧「遭五季之亂，自光州固始遷焉，遂為建陽後山

[39] 朱溥《題黃氏世家宗譜原序》。[清]黃作賓、黃光熙等修：《江夏黃氏重修譜》，道光三年木活字本。

[40] 朱熹：《晦庵集》卷九一，金紫光祿大夫黃公墓誌銘，文淵閣四庫全書本，第 18 頁。

[41] 蘇天爵：《滋溪文稿》卷十三，元故奉訓大夫湖廣等處儒學提舉黃公墓碑銘，文淵閣四庫全書本，第 15 頁。

[42] 沈國鎮、賴俊哲：《泰寧縣文物普查情況簡報》，《福建文博》1984 年，第 1 期。

[43] 許燦等：乾隆《泰寧縣誌》卷七，武備志，福建泰寧縣方志委點校本，第 133 頁。

[44] 吳任臣《十國春秋》卷九五，孟威傳，第 1377 頁。

[45] 楊時：《楊時集》卷三七，樞密鄭公墓誌銘，第 813 頁。

[46] 朱熹：《晦庵集》卷九三，轉運判官黃公墓碣銘，文淵閣四庫全書本，第 4 頁。

[47] （宋）李心傳：《建炎雜記甲集》卷一，君德，文淵閣四庫全書本，第 4 頁。

[48] 真德秀：《西山文集》卷四五，監車輅院詹君墓誌銘，文淵閣四庫全書本，第 10 頁。

[49] 宋濂：《文憲集》卷二十一，元故翰林待制朝散大夫致仕雷府君墓誌銘，文淵閣四庫全書本，第 354 頁。

人。」[50]周樞於唐末「與游、劉、翁、范諸姓入閩，遂擇建州之西地馬伏三角台居焉。世居馬服。」[51]上述游、劉、翁、周、黃、范諸姓，至今仍為閩北大族，歷代人才輩出。

延平府籍貫固始的家族歷歷可數。將樂的張鳳，「其先光州固始人，後唐間有為太師梁國公者，隨王氏入閩，後有為將樂簿者，因家焉，故今為將樂人。」[52]此外，南平樟湖阪的《安定胡氏家乘》，他們的祖先也是從固始遷來，入閩的一支居住建州的尤溪一帶。[53]「朱氏本光州固始人，其先有諱口者，治延平軍事，子孫遂家延平城南。」[54]

在閩西境內，清流縣的嵩口有閩王廟，立廟者為王氏子孫，王審知的第七子延升「徒居清流，遂為王氏祖。其子孫立廟於嵩口。」[55]又如鄒磐，「光州固始人，以宣府校衛從太祖入閩，平汀寇有功。未幾，鎮雁石，卒。」[56]「鄒勇夫，光州固始人，從王潮入閩，及審知王閩，勇夫為僕射，」他被派到歸化鎮，「子孫因家焉。」[57]

臺灣人多來自福建的泉州、漳州，他們的祖籍亦多為固始，例如《清溪張氏族譜》云：「惟清河之派，流於光州，及唐末五季遭世板蕩，有由光州固始入閩者，卜居晉之張林。」[58]《臺北縣李氏族譜》云：「先世光川固始人，唐末隨王潮入閩。」[59]就臺灣文獻委員會編的《臺灣省通志》第二卷，人民志，氏族篇》的記載來看，臺灣多數族譜都自謂光州固始人，這與福建的情況是一致的。

閩台各地族譜大多自謂光州固始人，首先反映了這一事實：唐末光壽移民入閩，對閩台人口構成影響很大。光壽移民本身是冒險家的後

---

[50]真德秀：《西山文集》卷四十一，神道碑劉文簡公神道碑，文淵閣四庫全書本，第 2 頁。

[51]建陽《周氏宗譜》《周氏入閩流派記》。建陽圖書館藏。

[52]倪謙：《倪文僖集》卷二十六，張鳳神道碑，文淵閣四庫全書本，第 20 頁。

[53]陳存洗、林蔚起、林蔚文《福建南平樟湖坂崇蛇習俗的初步考察》南京《東南文化》1990 年第 3 期，第 51 頁。

[54]王直：《抑庵文後集》卷三二，醫學正科朱君墓碣銘，文淵閣四庫全書本，第 7 頁。

[55]林善慶主修：民國《清流縣誌》卷十七，廟祀志，福建地圖出版社 1988 年，第 399 頁。

[56]吳任臣《十國春秋》卷九五，鄒磐傳，第 1380 頁。

[57][明]邢址修嘉靖《邵武府志》卷十二，鄒勇夫傳，第 2 頁。

[58]臺灣文獻委員會編：《臺灣省通志》卷二，人民志，氏族篇。第一冊，第 92 頁。

[59]臺灣文獻委員會編：《臺灣省通志》卷二，人民志，氏族篇。第一冊，第 95 頁。

裔，他們跋涉數千里來到福建，途中受到各種自然的與人為的災難考
驗，他們的意志與體格都超越常人，競爭能力也超越常人；而且，威武
軍政權建立後，光壽移民受到特別的照顧，他們中的許多人被安插在八
閩各地，紮根安家，並得到相對的優待，因此，他們日後在福建發展較
快是合理的。以福州南郊尚幹鄉的林氏來說，據其《尚幹林氏族譜》[60]，
林氏祖先是固始人，隨王審知入閩，為閩國的官員，後來定居尚幹一帶。
當時林氏在尚幹的人數很少，而各種雜姓很多，然而，林氏後來在當地
發展很快，歷宋元明清四代，林氏漸成為當地主體姓氏，後來又成為單
一的姓氏。今天尚幹鄉有十數萬林姓人家，皆為五代入閩先祖之後裔。

　　不過這裡有一個小問題：上引材料內的大多數家族都說自己是光州
固始人，然而，唐末固始僅為光壽十縣之一，何以多數閩人都說自己是
固始人，而不是其他各縣人？我們知道，固始位於光壽二州交界之處，
且是一個建縣一千多年的大縣，光壽移民隊伍內，固始人占相當比例是
肯定的。我想，王潮能登上移民首領的位置，肯定與固始人在移民中占
相當比重有關。但不論固始人再多，總不可能占人數上的絕對優勢。其
原因應與福建百姓缺乏地理知識有關。閩中百姓對光壽二州的地理顯然
是不很明白的。他們只知道閩王審知是固始人，而將與他同來的光壽移
民都稱之為「固始人」。於是，固始成為光壽移民的鄉貫代稱，所以，
固始在這裡只是一個有特殊含義的鄉貫符號，並不一定有那麼準確。

　　其次，由於固始縣在明清以後隸屬於河南省，所以，固始人總稱自
己的籍貫為「河南固始」，實際上，在唐末，光州與壽州都隸轄淮南道，
並非隸屬河南，而且，光州、壽州的轄地，今分隸於河南、安徽二省，
所以，準確的說法應是淮南民眾入閩。當我們分析閩人籍貫時，必須注
意這一點。當然，這只是一個無足輕重的小問題。固始人入閩並對福建
人口構成產生重大影響，應是沒有問題的。泉州人寫到：「王潮……其
後嗣相繼有恩德於閩都，泉州士民多為光州固始人，皆從公來也。」[61]其
他各州也有不少來自固始的家族，福州的「忠懿王祠」中甚至有一塊「八

[60]福州《尚幹林氏族譜》福建圖書館藏。
[61]福州《開閩忠懿王氏族譜》福建圖書館藏。

閩人祖」的匾，表示福建人多是跟隨王審知南下的。今閩人族譜內注明唐末隨王審知南下的，並籍貫固始的，大多數都是準確的，沒有特殊的理由，我們不可懷疑其真實性。

二、其他中原移民籍貫固始的問題

除了唐末入閩的光壽移民披稱為固始人之外，福建還有西晉永嘉固始入閩說與南北宋之際的靖康固始入閩說，讓我們先來看明代嘉靖《固始縣誌》的說法：「固始衣冠南渡，大較有三，按《閩中記》，永嘉之亂，中原士族林、黃、陳、鄭四姓先入閩，今閩人皆稱固始人一也；觀福清唐尚書右丞林贄、御史中丞陳崇可見；又王潮之亂，十八姓入閩二也。觀方、胡、龔、徐、顧、丘自可見；又靖康南渡，衣冠文物蕩然一空，三也。觀王荊公志王深琢自固始遷侯官、朱文公志黃端明祖贗固始遷邵武、張翠屏序，本固始人，南流徙閩，可見。」[62]按其所說，固始人曾經三次大舉入閩，分別是西晉、唐末、南北宋之交。值得注意的是：其中並無唐初陳元光自固始入閩之說！

但是，自萬曆年間的《光州府志》開始，光州志書中有了陳元光傳，並謂陳元光為固始人，唐初率固始府兵入閩。其後，清人所修三部光州志——順治志、乾隆志、光緒志都在「忠義列傳」中列入此說。為什麼嘉靖年間的固始志沒有陳元光傳，而萬曆年間的光州志會有陳元光傳呢？據楊修田的光緒《光州志》第 5 卷記載，陳元光後裔陳燁於明萬曆時為光州太守，陳燁認為其祖先陳元光為固始人，所以，「視州之紳士黎庶猶其親姻比黨也。」可見，陳元光是光州固始人這一觀念，是陳燁輸入光州的。據《光州志》陳元光祖先於漢朝被封為固始侯，葬於固始陳集浮光山，子茫因而定居此地。唐初有名陳政者，被任命為嶺南道行軍總管，率家鄉的府兵三千六百多人南下泉州、潮州之間的故綏安縣地，經過多年的戰鬥，他們在當地紮下根，迨至陳政子陳元光時，唐朝

---

[62] 嘉靖《固始縣誌》卷七，人物志。第 20 頁。

設立漳州，陳元光任第一任州刺史。[63]上述四種固始閩說除唐末一次得到文獻印證外，其他三說都有許多問題，必須考證。

我們先採看看永嘉固始入閩說。

《固始縣誌》謂永嘉固始入閩說出自《閩中記》，按，《閩中記》為唐末林諝所著，該書今已散佚，但從《固始縣誌》所引片斷來看，林諝僅是說永嘉之亂後，中州人民南下福建。並沒有說這些中州民眾都來自固始縣！該說又見路振《九國志》[64]：「永嘉二年（308 年），中州板蕩，衣冠始入閩者八族：林、黃、陳、鄭、詹、丘、何、胡是也。以中原多事，畏難懷居，無復北向。故六朝間仕宦名跡，鮮有聞者。」[65]五代泉州詩人詹琲曾作過一首《憶昔吟》的詩：「憶昔永嘉際，中原板蕩年，衣冠墜塗炭，輿輅染腥腔。國勢多危厄。宗人苦播遷。南來頻灑淚，渴驥每思泉。」[66]可見，東晉中州士族入閩，是流傳很廣的傳說，但這些材料都不是專指固始！西晉末南下氏族來自中原各地，尤其以洛陽一帶的宗族為多，他們由於受遊牧民族南下的推動，不得已向南遷徒，有的渡淮定居，有的渡江定居，固始是淮河南岸大別山裡的小縣，並非西晉末南下遷徒的重點縣，所以，西晉末入閩的北方宗族，也不可能都來自固始一縣，這是肯定的。

然而，自五代以後，福建便有了「永嘉之亂、固始人南下閩中」一說，其原因何在呢？南宋方大琮解說：「向見鄉人凡諸姓志墓者皆曰自光州固始來，則從王氏入閩似矣，又見舊姓在王氏之前者亦曰來自固始』詰其說，則曰固始之來有二，唐光啟中王審知兄弟自固始諸同姓入閩，此光啟之固始；前此晉永嘉亂，林、王、陳、鄭、丘、黃、胡、何八姓入閩，亦自固始，此永嘉之固始也。非獨莆也，凡閩人之說亦然。」[67]實

[63]楊修田等：光緒《光州志》卷五，第 43-44 頁。

[64]朱維幹先生指出：今存粵雅堂本《九國志》中不見此文。（朱維幹《福建史稿》，福建教育出版社 1985 年，第 64 頁。）不過，《九國志》早佚，今本所存僅為零散的數十篇而已。《福州府志》所引，應有根據。

[65][清]徐景熹修：乾隆《福州府志》卷七五，外紀，第 6 頁。

[66]詹琲：《憶昔吟》。《全唐詩》卷七六一，詹琲，北京，中華書局 1960 年影印本，第 8643 頁。

[67]方大琮《鐵庵集》卷三二，跋序長官遷莆事始。文淵閣四庫全書本，第 1 頁。

際上，西晉入閩的北方宗族未必都是固始人，此說產生的原因與五代形
勢有關，關於這一點，我們將在後文詳析，此處僅僅指出這是不可靠的。
例如，據《建甌縣誌》記載：建州一帶，有西晉末年危京率固始人入閩
一說，「晉永嘉末，中原喪亂，士大夫多攜家避難入閩，建為閩上游，
大率流寓者居多。時危京刺建州，亦率其鄉族來避兵，遂以占籍。」[68]這
條材料常被人們引用，用以說明東晉固始人南下，其實，它是很成問題
的。東晉閩北只設建安郡，改稱建州是唐朝的事。晉代的建安郡轄區達
福建全省，來建安做官倒不一定要定居建州，可見，此說的疑點很多。
據考證，有關危京刺建州一說出自萬曆年間的《建陽縣誌》，見其風俗
志引文：「爰立郡縣之後，漸以中土之民實之，晉永嘉己巳，光州固始
危京者率其鄉避兵之民來刺建州，在官十有六年而卒，葬武夷山之石鼓
村，民不忍去，皆占籍也焉。」作者寫了這一段後又補充：「又云：王
審知率其鄉眾入閩，未知孰是。」[69]可見，作者對這一條史料並沒有把
握，只是記下民間傳說而已。然而，它到了民國《建甌縣誌》中卻變成
了定論，實際上是不可靠的。其次，危姓是十分稀少的姓，原為南方三
苗的後裔，並非北方大姓。閩北的危姓是五代以後才從浙江遷來的。據
《新五代史》等書，五代江西有危全諷割據贛江流域，後被楊渥擊敗，
危姓家族中的一些人逃到吳越國，投靠錢鏐，改姓為元。「閩中危姓一
支，由錢塘遷來，故皆仍改姓，江西本支則猶姓危。」[70]危是罕見的姓，
閩北就一支危姓，他們即是自五代後遷入福建，西晉危京自固始來閩一
說，便不攻自破了。

　　但是，必須指出的是：以上論述並不是說西晉時沒有北方移民入
閩。近幾十年來，在原來的建州、泉州、福州境內，都發現了晉人風格
的墓葬，這說明歷史上永嘉之亂後，中原士族入閩是有其根據的。我們
僅是指出：這些入閩人士並非都籍貫固始。我們再來看陳元光與五十八
姓固始府兵入閩說。陳元光是開發漳州的功臣，但由於唐史無傳，世間

[68] 蔡振堅等編：民國《建甌縣誌》卷十九，風俗，建甌 1929 年，第 1 頁。
[69] 魏時應、田居中、張榜等：萬曆《建陽縣誌》卷一，風俗。第 285 頁。
[70] [清]施鴻保《閩雜記》卷六，邵武危姓。福建人民出版社 1985 年，第 91 頁。

傳說紛紜，學者對此爭論很多。福建的學界大致分為二派，一派認為陳元光為固始人，一派認為陳元光是嶺南土著。只有少數人持異說。以上形成主流的二說皆見於古人著作，固始說出於明代的《漳州府志》與《閩書》的陳元光傳，其最早的淵源則應來自陳元光後裔的家譜，而土著說則始於黃佐修纂的嘉靖《廣東通志》。我認為，這都是後出的明代「史料」，明人學風不謹、好誇飾，為清代學術界所垢病。他們在數百年後研究地方史，本有材料不足之病，且好以家譜入志所以造成地方誌中許多不可信的「史料」。顧頡剛曾提出「層累地造成先人歷史」一說，該說用在家史研究方面是有極大的價值的。我們發現，在對陳元光的研究方面，如果只限於用宋以前的材料，陳元光的籍貫根本不是問題——陳元光是河東人，這本來是沒有什麼爭議的，古人早已有結論。

　　唐代的《元和姓纂》云：「右鷹揚將軍陳元光……河東人。」[71]《元和姓纂》為唐代國子博士林寶編著，唐代中期，社會上還流行講究門第之風，編寫《氏族志》、《姓纂》之類的書都要得到國家核准，嚴禁濫收，混亂門後。林寶編纂該書，受命於宰相李吉甫，積二十年之功，方始成書。該書嚴謹，歷來受到讚賞。因此，該書說陳元光為河東人，應是十分可靠的。其後宋代的王象之《輿地紀勝》第 91 卷朱翌《威惠廟記》云：「陳元光，河東人。」[72]明代的漳州《龍溪縣誌》云：「威惠廟，城北門外，把唐將軍陳西元光。公河東人，父政以諸衛將軍戍閩。出為嶺南行軍總管。平廣寇，開創漳州，以左郎將領州事，後戰沒於陣。漳人至今思之。」[73]威惠廟建於唐宋時期，其時，距陳元光去世僅二三百年，它對陳元光籍貫的說法應是有原始材料為據的。

　　據以上一直延續到明中葉的史料來看，陳元光為河東人，其父戍閩，元光隨行。河東的地理範圍大致在今山西省內，在《宋會要輯稿》一書中，記載了陳元光之父陳政娶妻「吐萬氏」的說法。吐萬氏是北魏

---

[71] [唐]林寶《元和姓纂》卷三，諸郡陳氏，光緒六年金陵書局本，第 6 頁。

[72] [宋]王象之《方輿紀勝》卷九一，朱翌《威惠廟記》，北京：中華書局 1992 年影印本，第 7 頁。

[73] [明]劉天授修嘉靖《龍溪縣誌》卷三，相廟志，威惠廟，1965 年上海中華書局影印天一閣藏本，第 1 頁。

鮮卑大姓，生活於今內蒙、山西一帶，陳政與其聯姻，是其籍貫河東一證。[74]如果陳政只是嶺南土著，他怎麼可能與北方的吐萬氏聯姻呢？

其次，有關陳元光入閩過程，在宋代的史籍中也有線索可尋。宋《仙溪志》記載：

「威惠靈著王廟二。在楓亭之南、北。按，漳浦《威惠廟集》云：陳政仕唐副諸衛上將，武后朝戍閩，遂家于溫陵之北，曰楓亭，靈著王乃其子也。今楓亭二廟舊傳乃其故居。」[75]威惠廟即為陳元光之廟，由此可知：宋《仙溪志》的記載原是以漳浦陳元光廟的碑記為依據的，它當然是可靠的。[76]可見陳政入閩後長期定居福建泉州的北部一帶，即仙遊縣境。他死後亦葬於此地。[77]這些記載與今人的傳說是不同的。

關於陳元光的事蹟，此處再引《方輿紀勝》記載：

「陳元光，河東人。家於漳之溪口。唐儀鳳中廣之崖山盜起，泉潮回應。王以布衣起兵，遂平潮州。以泉之雲霄為漳州，命王為左郎將守之。後以戰歿，漳人哭之，至祠於徑山。有『紀功碑』、『靈應記』見於廟云。」[78]

以上材料說明幾點：其一：陳政作為河東人，被遣戍入閩，後來定居於楓亭，其子陳元光宅於漳之溪口，他們在閩中已住二代，看來肯定不是廣東揭陽人。其二，陳元光是唐代北方南下的將領之後。陳元光作為一名布衣，能得到廣東官員的信任，被委以領兵的重任，顯然與他的身份有關——他是唐「副諸衛上將陳政」之子。唐代初年，門閥制度還有相當影響，陳元光沒有這一身份，在大動亂之際是不可能得到信任並授於重兵的，後來也不可能任漳州刺史。這正好說明他不是土著。

以上唐來史料更說明陳元光肯定不是固始人。河東位於黃河以北，固始位於淮河以南，二者風牛馬不相及。

---

[74]徐松：《宋會要輯稿》第20冊，禮二十，陳元光祠，第835頁。

[75]黃岩孫：寶祐《仙溪志》卷三，祠廟志，福建人民出版社1989年，第65頁。

[76]按，《威惠廟集》早佚，今人所見《威惠廟集》已非原文。

[77]黃岩孫：寶祐《仙溪志》卷三，祠廟志，第66頁。

[78][宋]王象之《方輿紀勝》卷九一，朱翌《威惠廟記》，北京：中華書局1992年影印本，第7頁。

但是，現在看陳元光後人的家譜──《穎川開漳陳氏族譜》，則云陳元光為固始人，于武后時率固始家鄉 3600 人南下福建。其實，以陳元光率領數千人南下的規模，他若真是固始人，《固始縣誌》絕不會遺漏。可見，這也是閩人冒稱固始之風的產物之一。

總之，陳政、陳元光父子確為河東人，其他二說都是不可靠的。

固始人靖康入閩說。該說的影響較小，在我們經眼的閩人族譜中，注明于南北宋之交的靖康年間南下的族姓也不多。以宋末降元的王積翁來說，他的祖先王戩原為固始人，南渡時入閩，「嘗仕閩因家焉，故又為福之長溪人」。[79]以情理推之，既有唐末固始人大批南下福建，後人仿而效之，再次連袂南下，不是不可能。但至今沒有固始民眾再次大批南下福建的實例。這裡需要指出的是：《固始縣誌》所云：「又靖康南渡，衣冠文物蕩然一空三也，觀王荊公志王深琢自固始遷侯官、朱文公志黃端明祖厝固始遷邵武、張翠屏序，本固始人，南流徙閩，可見。」文中有張冠李戴之嫌，因為，王荊公（即王安石）是北宋人，他不可能為南宋時人物的族譜作序；而黃端明應是朱熹弟子黃榦，我所見黃榦族譜有二部，即本節所引《重修宋賢黃文肅公家譜》與《江夏黃氏族譜》，二者皆謂其祖黃膺為五代時人，而不是南宋時人。

總之，固始人大批入閩，于史可征的僅唐末一次，其他不甚可靠。而閩人多稱祖籍固始，除了唐末五代的一批之外，凡在其他時期入閩的家族，若說自己的祖先是固始人，則多是有疑問的。可參見以下族譜的考證。

三、關於閩人族譜誤入固始籍貫的考察

閩人籍貫固始的族譜內，確有個別是誤入的，請見有關莆田吳氏族譜的考訂：

民國《莆田縣誌》引用吳氏族譜：「唐僖宗時，屯田員外郎吳祭隨

---

[79]黃潛：《文獻集》卷十，故參知政事行中書省事國信使贈榮祿大夫平章政事上柱國追封閩國公諡忠潛王公祠堂碑，文淵閣四庫全書本，第 10 頁。

王審知入閩，居莆之華岩山下，其姓吳興築北洋海堤及延壽陂，子孫聚族居西都。」吳祭與吳興都是莆田歷史上有名的人物，吳興築造延壽陂灌溉田地數百頃，莆田人民對他感恩不盡。為他立廟祭祀。對這兩位元有名人物，方志記載較詳，《莆田志》明確記載延壽陂修於唐代中葉的神龍年間（705—710年）或建中年間（780—783年），距王審知入閩的光啟元年（885年）相差一百多年，試問，吳氏叔侄怎麼可能跟隨晚他們一百多年的人物入閩？[80]

以上這部族譜若僅說其祖先來自中原，則是可信的。因為，莆田二吳受命在莆田組織大型水利工程，他們應為唐政府官員，當時福建的許多官員都來自外省，因而，如族譜說二吳來自外省是合符情理的。但由於修譜者缺乏知識，輕率地採用了民間流傳的閩人來自固始一說，並將二吳說成是隨王審知南下的人，則留下了話柄。

那麼，他們為何一定要說自己是固始人呢？關於這一點，宋代史學家鄭樵有過考證，方大琮也有辨析，今引方大琮之文：「見鄉人凡諸姓志墓者皆曰自光州固始來……非獨莆也，凡閩人之說亦然。且閩之有長材秀民舊矣，借曰衣冠避地遠來，豈必一處，而必曰固始哉？況永嘉距光啟相望五百四十餘年，而來自固始，前後吻合，心竊疑之。及觀鄭夾漈（鄭樵）先生集，謂王緒舉光壽二州以附秦宗權，王潮兄弟以固始之眾從之，後緒拔二州之眾，南走入閩，王審知因其眾以定閩中，以桑梓故，獨優固始人。故閩人至今言氏族者云固始，以當審知之時尚固始人，其實非也。然後疑始釋，知凡閩人所以牽合固始之由。」[81]由此可見，閩台民眾大多自稱籍貫固始，與五代的形勢有關，當時，來自北方的光壽二州移民入閩後建立割據政權，統治福建達數十年之久。一些自晉代入閩的北方大族，為了與統治者拉近乎，也冒稱固始人，於是造成福建範圍內以固始籍貫為榮的風氣。在這種風氣的影響下，一些未經史學訓練的人修史，便容易採用民間傳說，將自己的祖先定為固始籍貫。可是，有學問的學者大多不願輕易採作此說。例如建陽的《潭西書林余氏族譜》

---

[80] 石有紀修張琴纂：民國《莆田縣誌》卷七，氏族，第13頁。
[81] 方大琮：《鐵庵集》卷三二，跋序長官遷莆事始。第1-2頁。

說：「舊譜云：余家自光州固始入閩，散適他郡者，有始興、尤溪、建陽、莆田、杉洋、仙游諸族，世次先後難省，今詳諸家譜，皆泗州渡江入閩越，同為南系，雲固始者，蓋近世附會之誤，五季藩鎮瓜裂……王審知傍角一隅之地，中土士族以閩嶠僻江右，可以避世，故多依焉。衣冠之胄與編戶雜處，異時子孫不能尋繹本末……故推原起者，皆謬稱焉。」[82]

再如莆田的方氏家族一度自稱固始人，宋代的方大琮考訂自己的族譜，發現方氏早在王莽新朝時期即「過江宅吳」，自後為江南人。唐末方廷範「為溫州平固尉，歷宰長溪、古田、長樂邑，遂蔔居於泉之莆田，為巨族。」[83]因此，方氏不是固始人。此後，方氏修族譜便注明自己不是固始人。

以上事實表明：對閩人籍貫固始一說不可輕信，需要考證後做出結論；但是，同時我們也必須注意，不可走到另一極端，以為閩人籍貫固始都是不可信的，乃至將閩人族譜中籍貫固始的族譜都視為偽譜，一切必須作具體分析。

四、關於閩人籍貫固始的誤中誤

從總體上而言，除了唐末五代的固始入閩之外，其他各次固始入閩說都是不可靠的，但是，我們在族譜研究裡還發現另一種狀況：有一部份人很可能是固始人後裔，然而，由於種種原因，在族譜內加入不可信的因素，反而使自己的籍貫變得有疑問。例如，漳州人的族譜都愛說自己的祖先是隨陳元光南下的，《龍溪縣誌》記載：「陳元光，光州固始人，王審知，亦光州固始人，而漳人多祖元光興泉人多祖審知，皆稱固始。」[84]陳元光是唐代初年的人，我們說過，其實他不是固始人。那麼，漳州人中的多數是否都是跟隨陳元光而來的？從漳州的人口來看，漳州在陳

---

[82]《潭西書林餘氏族譜》建陽圖書館藏。

[83]方大琮：《鐵庵集》卷三一，方氏族譜序。第 2 頁。

[84] [清] 吳宜燮修：黃惠、李畹纂：乾隆《龍溪縣誌》卷二一，雜記，第 3 頁。

元光入閩以後人口並末大幅度增長，迄至唐元和年間的人口數為 1343 戶。[85]倒是在王審知入閩後，當地人口有了較大增長，在閩國前後的百年間，漳州人口從唐末的千餘戶增長至宋統一福建時的 24007 戶。[86]百年間人口增長了近 17 倍！而且漳州是光壽移民入閩最早佔據的地方，可見當地漢族主要是唐末光壽移民的後裔，而不是隨陳元光而來的。然而，對這一類族譜，就不能因其自謂跟隨陳元光而來，便說其籍貫固始是偽託的——其實，從唐末各州郡人口增加幅度來看，漳州也許是福建各州郡籍貫固始最多的地方。問題在於：漳州人喜歡攀附陳元光，紛紛把自己的入閩始祖從五代推到唐初陳元光時，反而使問題複雜化。以著名的漳州，《白石丁氏古譜》而言，據該譜的《懿跡紀》記載：丁氏祖先固始人，唐高宗時入閩，為曾鎮府之子孫，被陳政（元光之父）聘為祭酒，陳政沒，丁氏複佐元光平寇，陳元光任漳州刺史後，丁儒任「佐郡承事郎」。[87]這些記載言之鑿鑿，似乎完全可信，《閩書》亦採用該族譜的記載，將丁儒列入開漳人物。但是，細究丁氏族譜便全發現許多不可信之處。例如，該族入閩第九世孫丁知幾是著名人物，在福建多部方志上都有記載。對福建史有研究的人都知道：福建的開發在五代二宋，這一時代福建名人輩出，許多人物被正史所載，所以，福建的方志對宋以後地方人物的記載也比較準確。方志中有關丁知幾的記載是可作為依據的。但是，據方志的記載，這位丁儒的九世孫是南宋時人物，若以一世 25 年推算，從丁知幾上溯八代，丁儒應為南宋前二百年唐代末年的人物，而不可能是四百年前唐初的開漳人物！而唐末正是光壽移民入閩的時代，所以，丁儒是固始人可能是真的，而其族譜偽託唐初則使自己的出身變得有疑問，這是我們必須注意的一種情況。

其次，我們還必須注意到一種情況：有一些族譜的記載雖有個別失誤，但大致是可信的，例如：《羅峰傳氏族譜》：「實公之高祖時新任光州固始邑令，厥後子姓相延，蕃衍于大江南北。唐廣明時，實公則自光

[85]梁方仲《中國歷代戶口、田地、田賦統計》，上海人民出版社 1980 年，第 104 頁。
[86]梁方仲《中國歷代戶口、田地、田賦統計》第 135 頁。
[87]《白石丁氏古譜》漳州方志辦重印本，福建省圖書館所藏。

州固始同王潮渡江入閩，靖國寧疆，海邦建績，官拜威武軍節度招討使、檢校尚書左僕射兼御史大夫上柱國，爵加銀青光祿大夫……生八子，遂宅於泉州東湖，後則分析於各郡，福、興、漳、泉、延、建、邵、汀，各有其子姓安居樂業」。[88]這部族譜錯誤之處在於將王潮的一系列官職全部安自己祖先身上，然而，事實上威武軍節度使是唐末五代福建的最高長官，歷任節度使名單史有明載，當中絕對插不進傅實。不過，我們能否就此說此書是偽譜呢？看來也不行，因為，福建的族譜有一個普遍規律：對宋以後家族祖先官職的記載大都是準確的，而對唐代祖先官職的記錄則是虛誇的多，其原因在於：宋代福建名人權多，而且文獻保留下來的也多，其祖先內有名人物，大多可以得到文獻的印證；而唐代福建名人不多，而且閩中文獻多佚。

五、對閩人籍貫固始考察的結論

　　以上考證表明：對閩人籍貫固始的記載，切戒輕易相信、或輕易否定，不經過仔細研究，是很容易失誤的。同時我也想指出：僅僅從血緣上辨證某個家族的祖先是否固始人，其實是沒有意義的。中華民族是一個民族的大熔爐，我們從來是以融合了許多民族而感到驕傲，而不是像希特勒一樣，以「純種雅利安人」而自得。福建人是一個北方移民與南方少數民族的融合體，這是一個事實，我們從來不以為北方人比南方土著更高貴些，事實上，我們多次指出：正是南方少數民族給閩人注入了熱愛海洋的氣質，並培育了閩人的海洋文化。南方文化是優秀的，同樣，北方文化也是優秀的，正是兩種優秀文化的結合，才培育了今日優秀的福建文化。

　　其次，我還想指出：一個家族的認同，血緣是其次的，重要的是文化的認同。閩人歷來有撫養義子的習慣，只要這一義子承認祖先，他就可以承祧香火。在這方面，義子的血緣關係如何，並不重要。在地緣關

---

[88] 《羅峰傅氏族譜》轉引自莊為璣、王連茂《閩台關係族譜資料選編》第 378 頁。

係上也是如此，重要的不是閩人的某個家族是否真地從固始來，而是這個家族在文化上是否認同固始，只要其認同固始，便有存在的理由。其中可能有原非固始的部分，但是，我們從另一個角度去思考：當光壽二州移民入閩之後，他們的數量占了福建總人口的五分之一，長期以來，他們與其他閩人通婚、混血，原有的地緣結構早就打亂，可以說：今日閩人沒有一個是純種的固始人，但是，誰又敢說那一個閩人的血統中沒有固始人的成分？公平地說，一個閩人身上，至少有 20％的固始血緣！由於光壽移民是冒險家的後裔，有超過常人的生存能力，他們在福建的發展應比其他族群昌盛，所以，他們在閩人中所占比例應超過 20％。就此而言，凡是清以前的福建宗族，只要族譜記載該家族在福建已有幾百年的歷史，他們的身上都有 20％以上的固始血緣。當然，我們所說的固始只是一個傳統的地域文化符號，它並不是指現代地域範圍內的固始，而是唐末南下的光壽二州。

　　閩人籍貫固始是具有特別文化意蘊的社會現象。福建人中的很大部分都來自中原，固始說正反映他們對自己「根」的追尋，亦即對中原黃土地的回憶。這種對「根」文化的特殊感情，雖然也存在於其他民族中，但是，在中國人身上表現得最為突出，而閩人對中原的追憶又是其中最為典型的例子。它已成為閩人突出的文化性格之一。（原刊於《臺灣研究》1997 年第 2 期，2011 年 10 月增補了較多的史料。）

宋代閭山派巫法與早期媽祖信仰

關於媽祖信仰的起源，近人有儒、佛、道、摩尼等多種說法，本文嘗試考證宋代福建巫覡文化與閭山派巫法的起源，從而論證早期媽祖信仰屬於宋代的閭山派巫法。

一、百越區域的巫覡文化傳統

「百越」一辭起源于秦漢時期，泛指亞洲大陸東南區域以越族為核心的諸民族，其中有揚越、於越、閩越、南越、駱越等等。如果說中原區域的文化形態以儒文化為主的話，百越區域的文化形態則以巫覡文化為主。《史記集解》引如淳的話：「《呂氏春秋》『荆人鬼而越人禨』，今之巫祝禱祠淫祀之比也。」[1]可見，早在《呂氏春秋》一書，即指出越人有巫覡文化存在。秦漢統一百越區域後，巫文化仍在百越區域傳播，漢武帝時，越人巫祝頗受重用，「令越巫立越祝祠，安台無壇，亦祠天神上帝百鬼，而以雞卜」。[2]《後漢書》記載第五倫在越地做官：「倫到官，移書屬縣，曉告百姓。其巫祝有依託鬼神詐怖愚民，皆案論之。」[3]欒巴傳記載：「再遷豫章太守。郡土多山川鬼怪，小人常破貲產以祈禱。」[4]所以，《漢書·地理志》總結大江以南越人的風俗是：「信巫鬼，重淫祀」。[5]

越巫的巫法特點之一以殺牲的方式祭神。所謂雞卜，是越巫祈神的一種方式：《史記正義》：「雞卜法用雞一，狗一，生，祝願訖，即殺雞狗煮熟，又祭，獨取雞兩眼，骨上自有孔裂，似人物形則吉，不足則凶。今嶺南猶此法也。上信之，越祠雞卜始用焉。」[6]除了用雞外，越人還

---

[1] 司馬遷：《史記》卷二六，曆書第四，北京，中華書局1959年，第1258頁。
[2] 司馬遷：《史記》卷十二，孝武本紀，第478頁。
[3] 范曄：《後漢書》卷四一，第五倫傳，北京，中華書局1965年，第1397頁。
[4] 范曄：《後漢書》卷五七，欒巴傳，第1841頁。
[5] 班固：《漢書》卷二八，地理志下，北京，中華書局1962年，第1666頁。
[6] 司馬遷：《史記》卷十二，孝武本紀，第478頁。

用牛作為獻神的祭品。《風俗通義》:「會稽俗多淫祀,好卜筮,民一以牛祭。巫祝賦斂受謝,民畏其口,懼被祟,不敢拒逆。是以財盡於鬼神,產匱於祭祀。或貧家不能以時祀,至竟言不敢食牛肉,或發病且死,先為牛鳴,其畏懼如此。」[7]總之,以殺牲為祭神的方式,這是越巫的一大特點。

其次,越巫以舞娛神,也是一個重要傳統。桓譚的《新論·言體篇》:「昔楚靈王驕逸輕下,簡賢務鬼,信巫祝之道,齋戒潔鮮,以祀上帝,禮群神,躬執羽紱,起舞壇前。吳人來攻,其國人告急,而靈王鼓舞自若,顧應之曰:『寡人方祭上帝,樂明神,當蒙福佑焉,不敢赴救』。大敵臨城,楚靈王卻在起舞娛神,反映了當時人的觀念。下引《漢書·王充傳》批評巫舞的話以及相關注釋:「《詩》刺「不績其麻,市也婆娑」。《詩·陳風》也。婆娑,舞兒。謂婦人於市中歌舞以事神也。……而起學巫祝,鼓舞事神,以欺誣細民,熒惑百姓妻女。羸弱疾病之家,懷憂憒憒,易為恐懼。……而不知巫所欺誤,反恨事神之晚,此妖妄之甚者也。」[8]再如《後漢書》的有關越巫曹盱記載:「孝女曹娥者,會稽上虞人也。父盱,能弦歌,為巫祝。漢安二年五月五日,于縣江溯濤婆娑迎神,溺死,不得屍骸。」[9]總之,以舞娛神為越巫的一大特點之一。

再次,越巫善用禁咒術。《抱樸子》曰:「道士趙炳,以氣禁人,人不能起。禁虎,虎伏地,低頭閉目,便可執縛。以大釘釘柱,入尺許,以氣吹之,釘即躍出射去,如弩箭之發」。《異苑》云:「趙侯以盆盛水,吹氣作禁,魚龍立見」。「越方,善禁呪也」。《後漢書·徐登傳》記載:「徐登者,閩中人也。本女子,化為丈夫。善為巫術。又趙炳,字公阿,東陽人,能為越方。時遭兵亂,疾疫大起,二人遇于烏傷溪水之上,遂結言約,共以其術療病。各相謂曰:『今既同志,且可各試所能。』登乃禁溪水,水為不流,炳複次禁枯樹,樹即生荑。二人相視而笑,共行

---

[7]　應劭:《風俗通義》卷九,怪神,長沙,嶽麓書社1996年,第227頁。

[8]　范曄:《後漢書》卷四九,王充傳,第1634頁。

[9]　范曄:《後漢書》卷八二,列女傳·孝女曹娥傳,第2794頁。

其道焉。」[10]以上禁咒術當然是一種神話，不可能存在於現實中，不過，在漢代，越巫是以這一種被名為「越方」的禁咒術揚名的。

二、宋代福建的巫覡文化

　　宋代東南的兩浙路、福建路、廣南路、江東路與江西路皆為古代的百越區域，儘管這一區域在宋代文化發展的大浪潮中有很大的發展，但是，普通百姓仍然承襲了越人的巫覡文化的傳統。北宋仁宗時洪州知州夏竦說：「竊以當州東引七閩，南控百粵，編氓右鬼，舊俗尚巫」。夏竦還說到東南一帶的巫法：「奇神異像，圖繪歲增，怪錄妖符，傳寫日異。小則雞豚致祀，斂以還家。大則歌舞聚人。」[11]從其所述中可以看到：宋代的東南民眾仍然保持著秦漢以來的巫風：以家畜祭神；以歌舞娛神；以符咒治鬼。

　　福建為古閩越區域，《宋史》評價福建：「其俗信鬼尚祀，重浮屠之教，與江南、二浙略同。」[12]宋仁宗時期，朝廷下詔：「禁兩浙、江南、荊湖、福建、廣南路巫覡挾邪術害人者。」[13]這些史料都說明宋代福建的巫風頗盛。陳淳論說漳州：

　　「某竊以南人好尚淫祀，而此邦之俗為尤甚。自城邑至村墟，淫鬼之名號者至不一，而所以為廟宇者，亦何啻數百所。逐廟各有迎神之禮，隨月送為迎神之會。自入春首，便措置排辦迎神財物事例。或裝土偶，名曰舍人，群呵隊從，撞入人家，迫脅題疏，多者索至十千，少者亦不下一千；或裝土偶，名曰急腳，立於通衢，攔街覓錢。擔夫販婦，拖拽攘奪，真如白晝行劫，無一空過者；或印百錢小榜，隨門抑取，嚴於官租。單丁寡婦，無能逃者。陰陽人鬼不同途，鬼有何說，欲人之必迎，人有何見，知鬼之必欲迎，凡此皆游手無賴，好生事之徒，假託此以括

10　范曄：《後漢書》卷八二下，徐登傳，第 2741 頁。

11　徐松輯：《宋會要輯稿》禮二〇之一一，第 770 頁。

12　脫脫等：《宋史》卷八九，地理志五，中華書局 1977 年標點本，第 2210 頁。

13　脫脫等：《宋史》卷九，仁宗一，第 179 頁。

掠錢物，憑藉使用。內利其烹羔擊豚之樂，而外唱以禳災祈福之名，始必浼鄉秩之尊者為簽都、勸緣之銜，以率之，既又挾群宗室為之羽翼，謂之勸首。而豪胥猾吏，又相與為之爪牙，謂之會幹。愚民無知，迷惑陷溺，畏禍懼遣，皆黽勉傾囊舍施。或解質舉貨以從之。今月甲廟未嘗，後月乙廟又至，又後月丙廟、丁廟複張，順接踵於其後。廢塞向瑾戶之用，以為裝嚴祠宇之需，輟仰事俯育之恩以為養哺土偶之給，至罄其室、杇其廬、凍餒其父母，藍縷其妻孥，有所不恤。錢既裒集富衍，遂恣為無忌憚，既塑其正鬼之夫婦，被以衣裳冠帔。又塑鬼之父母，曰聖考聖妣，又塑鬼之子孫，曰皇子皇孫。一廟之迎動，以十數像群輿於街中，且黃其傘，龍其輦，黼其座，又裝禦直班以導於前，僭擬逾越，恬不為怪。四境聞風鼓動，複為優戲隊相勝以應之。人各全身新制羅帛、金翠，務以悅神，或陰策其馬而縱之，謂之神走馬，或陰驅其轎而奔之，謂之神走轎，以誣罔百姓。男女聚觀，淫奔酣鬥，夫不暇及耕，婦不暇及織，而一惟淫鬼之玩。子不暇及孝，弟不暇及恭，而一惟淫鬼之敬。廢人事之常職，崇鬼道之妖儀，一歲之中，若是者凡幾廟。民被擾者凡幾番。不惟在城皆然，而諸鄉下邑亦莫非同此一習。前後有司不能明禁，複張帷幕以觀之。謂語之與民同樂。且賞錢賜酒，是又推波助瀾，鼓巫風而張旺之。」[14]

　　以上陳淳向我們展示了宋代漳州的祭神習俗。巫覡們在大街上抬神像化緣，或是挨家挨戶搜錢，他們用這筆錢修廟、塑神像，為神像做衣服，並模仿人間的皇家，為神明做出行的輦車，配備傘羅，施以金翠。每逢神明誕日，便將神明座像抬出，四處遊行。儘管這些開支使百姓支出錢財很多，但是，民眾似乎很歡迎遊神，每逢遊神之際，他們飲酒歡呼，嬉鬧通宵，陶醉於快樂之中。可見，這類習俗在福建根深蒂固，不會輕易改變。

　　閩中這類信巫尚鬼的習俗，受到儒者的批判，官府也曾多次禁止巫術害人，蔡襄在福州時，提倡醫學而反對巫術，「閩俗左

---

[14] 陳淳：《北溪大全集》卷四三，上趙寺丞論淫祀，文淵閣四庫全書本，第12-14頁。

醫右巫，疾家依巫索祟，而過醫之門十才二三，故醫之傳益少。余治州之明年，議錄舊所賜書以示於眾。郡人何希彭者，通方伎之學，凡《聖惠方》有異域瑰怪難致之物，及食金石草木得不死之篇，一皆置之，酌其便於民用者得方六千九十六。希彭謹慎自守，為鄉閭所信。因取其本謄載於版，列牙門之左右，所以導聖主無窮之澤淪究於下，又曉人以依巫之謬，使之歸經常之道，亦刺史之一職也。」[15]一些士大夫也在家鄉提倡醫藥，陳伯瑜「所居去城市稍遠，俗不餌藥，唯以巫祝為尚。公為儲金石草木之可以療疾者，依古方和之，散以予民，當癘疫並興，公前後所全活甚眾，鄉人德之」[16]。傅伯成任漳州知州時：「創惠民局，濟民病，以革襪鬼之俗。」[17]

有的官員動用行政力量打擊巫覡，例如，大儒陳襄的後代陳曄于慶元年間任汀州知州，「俗尚鬼信巫，寧化富民與祝史之奸者，托五顯神為奸利，誣民惑眾，侈立廟宇，至有婦人以裙襦畚土者。曄廉得之，竄祝願史，杖首事者，毀其祠宇。郡人廣西帳幹吳雄作《正俗論》二千餘言絕其事。民有疾，率舍醫而委命于巫，多致夭折，乃大索境內妖怪左道之術，收其像符祝火之，痛加懲禁，流俗丕變」[18]。

不過，儘管官府出面反對，但民眾仍然按照自己的方式生活，梁克家的《三山志》指出：福州民俗，「每一鄉率巫嫗十數家」[19]這說明宋代福建巫覡之多。而且，這些人在民間還得到民眾的信仰與尊敬，宋末的寶祐《仙溪志》談到當地祭祀的神明：「或以神仙顯，或以巫術著，皆民俗所崇敬者，載在祀典。」[20]從其口氣來看，這些神明中，雖然有一些原來是巫覡，但他們仍然給予相當的敬重。巫覡文化之所以在福建廣泛傳播，這是因為它有廣泛的文化基礎，有社會需求，所以，官府屢禁不止。這是閭山派巫法傳入福建的文化基礎。

---

[15]蔡襄：《蔡襄全集》卷二六，聖惠方後序，福建人民出版社1999年，第583頁。
[16]陳淵：《默堂集》卷二一，陳伯瑜宣義行狀，文淵閣四庫全書本，第4頁。
[17]脫脫等：《宋史》卷四一五，傅伯成傳，第12441頁。
[18]胡太初、趙與沐：開慶《臨汀志》，福建人民出版社1990年，第143頁。
[19]梁克家：《三山志》卷九，公廨類三，北京，方志出版社2003年，第163頁。
[20]黃岩孫等：寶祐《仙溪志》卷三，祠廟志，福建人民出版社1989年，第62頁。

三、北方傳來的閭山派巫法

福建、臺灣一帶的民間道教以閭山派的影響最為大，[21]我們知道：閭山派道教實際上原來是一種巫法，如明代的《海遊記》一書云：「自天地開闢之後，人民安業，以儒、釋、道、巫四教傳於天下。儒出自孔聖人，居人間以孝悌忠信行教，釋出自世尊，居西境以持齋行教；道出老子，居鐘南以修煉行教；巫出自九郎，居閭山以法行教。」[22]可見，在《海遊記》這部書的作者那裡，巫教是與儒佛道三教相頡頏、且自成系統的一種宗教，而且，其源流可以上溯至閭山九郎。由於後世巫教不顯，多數人不知道世界上還曾有過這一宗教，但在宋代，巫教在民間是很有影響的。宋代的白玉蟾曾經與其學生討論閭山派巫法源流，他說：「巫者之法，始于娑坦王，傳之盤古王，再傳於阿修羅王，復傳於維陀始王、長沙王、頭陀王、閭山（山在閭州）九郎、蒙山七郎、橫山十郎、趙侯三郎、張趙二郎。此後不知其幾。昔者巫人之法，有曰盤古法者，又有曰靈山法者，復有閭山法者，其實一巫法也。」[23]可見，閭山派是當時一大流派。

閭山法則是來自北方的巫法。白玉蟾說到閭山九郎時，明確指出「山在閭州」。閭州為始建於遼代的州，《遼史‧地理志》云：「閭州，羅古王牧地，近醫巫閭山。在遼州西一百三十里，西北至上京九百五十里，戶一千。」[24]按，閭山在遼代的全名為「醫巫閭山」，說明它與巫覡中的「巫醫」有相當關係。

據史冊的記載，醫巫閭山，又名醫無閭山，在中國歷代名山中佔有重要地位。早在晉代，朝廷就將醫無閭山列入全國 44 位朝廷祭祀的山

[21] [英國]約翰‧坎普爾士：《臺灣北部閭山道士法場科儀演練的描述》，高淑媛譯、丁煌校，台南市，《道教學探索》第 2 號，1989 年刊，第 245-265 頁。

[22] 海北遊人無根子：《新刻全像顯法降蛇海遊記傳》，建邑書林忠正堂刊，第 1 頁。

[23] 白玉蟾：《海瓊白真人語錄》卷一，《道藏》第 33 冊，文物出版社、上海書店、天津古籍出版社，第 113-114 頁。

[24] 脫脫等：《遼史》卷三七，地理志一，北京，中華書局 1974 年，第 450 頁。

神之内。[25]北魏時，皇帝也曾「幸遼西，望祀醫無閭山」；[26]隋朝前期，朝廷祭祀的山神、水神有所減少，但醫無閭山仍在其中。[27]楊文帝開皇十四年閏十月，「詔東鎮沂山，南鎮會稽山，北鎮醫無閭山，冀州鎮霍山，並就山立祠」。[28]從此，閭山成為全國五鎮名山之一，歷代得到朝廷的祭祀：《舊唐書》云：「范陽司馬畢炕祭醫無閭山廣寧公」。[29]遼代，遼道宗曾多次幸臨醫巫閭山；[30]金代，「立冬，祭北嶽恒山於定州、北鎮醫巫閭山于廣寧府。」[31]金朝明昌年間，封「醫巫閭山為廣寧王」。[32]元明清三代都祭祀醫巫閭山。元朝加封「北鎮醫巫閭山為貞德廣寧王，歲時與嶽瀆同祀，著為令式。」[33]明朝給諸山神的封號有所降格，《明史》云：「今依古定制，並去前代所封名號。五嶽稱東嶽泰山之神，南嶽衡山之神，中嶽嵩山之神，西嶽華山之神，北嶽恒山之神。五鎮稱東鎮沂山之神，南鎮會稽山之神，中鎮霍山之神，西鎮吳山之神，北鎮醫無閭山之神。」[34]《清史》記載：「鎮五：曰東鎮沂山、南鎮會稽山、中鎮霍山、西鎮吳山、北鎮醫巫閭山。」「光緒初元，加太白山神曰保民，醫巫閭山神曰靈應。」[35]

以上表明：其一，醫無閭山，或稱醫巫閭山，是晉代以後歷代王朝都祭祀的中國名山之一，它的排名雖在「五嶽」之後，卻是「五鎮」名山之一。其二，對醫無閭山的祭祀是從隋代以後逐漸上升，一直到元朝達到最高點，明清雖然祭禮醫巫閭山，但只給予普通山神的地位。其四，醫無閭山是在遼代才改名為醫巫閭山，因此，醫巫閭山成為巫法之源，與遼朝有關係。

---

[25] 令狐德棻等：《晉書》卷十九，禮志上，北京，中華書局 1974 年，第 584 頁。
[26] 魏收：《魏書》卷一百零八，禮志一，北京，中華書局 1974 年，第 2739 頁。
[27] 魏徵等：《隋書》卷六，禮儀志一，北京，中華書局 1973 年，第 108 頁。
[28] 魏徵等：《隋書》卷七，禮儀志二，第 140 頁。
[29] 劉昀等：《舊唐書》卷二四，禮儀四，北京，中華書局 1975 年，第 934 頁。
[30] 脫脫等：《遼史》卷二六，道宗紀六，第 310、314 頁。
[31] 脫脫等：《金史》卷三四，禮志七・嶽鎮海瀆條，北京，中華書局 1975 年，第 810 頁。
[32] 脫脫等：《金史》卷三四，禮志七・嶽鎮海瀆條，第 810 頁。
[33] 宋濂等：《元史》卷十九，成宗紀二，北京，中華書局 1976 年，第 418 頁。
[34] 張廷玉等：《明史》卷四十九，禮志三，北京，中華書局 1974 年，第 1284 頁。
[35] 趙爾巽等：《清史稿》卷八三，禮志二，北京，中華書局 1977 年，第 2522-2523 頁。

　　「醫巫閭山水奇秀」，[36]它位於遼河的上游。是遼朝統治民族契丹人的發源地之一，因此，契丹人祭祀醫巫閭山是不奇怪的。遼朝開始強大後，對醫巫閭山很重視。遼太祖的太子為「人皇王」，「人皇王性好讀書，不喜射獵，購書數萬卷，置醫巫閭山絕頂，築堂曰望海」。[37]以後，有不少遼朝的貴族在這裡讀書。人皇王在太祖死後未能繼位，流浪到後唐朝，受唐皇帝李從珂的供養，後唐滅亡時，「唐主從珂將自焚，遣壯士李彥紳害之，薨年三十八，葬醫巫閭山」。[38]可見，醫無閭山在五代是一些貴族的葬地。此地宗教也很發達，遼道宗曾「以安車召醫巫閭山僧志達，」[39]可見，當地有佛教存在；金朝封「醫巫閭山為廣寧王」，也是「從沂山道士楊道全請」，[40]這也證明了閭山應有發達的道教，否則，不會由道士為其請封。我們知道：巫教本身受佛教與道教的影響很大，在前引白玉蟾的話中，提到開創巫法的娑坦王、阿修羅王、維陀始王、頭陀王，從其名字看，應為佛教或與之相關的人物；此外，白玉蟾還說巫法與道教有關：「巫法亦多竊太上之語。故彼法中多用太上咒語。最可笑者，昔人于巫法之符下草書『太上在天』，今之巫師不知字義卻謂『大王在玄』，呵呵」。[41]可見，閭山派巫法兼融佛道二教，它的這一特點的形成，應與閭山派陶冶於閭山的宗教環境有關。

　　閭山派的形成，應以醫無閭山改名為醫巫閭山為其始。時為五代契丹立國之初。閭山派巫法形成後，逐漸向四方傳播。其中，有些人來到閩中，傳下閭山派。據《海遊記》一書，閭山派崇拜「王、龔、劉三祖師」，[42]葉明生提出：這王、龔、劉三祖師，實為「楊、龔、劉三祖師」之誤。[43]按，三佛祖師是閩北民間流傳很廣的民間信仰，我在《福建民

[36]脫脫等：《遼史》卷三八，地理志二‧東京道，第463頁。

[37]脫脫等：《遼史》卷三八，地理志二‧東京道，第463頁。

[38]脫脫等：《遼史》卷六四，皇子表，第973頁。

[39]脫脫等：《遼史》卷二六，道宗紀六，第310、314頁。

[40]脫脫等：《金史》卷三四，禮志七‧嶽鎮海瀆條，第810頁。

[41]白玉蟾：《海瓊白真人語錄》卷一，《道藏》第33冊，第113-114頁。

[42]海北遊人無根子：《新刻全像顯法降蛇海遊記傳》，臺北，施合鄭基金會，2000年，葉明生點校本，第66頁。

[43]海北遊人無根子：《新刻全像顯法降蛇海遊記傳》，施合鄭基金會，2000年，第68頁。

間信仰源流》一書中引用過三佛祖師的傳記：

「三佛祖師者，一劉氏，交趾人，一楊氏，南華人，其一為西域突利屬長民，本無姓，以母契丹氏適龔，遂為龔姓。龔生而好道，早歲辭親出家，至儋州昌化縣地藏菩薩道場，隨眾聽法。至定水與劉、楊遇，相見如故。因同詣雪峰義存，求證上道。義存為剪髮作頭陀，命法名曰：龔志道、劉志達、楊志遠，遂各受偈辭去。溯舟至郡境，楊適楊源，龔適道峰，而劉居七臺山之獅子岩，後皆化去。紹興八年，郡旱禱雨，立應，敕封真濟、神濟、慈濟三公。淳祐間，加封圓照顯祐大師。」[44]

細讀這一段文字，不難發現三佛祖師與北方巫教有相當關係，首先：龔志道原名為「突利屬長民」，突利為鮮卑族姓氏，而鮮卑人在唐代曾經活躍於漠北。其次，「突利屬長民」之母為契丹人；其三，「突利屬長民」漫遊中國，曾到過海南島，不過，他與劉、楊二人相會於「定水」，據《漢書》，定水在上郡，其旁有定陽城，是為塞外名城之一。[45]顯見，這三人與北方的關係很深。此外，劉志達為閭山僧人，可在《遼史》中找到記載：「戊午，以安車召醫巫閭山僧志達」；「丙子，召醫巫閭山僧志達設壇於內殿」。[46]可見，僧志達實為閭山的一個巫醫，遼道宗還曾召其到宮殿治病。以後來到福建的劉志達，應當就是《遼史》上的僧志達。不過，《邵武府志》認為劉志達等三人到福州雪峰寺拜見雪峰義存，義存為其剃度為頭陀，則有些疑問。因為：義存為唐末五代時期的人，而志達則是北宋中期遼道宗時代的人物，志達不可能見到義存，而且，義存是唐代有名的佛教高僧，他的手下，皆為禪宗高僧，他若為僧人剃度並給他們取名，應當沒有俗姓，也就是說，不可能給他們取「龔志道、劉志達、楊志遠」之類的名字，龔、劉、楊三人不會是正統佛教出身，而應為密教人物，是佛教中的一個流派，但其行跡類似于巫覡，所以，禪宗高僧罕與其來往。

那麼，北方的龔、劉、楊三人來福建傳播巫教，有這可能嗎？我認

[44]李正芳等：咸豐《邵武縣誌》卷十四，福建邵武地方誌編纂委員會1986年，第437頁。
[45]班固：《漢書》卷二八下，地理志下，第1617頁。
[46]脫脫等：《遼史》卷二六，道宗紀六，第310、314頁。

為：這是可能的。在中國古代，佛教人物的行蹤最不可定。蓋因佛教在天下盛行，到處都有他們的廟宇，僧尼不論行至何地，吃住都不成問題。因此，佛教人物往往走遍天下。北方的巫教僧人，利用自己為和尚的特點，來南方傳播巫教，從而造就了閩中閭山派的巫法系統。從當時福建的文化環境來看，傳統的越方巫術受到朝廷的禁止，但佛道二教受到官府的推崇，閭山派巫法與佛教與道教都有很深的關係，而且，早期的閭山派人物，如前述邵武的三佛祖師，自身皆為佛教人物，所以，由他們來施行巫法，官府不會查禁，因此，閭山派巫法傳入閩中後，馬上引起傳統越方巫覡的興趣，他們紛紛自托於閭山派的門下，造成閭山派在福建獨盛的局面，福建的巫覡最終都匯於閭山派這面大旗之下。而閭山派巫法最終從佛教中獨立出來，成為一種自成體系的宗教。它有自己的聖地——閭山，也有自己的教祖——龔志道、劉志達、楊志遠三位祖師，巫教的成員，自稱為法師，他們替民眾驅鬼捉怪，以此謀生。

四、宋代媽祖信仰與閭山派巫法的關係

媽祖信仰的本質是什麼？是佛教？還是道教？抑或是其他宗教？國際學術界對此有相當激烈的爭論。不過，從對宋代媽祖文化卓有研究的李獻璋先生揭示的史料來看，倘若相信媽祖原為歷史上真實人物，那麼，媽祖生前為一女巫[47]，大至是可以相信的：

其一，宋代廖鵬飛的《聖墩祖廟重建順濟廟記》說：「姓林氏，湄洲嶼人。初，以巫祝為事，能預知人禍福」；[48]

其二，宋代黃公度《題順濟廟》詩：「枯木肇靈滄海東，參差宮殿崒晴空。平生不厭混巫媼，已死猶能效國功。萬戶牲醪無水旱，四時歌舞走兒童。傳聞利澤至今在，千里危檣一信風。」[49]其中「平生不厭混

---

[47] 李獻璋：《媽祖信仰研究》，鄭彭年譯本，澳門海事博物館1995年，第9頁。

[48] 廖鵬飛：《聖墩祖廟重建順濟廟記》，鄭振滿、丁荷生：《福建宗教碑銘彙編》，福建人民出版社1995年，第16頁。按，此處所引五條史料，唯獨該條不見於李獻璋的《媽祖信仰研究》。

[49] 黃公度：《知稼翁集》卷上，題順濟廟，文淵閣四庫全書本，第57頁。

巫媼」一句，直指林默為一女巫；

其三，李俊甫的《莆陽比事》云：「湄洲神女林氏，生而神異，能言人休咎，死，廟食焉。」[50]

其四，黃岩孫《仙溪志》云：「順濟廟，本湄洲林氏女，為巫，能知人禍福，歿而人祠之。」[51]

其五，丁伯桂《順濟聖妃廟記》：「少能言人禍福，歿，廟祀之，號通賢神女。」[52]

以上五條宋代史料中，其中有三條直言林默生前為女巫，另兩條史料，雖未直言林默為女巫，但也說她生前是能預言人禍福的神女，所謂神女，即為女巫的雅稱。由此可見，認定林默生前為女巫，是不會有什麼爭議的。只是過去人們都沒有將巫教作為一個宗教，因此，人們對媽祖信仰的宗教屬性多有爭議，或謂其為佛教，或謂其為道教，也有說它是儒教或是摩尼教的。由於《海遊記》一書的發現，使我們敢於確認古代福建還有一個巫教，而這一巫教的產生，與佛教、道教都有一些關係，可見，將早期媽祖信仰納入巫教，才是最可靠的。

早期媽祖信仰屬於巫教系統可有三個理由：

其一，媽祖信仰與佛教有深厚的關係。媽祖的神性中明顯有佛教的痕跡，元代的黃四如將媽祖比較其他諸神：「他所謂神者，以死生禍福驚動人，唯妃生人、福人，未嘗以死與禍恐之。故人人事妃，愛敬如母，中心向之。然後於廟饗之。」[53]按，佛教不同以中國以往神道教的特點即是：佛教以大慈大悲的佛性折服百姓，而不是像傳統諸神以災難來恐嚇人，媽祖俱有慈悲為懷的神性，正是她受佛教影響的明證。我們說過，閭山派巫法的開創者原為佛教人士，他們也將佛教的一些觀念賦予閭山教，閭山教的教義影響了媽祖神格的重新塑造，因而有了與以往神性不同的神女崇拜。媽祖信仰的佛教思維，正是媽祖信仰源於閭山派的一

---

[50] 李俊甫：《莆陽比事》，江蘇古籍出版社，宛委別藏本，第 282 頁。

[51] 黃岩孫：寶佑《仙溪志》，福建人民出版社 1989 年，第 64 頁。

[52] 丁伯桂：《順濟聖妃廟記》，蔣維錟：《媽祖文獻資料》，福建人民出版社 1990 年，第 11 頁。

[53] 黃淵：《黃四如集》卷二，聖墩順濟祖廟新建蕃厘殿記，文淵閣四庫全書本，第 29 頁。

證。許多媽祖廟以僧人為廟祝，這讓許多學者感到莫明其妙，其原因在於閭山派與佛教的密切關係。

其二，早期媽祖信仰將媽祖附會為觀音菩薩的化身。元代的黃淵說：「妃族林氏，湄洲故家有祠，即姑射神人之處子也。泉南、楚越、淮浙、川峽、海島，在在奉嘗；即普陀大士之千億化身也。」[54]丘人龍的《天妃降誕本傳》媽祖降誕時，其母「王氏夢大士告之曰：『爾家世敦善行，上帝式佑』。乃出丸藥示之云：『服此當得慈濟之貺』。」[55]吳還初的《天妃娘媽傳》的第二回，寫道：天妃原為天上的神女，她在下凡之前，觀音「口念經咒，足步法文」，將法力傳授於神女，天妃才有了降妖伏怪的神通。[56]觀音在天妃的神話中出現，不僅表現了媽祖信仰與佛教的淵源，而且還表明了它與閭山教的關係。因為：閭山教在福建又稱三奶教，而其教主臨水夫人陳靖姑，被其崇拜者視為觀音的化身。《海遊記》稱其是觀音一片指甲所化，[57]而《閩都別記》稱陳靖姑為觀音指血的化身。[58]可見，在福建民間傳說中，天妃與臨水夫人皆是觀音的化身，因此，福建民間有二女神為姐妹的說法：「天妃，海神也。……羅源、長樂皆有臨水夫人廟，云夫人之妹也。」[59]臨水夫人陳靖姑為閭山派是確鑿無疑的，在福建民間傳說中，天妃與其關係如此密切，應當同屬於閭山派。

其三，早期媽祖信仰顯示出亦佛亦道、非佛非道的傾向。關於媽祖的誕生，清初丘人龍的《天妃誕降本傳》有記載。按，丘人龍的《天妃降誕本傳》雖然後出，但它被收錄於《天妃顯聖錄》、《天后志》等書，說明它是莆仙一帶有關媽祖神話的再現，在很大程度上保持媽祖神話的原始記錄。該書云：天妃之父林願與妻王氏祈禱觀音賜子，而後得到了

---

[54] 黃淵：《黃四如集》卷二，聖墩順濟祖廟新建蕃釐殿記，第 28 頁。

[55] 丘人龍：《天妃誕降本傳》，蔣維錟：《媽祖文獻資料》，福建人民出版社 1990 年，第 157-158 頁。

[56] 吳還初：《天妃娘媽傳》，瀋陽，春風文藝出版社 1994 年刊中國古代珍稀本小說第 8 冊，第 26 頁。

[57] 海北遊人無根子：《新刻全像顯法降蛇海遊記傳》，施合鄭基金會，2000 年，第 60 頁。

[58] 何求：《閩都別記》第 21 回，福建人民出版社 1987 年，第 131 頁。

[59] 謝肇淛：《五雜俎》卷十五，事部三，上海書店出版社 2001 年，第 305 頁。

林默。林默早慧,「十歲餘,喜淨幾焚香,誦經禮佛,旦暮未嘗少懈」,
這說明她與佛教有緣。但在十三歲時,「有老道士玄通者往來其家,妃
樂舍之。道士曰:『若具佛性,應得渡入正果』。乃授妃玄微秘法」。[60]按,
這位老道士指出林默具有「佛性」,而且可渡入正果,這完全是一位和
尚的口氣,但是,他又被人們稱之為「老道士」。嚴格地說,他即不是
佛教人物,也不是道教人物。他這種亦佛亦道、非佛非道的身份,正是
閭山派巫教的一個特點。

其四,我們還可以進一步比較閭山派神靈與早期媽祖廟所祭祀之
神。廖鵬飛說:「郡城東,寧海之傍,山川環秀,為一方勝景,而聖墩
祠在焉。墩上之神,有尊而嚴者曰王,有晢而少者曰郎,不知始自何代,
獨為女神人壯者尤靈,世傳通天神女也。」[61]由此可知,聖墩媽祖廟除
了祭祀通天神女外,還祭祀了一些「王」與「郎」的神像,這類「王」、
「郎」是什麼神?如果單是某個王或是某個郎,頗為不好解釋,但將王
與郎合在一起祭祀,這就是閭山派巫教的特點了。宋代的道教思想家白
玉蟾曾經與其學生討論閭山派巫法源流,他說:「巫者之法,始于娑坦
王,傳之盤古王,再傳於阿修羅王,復傳於維陀始王、長沙王、頭陀王、
閭山(山在閩州)九郎、蒙山七郎、橫山十郎、趙侯三郎、張趙二郎。
此後不知其幾。昔者巫人之法,有曰盤古法者,又有曰靈山法者,復有
閭山法者,其實一巫法也。」[62]可見,宋代閭山派巫法祭拜的神靈中有
「王」,也有「郎」,這是當時正統道教與正統佛教中所不見的。這一史
料足以證明:宋代的通天神女崇拜最早屬於閭山派巫法。

媽祖信仰由民間信仰成為國家正祀的原因。既然早期媽祖信仰是從
閭山派巫法脫胎而來,為何這一血緣關係逐漸淡化,媽祖最後被視為國
家正祀的神明?這是因為:莆田的通天神女信仰最早只是屬於民眾的信
仰,但自宣和五年受封之後,她已成為朝廷的正祀。宋朝對正祀與「淫

---

[60] 丘人龍:《天妃誕降本傳》,蔣維錟:《媽祖文獻資料》,福建人民出版社 1990 年,第 158
　　頁。

[61] 廖鵬飛:《聖墩祖廟重建順濟廟記》,鄭振滿、丁荷生:《福建宗教碑銘彙編》,福建人民
　　出版社 1995 年,第 15-16 頁。

[62] 白玉蟾:《海瓊白真人語錄》卷一,《道藏》第 33 冊,第 113-114 頁。

祀」的區分很嚴，「淫祀」應當受到打擊，正祀可以受到官府的祭祀。
毫無疑問，閭山派祭祀的諸王與諸郎，在朝廷看來都是淫祀。若神女信
仰不能洗清自己與閭山派諸神的關係，對其維持正神的地位相當不利。
事實上，媽祖雖然在宋代已經受封，但還有儒者將其視為淫祀，例如，
漳州儒者陳淳說：「今帳御僭越，既不度廟貌叢雜，又不肅，而又恣群
小為此等妖妄謀瀆之舉，是雖號曰正祠，亦不免均於淫祀而已耳。非所
祭而祭之，曰淫祀，淫祀無福，神其聰明正直，必不冒而享之。況其他
所謂聖妃者，莆鬼也，於此邦乎何關」？[63]陳淳明指「聖妃」為「莆鬼」
——莆田之鬼，這肯定是在說媽祖的前身——通天神女靈惠妃！然而，
另一個不可否認的事實是：媽祖信仰在民間越來越受到許多人的崇拜，
甚至連莆仙籍的高級官員，也有許多人崇拜聖妃的香火，仕至吏部考工
員外郎的黃公度為聖妃寫了《題順濟廟》一詩；值密閣學士陳宓為白湖
的順濟廟寫了上樑文；給事中丁伯桂寫了《順濟聖妃廟記》，士大夫對
聖妃信仰的加入，迫切要求聖妃信仰的雅化，以脫離民間淫祀的隊伍。
這種文化背景，正是宋代聖妃信仰逐步脫離閭山派巫法的原因。事實
上，早在南宋紹興二十年廖鵬飛為聖墩順濟廟寫廟記時，就評論過鄉人
祭祀神女為主，而忽略其他諸神的情況：「或曰：『舊尊聖墩者居中，皙
而少者居左，神女則西偏也。新廟或遷於正殿中，右者左之，左者右之，
牧醴乞靈於祠下者，寧不少疑』？」可見，時當南宋之初，聖墩人新修
廟宇時，已經將所謂的「王」與「郎」諸神挪至傍殿，而將神女祀於中
殿。這一改變引起了原來祭祀者的疑惑，但身為特奏名進士的廖鵬飛指
出：「神女生於湄洲，至顯靈跡，實自此墩始，其後賜額，載諸祀典，
亦自此墩始，安於正殿宜矣。昔泰伯廟在蘇台西，延陵季子像設東面，
識者以為乖禮，遂命改之。鵬飛謂李侯之作是廟，不惟答神庥，亦以正
序位云。於是，樂書其事，繼以《迎》、《送》二章使鄉人歌而祀之。」
[64]可見，承信郎李富於紹興二十年重修聖墩廟時，便是有意將神女像塑

---

[63]陳淳：《北溪大全集》卷四三，上趙寺丞論淫祀，文淵閣四庫全書本，第14-16頁。

[64]廖鵬飛：《聖墩祖廟重建順濟廟記》，鄭振滿、丁荷生：《福建宗教碑銘彙編》，福建人民
　出版社1995年，第16頁。

於正殿，而將其他諸神移於旁邊。迄至後世，媽祖廟中更不見所謂「王」與「郎」諸神的蹤影了。

　　與媽祖信仰相比，臨水夫人陳靖姑一直是閩浙的地方信仰，她受到朝廷的封賜較少，主要是民眾崇拜。因此，臨水夫人信仰儘管在閩浙一帶具有廣泛的影響，但她仍然保持屬於閭山派的身份。

　　總之，福建是一個巫覡文化有悠久傳統的區域，宋朝對巫覡的打擊，使以佛教、道教為背景的閭山派巫法在福建大為流行，從而兼併其他巫法，成為影響最大的巫教。媽祖信仰的前身——莆田通天神女信仰原屬於閭山派巫法，不過，當神女信仰被納入官府祭祀的正神系統之後，她在當地的民眾心裡的地位不斷上升，超越了同廟祭祀的其他閭山派諸神，於是，在當地士大夫階層的操作下，神女上升為夫人，再上升為聖妃，最後成為天妃、天后，完全成為國家祭祀的標準神明。（初發表於《大甲媽祖國際學術研討會會後實錄》，2004 年台中縣靜宜大學觀光事業學系自刊本，正式發表於趙麟斌主編：《閩台民俗散論》，北京，海洋出版社 2006 年）

媽祖信仰與瑜珈教關係再探

　　媽祖信仰是中國民間信仰中極為複雜的現象，關於媽祖信仰的屬性，學術界有：「佛教說」、「道教說」、「摩尼教說」、「儒教說」等多種看法。必須指出，古代福建佛教、道教、摩尼教都很發達，各說也有一定道理。不過，筆者認為：儘管後來的學者及宗教界人物將媽祖信仰納入道教、儒教，但原始的媽祖信仰，原來屬於佛教，並與佛教的瑜珈教派有關，媽祖原為瑜珈教中的一個巫師。

一、宋代福建佛教的發展

　　佛教在東漢末年傳播於東南區域，唐五代時期，中國佛教的中心已經轉到福建與浙江。宋代的福建繼續成為中國佛教最發達的區域，「寺觀所在不同，湖南不如江西，江西不如兩浙，兩浙不如閩中」[1]——這是當時公認的評價。總之，宋代福建佛教之盛，在歷史上也是罕見的。

1、宋代福建佛教發展的外部事實

　　僧尼眾多，天下罕見。宋代福建僧人眾多，在全國都是有名的。《九朝通略》云：「至道元年，太宗覽泉州僧籍，一歲未度者僅近四千餘。語近臣曰：古者一夫耕三人食，尚有受其餒者，近世一夫耕迨至十人食者，黎民安得不困！東南風俗惰遊，固非樂為清淨，但慵耕種，避徭役耳。」[2]可見，早在宋代初年，福建僧人之多，便讓宋太宗感到吃驚。據北宋天禧五年（1012 年）的統計數字，其時，全國共有僧人 40 餘萬，其中，福建路為 71080 人，占總數的六分之一強，為諸路之最。[3]形成對照的是，當時福建人口數僅為全國人口數的十五分之一！北宋中葉，

---

[1] 吳潛：《許國公奏議》卷二，奏論計畝官會一貫有九害，轉引自：漆俠：《宋代經濟史》上冊，上海人民社 1987 年，第 274 頁。

[2] 王象之：《輿地紀勝》卷一百三十，北京，中華書局 1992 年影印道光二十九年刊本，福建路，第 130 頁。

[3] 徐松輯：《宋會要輯稿》道釋一之十三，第 7875 頁。

朝廷控制佛教的政策大有放鬆，福建剃度的僧人也越來越多，北宋元豐年間，福州開元寺一次剃度僧人達 3948 人；南宋建炎四年，福州景星尼院「新尼受戒到三百九十八人」；紹興元年，開元寺與天寧寺兩次度僧共達 1298 人。[4]如此大批量地剃度僧人，可見，當時閩人出家數量極多。宋代官員說：「閩中地狹民稠，常產有限，生齒即滋，家有三丁，率一人、或二人舍俗入寺觀。」[5]他們在總人口中占一定比例，「福多浮屠氏，居百姓十六七」。[6]「福州多僧天下聞，緇衣在處如雲屯」[7]；乃至遊人感歎：「山路逢人半是僧」。[8]

由於福建僧人特多，他們每每出遊外地，「髡其首而散於他州者，閩居十九焉」。[9]「如皋縣石莊鎮明禧禪院僧如本者，福州人，游方至彼，遂留不去。」[10]「所在浮屠老子宮有閩之道釋」，「凡為道釋者，擅名山大地以居」。[11]可見，宋代的福建還是輸出僧人的地方，外地的寺院，常有福建籍的僧人。

寺院建造，盛況空前。五代時期福建已有許多寺院，入宋之後，福州「富民翁嫗，傾施貲產以立院宇者亡限」。例如，宋開寶七年，福州有一「舶主造浮屠堂宇，號舶塔天王寺」。[12]晉江劉君輔「興建慈濟宮、金沙接待院、海會堂、古山庵、龜湖東庵、青蓮院、豐山岩、塘邊岩，重修虎岫寺，其餘庵廟壇榭修葺者，莫能枚舉。」[13]興化軍只有莆田、仙遊、興化三縣，而其每縣擁有的寺院數量相當驚人，「莆大姓爭施財產造佛舍為香火院，多至五百余區。郡城光孝、水陸、永福，附郡囊山、梯山、龜山，塘南廣化、華嚴謂之南北二寺，烏山陳岩石室、妙應，謂

4　梁克家：《三山志》卷三三，僧寺，第 6 頁。

5　汪應辰：《文定集》卷一三，請免賣寺觀趙剩田書，叢書集成初編本第 1986 冊，第 148 頁。

6　黃裳：《演山集》卷三三，中散大夫林公墓誌銘，文淵閣四庫全書本，第 5 頁。

7　胡寅：《斐然集》卷一，題能仁照庵紹享所建，第 21 頁。

8　王象之：《輿地紀勝》卷一二八，第 3676 頁。

9　黃幹：《勉齋集》卷三七，處士唐君煥文行狀，文淵閣四庫全書本，第 17 頁。

10 洪邁：《夷堅志》，《夷堅支戊》卷四，閩僧如本，北京，中華書局 1981 年，第 1081 頁。

11 曾豐：《緣都集》卷一七，送繆帳幹解任詣詮改秩序，文淵閣四庫全書本，第 11 頁。

12 梁克家：《三山志》卷三三，僧寺，第 34 頁。

13 黃任等：乾隆：《泉州府志》卷六一，謝應瑞傳，第 373 頁。

之東西二岩。為郡人遊息之所。他如仙遊之九座、三會皆號甲剎。」[14]這些大寺內往往有許多分院，如廣化寺「為庵院百二十餘所，勝賞之處，不可勝紀」。[15]

翻刻佛經，天下流播。為了傳播佛教，宋代的僧人大規模地翻印佛經。其中，宋代福州的東禪寺和開元寺相繼刻成了二部巨大的大藏經，是為歷史上的盛舉。東禪寺刻大藏經始於北宋元豐三年（1080），其《六度集經》刻於元豐八年，其上題款有「福州東禪等覺院刻住持傳法慧空大師沖真等謹募眾緣，敬為今上皇帝、太皇太后、皇太后、皇太妃祝延聖壽，國泰民安，開鏤大藏經印板一副，總計五百函，仍勸一萬家助緣。有頌云：『東君布令恩無涯，是處園林盡發花，無限馨香與和氣，一時散入萬人家』。元豐八年已丑歲五月日題。」[16]這一段記載說明了許多問題，它表明東禪寺刻經的經費來源是百姓的資助，該寺僧人決心動員一萬戶以上的人家為此書贊助。據該經邊頁所著，宋代著名的《樂書》作者禮部侍郎陳暘為該書的勸首之一。由於來自民間的經費充足，迄至崇寧二年（1103 年），大藏刻印已經基本完工，前後歷時 23 年。此書刻成後，寺僧將刻成的大藏經獻給朝廷，在陳暘的奔走之下，皇帝賜名此書為《崇寧萬壽大藏》，共 580 函，6434 卷。得到皇室的鼓勵，該寺僧人繼續刻經。至南宋淳熙三年（1176 年）共完成 595 函，計 6870 卷，前後費時 96 年。東禪寺因此而聞名天下。

在東禪寺的刺激下，福州首寺──開元寺也不甘落後，就在《崇寧萬壽大藏》得賜名的那一年，該寺僧人也下決心開刻大藏經，由該寺的資助者們組織了一個刻經會，全力支援刻經。開元寺所刻大藏經名為《毗盧大藏》，保存至今的《大般若波羅蜜多經》的卷首有三行題記如下：「福州眾緣寄開元寺雕經都會蔡俊臣、陳洵、陳靖、劉漸與證會住持沙門本明恭為今上皇帝祝延聖壽，文武官僚同資祿位，雕造毗盧大藏經印板一

---

[14] 李俊甫：《莆陽比事》卷一，第 5 頁。

[15] 李俊甫：《莆陽比事》卷七，第 272 頁。

[16] 謝水順、李斑：《福建古代刻書》，福建人民出版社 1997 年，第 35 頁。

副，計五百餘函。時政和乙未歲八月日勸緣沙門行崇瑾題。」[17]《毗盧大藏》開雕於北宋徽宗政和二年（1112 年），迨至南宋乾道八年（1172年）基本刻成，歷時 60 年。以後又陸續增刻部分，全書共有 595 函，計 1451 部、6132 卷。這兩部大典的刻成，反映了福建佛教的雄厚實力。

2、佛教與福建百姓的生活

宋代百姓在宗教方面的開支較大。許多百姓平日非常節儉，但遇到佛教方面的事情，很捨得花錢，以漳州的寺院來說，「及童行輩，諸寺動以百為群，暨諸鄉齋堂、道流，日集民禮塔而取其金，動以千百計。小民沾體塗足，為仰事俯育之資，終歲所獲能幾何？而即日累月取之為之一空，良可哀憫。今將此曹悉藉之丁帳，未為過也。至如樂山一所，非有寺額，而僧道設計，裒斂民財，尤為精緻。每一歲間，招誘農商工賈，遞分節次，各以時會聚，名曰燒香。就稠眾中察其猾黠好事者，分表疏，且請為勸首抄題錢物，每疏以數百緡。經年積蓄，今已浩大。而其中輩行屢經官司爭主首之權，此亦可以按籍舉而歸之官。」[18]當然，百姓之所以捨得為佛教花錢，是因為他們認為可從對佛教的信仰中獲得幸福。

宋代佛教的發展，已經深深影響了福建的民俗。以歲時節日來說，閩中許多節日都與佛教有關。「三山之俗，立春前一日，出土牛於鼓門之前。若晴明，自晡後達旦，傾城出觀，巨室乘轎旋繞。相傳云：『看牛則一歲利市』。三日游賢沙，四日游天寧，六日烏石山之神光寺、西湖之水晶宮，逮暮始散。此皆圖志所不載也。」[19]又如，正月十五上元節即為元宵節，在閩中又被稱為燈節，每逢元宵來臨，閩人在佛寺張燈結綵，「舊例，官府及在城乾元、萬歲、大中、慶成、神光、仁王諸大剎，皆掛燈球、蓮花燈、百花燈、琉璃屏及列置盆燎。惟左右二院燈各三或五，並徑丈餘……縱士民觀賞。」可見，宋代的福州寺院是百姓主

---

[17]謝水順、李珽：《福建古代刻書》，第 40 頁。

[18]陳淳：《北溪大全集》卷四五，與李推論海盜利害，文淵閣四庫全書本，第 7 頁。

[19]張世南：《游宦紀聞》卷八，北京，中華書局 1981 年，第 72 頁。

要的遊樂處。

　　四月八日佛誕日也成為福建民眾的一個重要節日，以福州來說：「是日，州民所在與僧寺共為慶贊道場。蔡密學襄為州日，有《四月八日西湖觀民放生》詩，此風蓋久矣。元豐五年，住東禪僧沖真始合為慶贊大會于城東報國寺，齋僧尼等至一萬人，探鬮分施衣、巾、扇藥之屬。迄建炎四年，為會四十有九而罷。紹興三年，複就萬歲寺作第一會。是日，緇黃至一萬六千餘人。凡會，僧俗號「勸首數十人，分路抄題，戶無富貧，作『如意袋』散俵，聽所施予，無免者。」[20]

　　七月十五中元節本是道教的節日，但在民間傳說中，這一天是鬼的節日，所有的鬼都要到世上來走一遭。於是，人們要在這一日請僧人超度眾鬼。而僧人也常在這一時段舉辦大型的水陸會，超度亡靈。因此，中元節在福建又稱盂蘭盆會，是閩人一年中最重要的節日之一。福州的中元節流行遊神光寺的習俗，「寺有佛涅盤像，旁列十弟子，有捫心、按趾、哭泣、擗踴、出涕、失聲之類。是日，盂蘭盆會，因怪像以招遊人，遂成墟市。相傳謂之看死佛。」[21]在福建農村，則流行看目蓮戲，一場大型目蓮戲，往往會連演好幾天。這都與佛教有關。

　　宋代的百姓還相信佛教能為其解除生活中的災難，每當災害來臨，他們首先想到的是到寺院中祈拜。有一年，閩東遇到大旱，三界人士皆出動：「士人劉盈之者，一鄉皆稱善良，急義好施予。倡率道士僧巫，具旗鼓幡鐃，農俗三百輩，用雞鳴初時詣井投牒請水。到彼處，天已曉。僧道四方環誦經咒，將掬水於潭。」[22]許多寺院為了擴大自己的影響，也以祈雨之類的事吸引百姓。福清黃檗寺為名僧黃檗希運的出身地，但其也向外人宣傳本寺山上有龍潭，潭內有一條龍，「此福德龍也。常時行雨歸，多聞音樂迎導之聲，或於雲霧中隱隱見盤花對引其前者。」[23]每當自然災害降臨，官府也經常命令寺院祈禱，「淳熙甲辰歲，福州盛夏

[20]梁克家：《三山志》卷四十，土俗類二，第 3-9 頁。
[21]梁克家：《三山志》卷四十，土俗類二，第 3-9 頁。
[22]洪邁：《夷堅志》，《夷堅支丁》卷二，龍溪巨蟹，第 982 頁
[23]洪邁：《夷堅志》，《夷堅乙志》卷一三，黃檗龍，第 297 頁。

不雨。府帥趙子直命諸邑，凡境內有神祠湫淵靈異之處，悉加敬禱。」[24]曾鞏說：「福州元豐元年戊午，自四月甲子至五月辛巳，凡十有八日不雨，田已憂旱，太守率屬吏士分禱諸佛祠迎像，能致雨者陳之通路，用浮圖法為道場率屬吏士羅拜以請。」[25]官府祈禱菩薩，並不能保證下雨，但是，它可以安慰民心，表示官府關心民眾。這樣，佛教就在社會穩定方面發揮了官府不可取代的作用。

　　總之，佛教已經在福建社會中深深紮根，成為閩人生活的一部分。它的發展規模使我想到，宋代一切民間信仰都會受到佛教的影響，其影響或是正面，或是負面，或深或淺，但不可能沒有關係。

二、唐宋密宗的發展

　　密宗是在唐宋時期大發展的一個佛教教派。密宗源於印度古代的婆羅門教，經過佛教的改革後，披上了佛教的外衣。密宗主要內容為降魔伏怪，反映了人與自然界精靈的抗爭，而其背景是人類在征服大自然的過程中遇到的種種不可理解的困難。

1、唐宋密宗發展大勢

　　密宗是佛教中的一個流派，它的起源與印度古代的婆羅門教有關，據說也受到道教的影響。[26]密宗于唐玄宗時傳入中國，「西天三藏金剛智，循南海至廣州，來京師召見。居慈恩寺。智傳龍樹瑜伽密教，所至必結壇灌頂度人，禱雨禳災尤彰感驗」。[27]金剛智即為中國密宗的開創者，據佛教的經典，「金剛智，唐開元中，智始來中國，大建曼荼羅法

[24] 洪邁：《夷堅志》，《夷堅支戊》卷一，杉洋龍潭，第 1057 頁。

[25] 曾鞏：《元豐類稿》卷四十，題禱雨文後，文淵閣四庫全書本，第 9 頁。

[26] 臺灣的蕭登福先生認為密宗吸收了道教的許多儀式。可見其著作《道教與密宗》，《道教星斗符與佛教密宗》，《道教術儀與密宗典籍》等，以上三書由臺北新文豐出版公司出版於 1993 年和 1994 年。

[27]《大正新修大藏經》卷四十，法運通塞志第十七之七，唐，玄宗，日本大正年間新修本，第 373 頁。

事。大智、道氤、大慧、一行及不空三藏咸師尊之，是為瑜伽微妙秘密之宗。」[28]這中間的一行和尚是唐代著名的天文學家，由此可知唐代密宗的影響。「沙門一行，欽尚斯教，數就諮詢，智一一指授，曾無遺隱。一行自立壇灌頂，遵受斯法。既知利物，請譯流通。十一年，奉勅於資聖寺翻出《瑜伽念誦法》二卷，《七俱胝陀羅尼》二卷，東印度婆羅門大首領直中書伊舍羅譯語，嵩岳沙門溫古筆受。十八年，於大薦福寺又出《曼殊室利五字心陀羅尼》、《觀自在瑜伽法要》各一卷，沙門智藏譯語，一行筆受，刪綴成文。複觀舊隨求本中有闕章句，加之滿足。智所譯總持印契，凡至皆驗，秘密流行，為其最也。兩京稟學，濟度殊多，在家出家，傳之相繼。」[29]可見，在金剛智與一行和尚的主導下，密宗的經傳傳播。值得注意的是：傳承金剛智密宗的，不僅有出家人，也有在家修行之人。迄至唐代宗時，不空和尚得授高官，群臣中有許多人都成為他的信徒。不過，自不空之後，雖有慧朗繼承衣缽，但密宗在朝廷的影響已經不如金剛智、不空二人。《宋高僧傳》評說：「自後岐分派別，咸曰傳瑜伽大教，多則多矣，而少驗者何？」[30]唐武宗時期，佛教受到官府打擊，許多宗派失傳。據說，金剛智傳下的一些經書毀於此時。此後，密宗教派的傳播脈絡不清，乃至有中土密宗至唐末而亡的說法。例如，志磐的《佛祖統紀》說：「所謂密宗，尚何施耶？自金剛智諸師為末代機緣，有宜密教者，故東傳此道以名一家，然嗣其後者功效寖微。唐末亂離，經疏銷毀。至今其法盛行於日本，而吾邦所謂瑜珈者，但存法事耳。」[31]今密宗的主要代表是西藏的喇嘛教與日本的真言宗，流傳於中土的就是所謂只重法事的瑜珈教了。

　　密宗的主要特點是用神秘的咒語來改變自然與命運。密宗三大祖師在唐代皆以大法力聞名於世，而他們所施法術即為「瑜珈法」。金剛智在世時，曾為唐朝祈雨，不空在世時，曾為唐代宗念咒驅逐外敵。因而，

28[明]徐應秋：《玉芝堂談薈》卷十五，浮屠二宗。文淵閣四庫全書本。
29贊寧：《宋高僧傳》，卷一，北京，中華書局1987年點校本，第6頁。
30贊寧：《宋高僧傳》卷一，不空傳，第12頁。
31志磐：《佛祖統紀》卷二十九。續修四庫全書本第1287冊。

密宗的法力引起民眾廣泛的興趣。唐宋時期，隨著密宗的傳播，許多僧人都學習瑜珈法，後唐鳳翔府法門寺的志通和尚，曾經「遇日囉三藏行瑜伽教法，通禮事之」[32]。在《大正藏》有一篇彌伽道蔭著《宋東京開寶寺守真傳》，其中說到守真在四川聖壽寺：「後禮演秘闍梨授瑜伽教」。《夷堅志》記載，宋代臨安人「擇僧二十輩，作瑜珈道場」。[33]所以，實際上密宗在中土並沒有滅亡，雖然在宋以後沒有公認的密宗嫡派傳人，但許多禪師都兼行密宗大法。迄至今日，佛教大師大都以法力吸引民眾，有法力的大師得到許多人的信仰，與其說密宗在中土已經滅亡，不如說密宗成了佛教在民間傳播的基本特徵。

2、密宗在福建的傳播

唐宋時代的福建處於初步開發的狀態中，八閩大地，森林茂密，毒蛇猛獸出沒，對於從北方來到福建的移民來說，福建是一片神秘的土地，要在這片土地上生存，就得降伏當地各種精靈，抵制各種森林動物的侵襲。在這一文化背景下，密宗受到社會各階層普遍的關注。人們除了祈求巫師外，更相信自遠方來的僧人有莫大的法力，他們能夠除去各種精靈與怪獸，協調人類和大自然的關係，從而使人類獲得更好的生存環境。這樣，密宗便不可抑制地在福建發展起來了。

密宗的代表性建築是陀羅尼經幢。密宗宣傳陀羅尼經可以破地獄，所以，有錢人家為亡靈造「尊勝陀羅尼經幢」成為一種風氣。洪邁云：「壞罪集福，淨一切惡道，莫急於《佛頂尊勝陀羅尼經》。」[34]在泉州的招慶院，有一個建於宋淳化元年的大佛頂陀羅尼經幢。其上所刻經文寫到：「二公以崇善至切，奉佛心，堅涉萬里之滄波。買他山之翠琰，琢觚楞之奇狀，刊秘密之梵文，由是選勝崇基，果符夙願。」[35]可見，這一陀羅尼經幢的雕刻，與二位海外商人有關。這二位海商遠航海外，在

[32]《大正新修大藏經》，鳳翔府法門寺志通傳，第 858 頁。

[33]洪邁：《夷堅志》，《夷堅支乙》卷一，王彥太家，第 796 頁。

[34]洪邁：《容齋隨筆》，《五筆》卷八，嶽麓書社 1994 年，第 615 頁。

[35]佚名：《大佛頂陀羅尼經幢》，陳衍等：民國《福建通志》，《福建金石志》石五，第 12 頁。

外搜得石料,帶回泉州刻石,其上還有梵文。此外,泉州的承天寺與開元寺都有陀羅尼經幢,分別建於淳化二年與大中祥符元年。福州的長溪縣,也保存著一座佛頂尊勝陀羅尼經幢。[36]

　　崇拜北方毗沙門天王也是密宗的一個特點。毗沙門天王原為印度教中的財神及北方之神,唐代密宗不空和尚譯《毗沙門天王經》,將毗沙門天王塑造為一個戰神及護國之神。唐代軍隊出征西域獲勝,據說得到毗沙門天王的保佑,所以,唐中葉以後,朝廷大力推廣毗沙門天王的信仰,從而毗沙門天王信仰普及于全國各地。在莆田學者黃滔的《黃禦史集》中,就有一篇介紹福州塑北方毗沙門天王像的碑文。其實,毗沙門天王很早就傳入福建。例如,《古田縣誌》記載:「唐天寶六年,僧尚志自郢州來,創天王院。」[37]如今福建的寺院,天王殿是不可缺少的雕塑,每一座寺院都有四大天王之像,這反映了密宗對福建境內佛教的滲透。

莆田市的密宗寶塔

　　千手觀音也是福建寺廟最常見的神像。觀音崇拜在佛教中有悠久歷史,也是中國寺院主要神祇之一。密宗的特點是將觀音塑造為千手觀音,每只手中都有一種法器或是拿捏一種手印,其意為:觀音菩薩法力無邊,隨時隨地都能拯救眾生。在民間流傳有關觀音菩薩的經文中,《孔雀王咒經》、《大悲咒》、《千手千眼經》較為著名。

　　密宗的藥師佛信仰在福建流傳很廣。藥師佛又稱藥師如來,中國的藥師佛信仰又衍生出龍樹王崇拜。龍樹原為印度的著名醫生,後被佛教塑造為菩薩。在密宗佛教中,龍樹王菩薩佔有十分重要的地位。福建各地都有許多藥王廟,早期是拜龍樹大醫王,後來也有人將藥王解釋為唐代神醫孫思邈。

[36]陳衍等:民國《福建通志》,《福建金石志》石五,第11、14、17、20頁。

[37]辛竟可等:乾隆《古田縣誌》,卷八,古跡志,福建省古田縣地方誌編纂委員會辦公室1987年標點本,第416頁。

　　密宗對民眾吸引力最大的是「法術」。密宗法術可分為「咒術」、「儀式」等多種形式。所謂咒術，即為念經文。當時的百姓相信密宗咒語具有神秘的的力量，它可以制約鬼怪，驅逐精靈，解決生活中遇到的許多難題。如果說咒術是用咒語來表現的話，密宗還有許多神秘的儀式可用于拯救眾生。例如舉辦水陸大會超度一切死於災難的野鬼，為死去的人做一場瑜珈法事，超度死者早日脫離苦海等等。總之，密宗讓人相信他們具有莫大的法力，可以改變人的命運，從而獲得幸福。密宗的思維方式與中國傳統的道教與巫術十分相近，所以，研究道教的學者多認為密宗在其發展過程中吸取了道教的許多因素，這是對的。不過，密宗托附的佛教的影響力遠勝於道教，唐宋時期的福建，如果說某地有一座道教廟宇，周邊百里內一定會有五十座佛教廟宇，對普通百姓來說，道士們每每生活於他們的身邊，其實沒有什麼神秘；而僧人的祖輩來自於遙遠的西天，他們會念神秘的梵語經典，「外來的和尚好念經」，所以，佛教密宗獲得更多的群眾，在民間流傳更廣。唐宋以後，佛教顯宗（含禪宗、法華宗、律宗等）的影響力日益下降，而密宗在民間的影響力卻在日益擴張，與這一點有關。

　　如果說禪宗等顯宗是一種重視哲學的宗教，那麼，密宗特點則是一種行為的宗教。密宗僧人為了顯示他們的法力而取得民眾信仰，必須以奇異的行為來作為修行的方式，從而引起民眾廣泛的注意。例如，有的僧人長年不食：「閩南僧從謙，不食四十年，歸岐山石門。」有的僧人以伏虎聞名於世，「祥符中有僧養道居於清溪縣之觀音岩，夜與虎同寢。時抱虎子以示人。」[38]有的僧人騎虎出遊，震驚百姓。也有些僧人不忌食葷：「了他，號智雲……祝發香林寺，三十二年不澡浴，人嗤之。答曰：『形骸外物』。元豐間，年九十七，趺坐寺前龍潭磐石上，噉生豬首幾盡而逝，肉身不壞。」[39]食肉原為僧人大忌，這位高僧卻在死前大吃豬頭肉，他們的行為是常人無法理解的。

　　由於僧人的異行，人們相信，僧人可以鎮邪，在他們的面前，所有

---

[38]王象之：《輿地紀勝》卷一百三十，第 3776、3750 頁。

[39]魯鼎梅等：乾隆：《德化縣誌》卷十四，德化方志委 1987 年，第 405 頁。

的精靈都無法作怪。仙遊縣的棲真岩在太平院之東，「山之東有伏蟒岩，巨蟒之種族孕毓此山，正覺大師坐其口禪定。泊出定，蟒已化為石」。[40] 由於敬仰僧人的無限法力，民眾遇到無法抗拒的自然災害時，便會向僧人求救，這是密宗在民間傳播的原因。例如，有一些僧人善於卜筮，施宜生在鄉校時，「有僧過之」，僧人執其手，預言施有異相，當有奇行。[41]「閩人陳舜鄰為信州教授，其父湜嘗傳法于風僧哥，時時語人災祥，十得七八。」[42]沙縣一帶的丹霞大師，在民間被視為異人，他在沙縣化緣，「未逾月而所獲幾百萬」，鄧肅認為，他的成功在於民間認為他是一個預言僧，「其言人之禍福死生，輒以期至。故智者多其能，愚者冀其福，敢為不善者，又將隱其過。此所以摩肩接踵各攄所藏，無敢為師嗇。」[43]

應當說密宗諸僧在民間的活動，擴大了佛教在民間的影響。一個宗教的傳播，不能只有與高級知識份子對話的高僧，還要有能與民眾對話、並化解民生問題的下層僧人。在流行巫覡文化的宋代福建，人們相信山林中有無數的精怪與人類作對，要對抗這些精靈，光有巫師是不夠的，只有外來的佛教大師，才能為他們解決這些問題，因而，他們崇奉佛教，為寺院施財捐錢，從而求得平安。

總的來說，密宗是一種在民間影響很大的宗教，對百姓來說，密宗是一批擁有無上法力的僧人，因而，他們對密宗僧人的信仰，其實更勝於正規佛教的名僧。

三、佛教密宗與瑜珈教

佛教密宗在唐代引起民眾廣泛的興趣，因而導致它在民間的傳播，從而形成瑜珈教，此處有必要詳細研究瑜珈教的內涵及特徵。

---

[40] 王象之：《輿地紀勝》卷一三五，第 3861 頁
[41] 岳珂：《桯史》卷一，施宜生，文淵閣四庫全書本，第 10 頁。
[42] 方勺：《泊宅編》卷七，北京，中華書局 1983 年，第 39 頁。
[43] 鄧肅：《栟櫚集》卷一五，丹霞禪師行化，文淵閣四庫全書本，第 4 頁。

1、瑜珈教的起源

《佛祖統紀》說：「所謂密宗，尚何施耶……唐末亂離，經疏銷毀。
至今其法盛行於日本，而吾邦所謂瑜珈者，但存法事耳。」這是說，密
宗在唐以後的中國，只剩下重法事的瑜珈教。瑜珈教，或稱瑜伽教、瑜
伽門，源出於唐代的佛教密宗。由於早期的密宗大師都有「大法力」，
從而引起了民眾的敬仰與崇拜，他們向密宗大師學習「瑜珈術」，試圖
掌握捉拿鬼怪的本領。這些人有的是和尚，有的是待出家的頭陀，有的
是普通巫師，迄至唐代末年，瑜珈教在民間自成體系，形成了一個教派，
在佛教中也有一定勢力。宋元明時期，瑜珈教在福建很有影響。元代福
州的烏山有「地平瑜珈教寺」，「在山之北，元至正十七年建」。[44]明朝洪
武二十四年六月，朱元璋命禮部清理釋道二教：「今之學佛者，曰禪、
曰講、曰瑜珈；學道者曰正一、曰全真，皆不循本俗。汙教敗行，為害
甚大。」[45]按，朱元璋出身於佛門，他對元末明初的佛教有切身體會，
因此，他對佛教流派的分析值得重視。在這裡，他主要是從習佛的方式
將佛教分為三大流派，其中一種是以修身為主，他們的做法是修禪，力
求頓悟成佛；第二種是以向信眾宣講為主，他們主要為信眾講解佛教經
典；第三種人以做瑜珈為主，所謂做瑜珈，就是做法事，他們為信眾舉
行一定的儀式，以達到驅邪除妖的效果。可見，在朱元璋看來，做瑜珈
是佛教中的一大流派。

傳統上人們認為驅邪除妖主要是道士們做的事，所以，對和尚也做
這類事感到十分不理解。實際上，佛教的密宗從傳入中國之始，即以做
法事聞名。例如，唐玄宗時，「西天三藏金剛智……所至必結壇灌頂度
人，禱雨禳災尤彰感驗」。[46]明代永樂年間朝廷有詔令：「洪武中僧道不
務祖風，及俗人行瑜珈法，稱火居道士者，俱有嚴禁。即揭榜申明違者
殺不赦。」[47]

---

[44] 郭柏蒼：《烏石山志》卷三，寺觀，福州，海風出版社 2001 年，第 84 頁。
[45] 《明太祖實錄》卷二〇九，臺灣中研院影印本，第 3109 頁。
[46] 《大正新修大藏經》卷四十，法運通塞志第十七之七，唐玄宗，第 373 頁。
[47] 《明成祖實錄》卷一二八，臺灣中研院影印本，第 1593 頁。

此文中的「俗人行瑜珈法」，便是民間巫師行使瑜珈術，這說明當時的瑜珈術已經從佛教密宗傳向百姓了。這類行使瑜珈法的巫師，被稱為瑜珈教徒或是瑜伽教徒、瑜伽門。明代初年，這類人物受到嚴禁，洪武年間下令：「民有效瑜珈教稱為善友、假張真人名私造符籙者，皆治以重罪。」[48]永樂年間，朝廷再次申嚴此禁。不過，明代的法令，在洪武、永樂年間較嚴，其後，人去政亡，對瑜珈教的禁令逐漸被人們忘卻，乃至朝廷也給瑜珈教人物頒發度牒：「正統十一年六月丁酉朔，給賜貴州會誦心經並法華經及能作瑜伽法事者土僧童四十九名度牒」。[49]可見，瑜珈教在民間是富有生命力的。

總之，瑜珈教源出於佛教的密宗，在宋元明時期成為民間宗教，其中即有僧人也有民間的巫師，他們都會做來自密宗的瑜珈術，為信眾驅鬼除邪，祈雨求晴。

2、瑜珈教的特徵

宋代的道教大師白玉蟾給學生講解瑜珈教：「柤問曰：『今之瑜珈之為教者何如？』答曰：『彼之教中謂釋迦之遺教也，釋迦化為穢跡金剛，以降螺髻梵王，是故流傳此教，降伏諸魔，制諸外道，不過只三十三字，金輪穢跡咒也。然其教中有龍樹醫王以佐之焉，外此則有香山、雪山二大聖，豬頭、象鼻二大聖，雄威華光二大聖，與夫那叉太子，頂輪聖王及深沙神，揭諦神以相其法，故有諸金剛力士以為之佐使，所謂將吏惟有虎伽羅、馬伽羅、牛頭羅、金頭羅四將而已。其他則無也。今之邪師雜諸道法之辭，而又步罡撚訣，高聲大叫，胡跳漢舞，搖鈴撼鐸，鞭麻蛇打桃棒，而于古教甚失其真。似非釋迦之所為矣。然瑜珈亦是佛家伏魔之一法。」[50]從白玉蟾的敘述中我們知道：瑜珈教的特點是：其一，有一穢跡金剛法流行於教中；其二，使用靈童，「胡跳漢舞」；其三，拜

[48]《明太祖實錄》卷二〇九，第3114頁。
[49]《明英宗實錄》卷一四二，臺灣中研院影印本，第2805頁。
[50]白玉蟾：《海瓊白真人語錄》卷一，萬曆《道藏》第33冊，文物出版社、上海書店、天津古籍出版社，第114頁。

香山大聖、龍樹醫王、華光大聖、那叉太子等佛教神靈。掌握以上三點特徵，我們就可知道瑜珈教在民間傳播的情況。

其一，關於穢跡金剛與金輪穢跡咒。如白玉蟾所云：瑜珈教信奉的穢跡金剛為釋迦牟尼所轉化，他是瑜珈教最高神靈之一。密宗重穢，《大正藏》中有阿質達霰譯的《穢跡金剛禁百變法經》，蕭登福指出：「其壇則多以牛糞塗飾，並將牛糞、尿、乳、酪、酥，合稱牛五淨，以之淨身、供祭。」[51]按，密宗起源於印度的婆羅門，婆羅門皆為雅利安人，他們原為中亞的一個遊牧民族，後來進入印度，成為統治民族，即婆羅門。由於雅利安人原來是遊牧民族，而中亞多沙漠，所以，他們的習俗帶有中亞遊牧民族的特點。遊牧民族最重視牛的繁殖，他們的一切都來自於牛，所以，他們會將牛神聖化。印度人將牛視為神物與這一點有關。就生活習俗來說，在中亞的沙漠地帶，食用水十分難得，所以，牧民多以牛尿供洗手之用。由於婆羅門沿襲了中亞民族的許多習俗，所以，他們會重視與牛有關的「穢跡」。

宋代穢跡金剛與金輪穢跡咒在民間十分流行，「紹興十年，明州僧法恩坐不軌誅。恩初以持穢跡咒著驗，郡人頗神之」[52]按，法恩是一個僧人，但他卻以持穢跡咒在民間行巫，得到了許多百姓的信仰，說明他是瑜珈教僧人。

許多巫師也會穢跡咒。「建炎初，車駕駐蹕楊州。中原士大夫避地南來，多不暇挈家。淄川薑廷言到行在參選，以母夫人與弟孚言已離鄉在道，久不得家書，日夕憂惱，邦人盛稱女巫聖七娘者行穢跡法通靈，能預知未來事，乃造其家，焚香默禱。才入門，見巫蓋盛年

建陽縣小廟中的穢跡金剛

---

[51]蕭登福：《道教與密宗》，臺北，新文豐出版社，1993 年，第 4 頁。
[52]洪邁：《夷堅志》，《夷堅丙志》卷一二，僧法恩，第 470 頁。

女子，已跣足立於通紅火磚之上，首戴熱鏊，神將方降，即云：『迪功郎，監潭中南嶽廟』。姜跪問母與弟消息，『更十日當知，又三日可相見』。姜聞語敬拜，積憂稍釋。恰旬日，果得書。又三日，家人皆至。姜悲喜交集，厚致錢往謝。一切弗受，唯留香燭幡花而已。姜後為工部侍郎，每為客道此。」[53]

　　以上這位能使用穢跡金剛法的女巫，盛裝行法，說明她只是民間的人物，並沒有出家，但她卻能使用瑜珈法的法術，這說明瑜珈法在宋代已經流入民間的巫師中。

　　其二，使用靈童與「胡跳漢舞」。白玉蟾批評瑜珈教的巫師「胡跳漢舞」，大喊大叫，這使我們知道了「跳舞」這一詞的起源，它原來是巫師在行法時的表演。它還使我們知道：「跳」與「舞」各有不同的起源，舞是中土的傳統，而「跳」來自於胡人——也就是唐宋時代的外國人。既然是由瑜珈教的巫師來「跳舞」，使他們掌握跳舞這一技巧的人，顯然就是密宗的祖師爺——金剛智等人。在現代的巫師中，「跳神」是一重要的儀式，看來，這一儀式原出於瑜珈教，是從印度傳入中國。

　　使用靈童跳神在宋代的瑜珈教中就很流行：

「漳泉間人，好持穢跡金剛法治病禳禬，神降則憑童子以言。紹興二十二年，僧若沖住泉之西山廣福院，中夜有僧求見，沖訝其非時。僧曰：『某貧甚，衣缽才有銀數兩，為人盜去。適請一道者行法，神曰：『須長老來乃言』。幸和尚暫往』。沖與偕造其室，乃一村童按劍立椅上，見沖即揖曰：『和尚且座，深夜不合相屈。』沖曰：『不知尊神降臨，失於焚香，敢問欲見若沖何也』。曰：『吾天之貴神，以寺中失物，須主人證明，此甚易知，但恐興爭訟，違吾本心。若果不告官，當為尋索』。沖再三謝曰：『謹奉戒』。神曰：『吾作法矣』。即仗劍出，或躍或行，忽投身入大井，良久躍出，徑趨寺門外牛糞積邊，周匝跳擲，以劍三築之，躄然僕地。逾時，童醒。問之，莫知。乃發糞下，見一磚杲兀不平，舉之，

[53]洪邁：《夷堅志》，《夷堅支景》卷五，聖七娘，第 919 頁。

銀在其下，蓋竊者所匿云。」[54]

　　以上故事中的施法者是一村童，但是，他應用穢跡金剛法幫人找到失物，這說明他是瑜珈教中的人物。我們注意到：他在行法時，「周匝跳擲」，這應當就是白玉蟾所說的「胡跳」。這一故事表明：中國農村常見的童乩，實際上是瑜珈教從印度傳來。這類例子還可見以下故事：

> 「福州有巫，能持穢跡咒行法，為人治祟蠱甚驗，俗呼為『大悲』。里民家處女，忽懷孕，父母詰其故，初不知所以然，召巫考治之。才至，即有小兒盤辟入門，舞躍良久，徑投舍前池中。此兒乃比鄰富家子也，迫暮，不復出。別一兒又如是。兩家之父相聚詬擊巫，欲執以送官。巫曰：『少緩我，容我盡術，汝子自出矣，無傷也』。觀者踵至，四繞池邊以待。移時，聞若千萬人聲起于池，眾皆辟易。兩兒自水中出，一以繩縛大鯉，一從後棰之。拽登岸，鯉已死。兩兒揚揚如平常，略無所知覺。巫命纍瓶罌於女腹上，舉杖悉碎之。已而暴下，孕即失去，乃驗為祟云。」[55]

　　以上這一故事中的巫師屬於瑜珈法派，其證明有三：其一，持穢跡金剛法；其二，使用靈童來驅鬼；其三，神童行法時「舞躍良久」，顯然，他是在「胡跳漢舞」，這些特點與白玉蟾所說的瑜珈法相同。使用孩童來傳遞神的旨意，在宋代十分流行，再見以下故事：

> 「呂椿年幼子年三歲，以紹熙癸丑夏得痰疾，父母憂之，醫禱備至。或言有吳法師者，符水極精，宜使治之，乃巫往邀請。複以百錢雇鄽市一小兒，令附語。吳訶責詰問，敕神將縛其手。即徐徐高舉手為受系之狀，繼令縛兩足，亦然。叱之曰：『汝是某鬼乎？』俛首曰『是』。凡所扣數條，皆咕囁應喏。」[56]

　　這使我們想到：印度與中國的巫師，都用小孩作為靈童傳遞神靈的資訊，看來，這一法術也是從印度傳到中國的。明白了這一點，我們就

---

[54] 洪邁：《夷堅志》，《夷堅甲志》卷一九，穢跡金剛，第171頁。

[55] 洪邁：《夷堅志》，《夷堅丙志》卷六，福州大悲巫，第417頁。

[56] 洪邁：《夷堅志》，《夷堅支景》卷四，吳法師，第908頁。

可對印度密教之所以流行於中國有的新認識，這是因為：密教之中確實有許多中國原來沒有的「巫術」，尤其是跳神與靈童傳信兩大巫術，它最能引起旁觀者的興趣，瑜珈教將這些中國沒有的巫術傳到東土，這就難怪密教在唐宋時期流行一時了。

3、法主公與福建的瑜珈教

在閩台有很多信仰者的法主公，又稱張聖者，原名張自觀，或稱張慈觀，他是宋代福建永福縣人。有關張聖者的原始資料記載：

> 「福州張聖者，本水西雙峰下居民。入山采薪，逢兩人對奕於磐石上。與之生筍使食，張不能盡，遂謝去。即日棄家賣卜，未嘗呵錢布卦，而人禍福死生，隨口輒應，自稱曰張鋤柄。紹興中，張魏公鎮閩，母莫夫人多以度牒付東禪寺，使擇其徒披剃。長老夢黑龍蟠踞寺外，旦而視之，張也。問之曰：『欲為僧乎？』曰：固所願。於是，落髮而立名圓覺。嘗以雙拳納口中，每笑時，幾至於耳。素不識字，而時時賦詩。見交遊間過舉，必盡言諷勸。郡士林東，有才無行，嘗批張頭曰：『圓覺頭生角』。張應聲曰：『林東不過冬』。及期，東以罪編隸。後行游建安，放達忤轉運副使馬子約純，馬擒赴獄。桎梏棰掠，而肌膚無所傷。竟用造妖惑眾，劾於朝，流梅州。久之，復歸鄉。己卯之冬，或問：『新歲狀元為誰？曰：在梁十兄家。皆莫能曉。既乃溫陵梁丞相魁天下，十兄者，克字也。」[57]

以上故事說明張聖者原為南宋前期永福縣的一個賣鋤柄的農民，後來遇到仙人，因而成為「半仙」，其後方出家為僧人，這種半僧半道、亦僧亦道的形象，是當時瑜珈教僧徒的真實表現。

張聖者與瑜珈教的關係還可見永福流傳的《張聖君履歷咒》：「少年悟道白雲寺，十歲原來會能仁。盤谷龜峰初脫俗，師拜龍樹大醫王。傳授五雷天心法，諸般文法盡皆通。蒙師賜得七星劍，手持寶劍斬邪魔。」

---

[57]洪邁：《夷堅志》，《夷堅支丁》卷十，張聖者，北京，中華書局 1981 年，第 1052 頁。

[58]由此可知，張聖者少年時崇拜龍樹大醫王，而龍樹大醫王本為瑜珈教中的神明，宋代的道教大師白玉蟾在談到瑜珈教時指出：「然其教中有龍樹醫王以佐之焉。」[59]這說明龍樹大醫王確實是瑜珈教派的神靈。

從以上故事中我們還知道：瑜珈派中有傳自龍樹大醫王的「五雷天心法」，而張聖者習「五雷天心法」，並將之傳授于學生。由於張聖者「法力無邊」，他生前在民間有許多人信仰，死後更成為瑜珈教崇拜的神明之一，南宋福州張聖者的信仰十分盛行。從洪邁《夷堅志》有關任道元的故事中知道：當時在福州已經有張聖者之廟。

「任道元者，福州人，故太常少卿文薦之長之也。少年慕道，從師歐陽文彬受練度，行天心法，甚著效驗。乾道之季，永福何氏子以病投壇，未至。任與其妻侄梁緄宿齋舍，緄亦好法，夜夢神將來告曰：『如有求報應者，可書香字與之，令其速還家』。緄覺，即以語任。任起，明燭書之，封押畢複寢。翌早何至，乃授之。何還家十八日而死，蓋香字為十八日也。其後少卿下世，任受官出仕，於奉真香火之敬，浸以疏懈。每旦過神堂，但於外瞻禮，使小童入炷香。家人數勸之，不聽。淳熙十三年上元之夕，北城居民相率建黃籙大醮于張君者庵內，請任為高功。行道之際，觀者雲集。兩女子丫角髻駢立，頗有容色。任顧之曰：『小娘子穩便，裡面看』。兩女拱謝。復諦觀之曰：『提起爾襴裙』。襴裙者，閩俗指言抹胸；提起者，謔媟語也。其一曰：『法師做醮，如何卻說這般話』？逾時而去。任與語如初，又為女所譙責。及醮罷，便覺左耳後癢且痛，命僕視之，一瘡如粟粒，而中痛不可忍。次日歸，情緒不樂。越數日，謂緄曰：『吾得夢極惡，已密書於紙，俟偕商日宣法師來考照』。商至日：『是非我所能辨，須聖童至乃可決』。少頃，門外得一村童，才至即跳升梁間，作神語曰：『任道元，諸神保護汝許久，而乃不謹香火，貪淫兼行，罪在不赦』。任深悼前非，磕頭謝罪。又曰：『汝十五夜所說大段好』！任百拜乞命，願改過自新。神曰：『如今複何所言，吾亦不欠汝一個

---

[58]永泰縣方壺岩管理委員會：《方壺山》，1999年自刊本，第136頁。
[59]白玉蟾：《海瓊白真人語錄》卷一，《道藏》第33冊，第114頁。

奉事，當以為受法弟子之戒』。」[60]

　　按，此文中的張君者即為張聖者，任道元被人請去為張君者庵做法事，說明他是張君者的信徒，他所行的「天心法」，應當就是傳自龍樹大醫王的「五雷天心法」。然而，任道元出宦之後，對張聖者的崇拜降格，許多儀禮未能到位。有一次，他在張君者廟做法事的同時，居然調戲婦女，結果受到張君者的懲罰。在這個故事中，我們還看到，當時福州有許多法師出自張君者門下，例如歐陽文彬、商日暄、梁緄等人。福州很多地方都有張聖君的廟宇。[61]宋元以後，福州對張聖者的信仰逐漸向南傳播，在德化、永春、安溪諸縣，張聖者的信徒很多。清代，安溪、德化、永春諸縣人又將對張聖者的信仰傳播到臺灣，並稱之為「法主公」。臺灣的許多廟宇都有張聖者之像，他一手執劍，一手執蛇，法像威嚴，臺灣民眾認為：法主公是驅邪鎮妖的重要神明，這與福建是類似的。

　　法主公與閭山派的關係很深。現代的閭山派被視為道教的一個流派，在福建與臺灣有很大影響。閭山派的首腦人物陳靖姑為法主公之徒。《海遊記》一書說：陳靖姑的師傅是閭山九郎之妻——張大夫人。可見，所謂閭山九郎本姓張，他即是在福州流傳很廣的法主公張自觀。

　　在福州的民間傳說中，閩江流經福州的這一段河流被稱為台江，台江在釣龍台之下有一個很深的潭，潭之底下即為「閭山大法院」，閭山大法院千年一開，陳靖姑恰逢其

福州的閭山大法院

[60]洪邁：《夷堅志》，《夷堅支戊》卷五，任道元，第 1089-1090 頁。
[61]按，福州的上杭街一帶，至今還有署名為「閭山大法院」的張聖者廟宇。

時，投入大法院學法，成為具有法術的大法師。福州的下杭路一帶，至今還保留著一座「閭山大法院」，其中供奉法主公張聖者。

今人以為閭山大法院是道教，其實不對。宋代道教建築多被稱為宮觀，而佛教建築被稱為寺院，所以，當時的「院」，多為佛教建築。閭山傳播瑜珈大法，所以被稱為「閭山大法院」。

以上論證了瑜珈教與閭山教的關係，由於其中涉及讀者不熟悉的《海遊記》等書，還有必要專題研究。

四、瑜珈教與閭山派

以上論證佛教密宗催生了瑜珈教，由於瑜珈教中有許多巫師加入，而這些巫師在宋以後逐步形成地方性的巫教，這一巫教又稱閭山教，閭山派在福建省的影響極大。

1、瑜珈教與閭山派的起源

閭山派在臺灣長期被視為道教的一個流派，但是，自從白玉蟾演說閭山派的文字被發現後，學者們才知道：閭山派其實是宋代巫師的一個派別，由於巫師自稱法師，所以，閭山派又被稱為巫法。白玉蟾是這樣說的：

> 巫者之法，始于娑坦王，傳之盤古王，再傳于阿修羅王，複傳於維陀始王、長沙王、頭陀王、閭山（山在閩州）九郎、蒙山七郎、横山十郎、趙侯三郎、張趙二郎。此後不知其幾。昔者巫人之法，有曰盤古法者，又有曰靈山法者，複有閭山法者，其實一巫法也。[62]

可見，閭山派是宋代巫法的一大流派，對這一點，海外漢學權威們也有認識。如果說孤證不能成立，那麼，近年《海遊記》一書的發現，更坐實了這一看法。海北遊人無根子所著《海遊記》一書，原署「建邑

---

[62] 白玉蟾：《海瓊白真人語錄》卷一，《道藏》第 33 冊，第 113-114 頁。

書林忠正堂刊」，熟悉明代版刻史的學者都知道：這是典型的建陽書坊刻本小說。本書早已散佚，上世紀九十年代，臺灣成功大學的胡紅波副教授從書商處購得清代乾隆年間再版的《新刻全像顯法降蛇海遊記傳》刊本。

《海遊記》是一部以閭山派領袖——陳靖姑為主人公的一部小說，本書敘述陳靖姑出生、學法與除妖的全過程，很顯然，它是一部閭山派巫師的「紀實小說」。給道教學者衝擊最大的是：《海遊記》將閭山派與儒、佛、道三教並列，自稱為巫教。《海遊記》一書云：

> 自天地開闢之後，人民安業，以儒、釋、道、巫四教傳於天下。儒出自孔聖人，居人間以孝悌忠信行教，釋出自世尊，居西境以持齋行教；道出老子，居鐘南以修煉行教；巫出自九郎，居閭山以法行教。[63]

可見，在《海遊記》這部書的作者那裡，巫教是與儒佛道三教相頡頏的一種宗教！至此，我們可以確認閭山派巫法不屬於道教或其他宗教，在歷史上，閭山教巫法至少曾經是自成系統的宗教。它被稱為道教應是清以後的事情。

然而，《海遊記》一書又顯示，閭山教巫法與佛教的關係很深，該書對陳靖姑的誕生是這樣說的：觀音菩薩在路過南海時，「見閭山法門久沉不現，欲思揚開其教」，所以，她將一根白髮化為白蟒一條，去人間作亂，而後又將指甲化為陳靖姑下凡投胎，開始學法斬蛇的歷程，由於這一過程，閭山派巫教得以再興。[64]這一說法也見於明代的《三教源流搜神大全》，該書關於「大奶夫人」的誕生是這樣說的：「時觀音菩薩赴會歸南海，忽見福州惡氣沖天，乃剪一指甲化作金光一道直透陳長者葛氏投胎」，可見，按該書的說法，閭山教主神陳大奶原為觀音的一片指甲。[65]

---

[63]海北遊人無根子：《新刻全像顯法降蛇海遊記傳》，建邑書林忠正堂原刊，清乾隆重刊本，第1頁。胡紅波藏本。

[64]海北遊人無根子：《新刻全像顯法降蛇海遊記傳》，第1頁。

[65]佚名：《三教源流搜神大全》卷四，大奶夫人，上海古籍社1990年影印葉德輝重刊本，第183

　　觀音在瑜珈教中被稱為香山大聖，她是山林妖精的剋星，能夠降伏一切危害人類的妖魔鬼怪。觀音派陳靖姑下凡，正是其本職功能。觀音與陳靖姑的關係，說明陳靖姑神系原出於瑜珈教。

　　明代的《三教源流搜神大全》直接將閩中女巫陳大奶夫人（靖姑）與瑜珈教的法師陳二相聯繫在一起，陳二相：「曾授異人口術瑜珈大教正法，神通三界，上動天將，下驅陰兵，威力無邊」。[66]陳二相又名陳法通，在《三教源流搜神大全》一書裡，陳二相為陳靖姑之兄。《海遊記》一書也有類似的故事：「卻說羅源縣下渡村陳諫議，已有妻葛氏夫人，生一子名法通。義男名海清，一女名靖姑。法通朝拜雪山法天聖者為師，一日，辭母帶海清從各處救人疾苦，母許之。」[67]《海遊記》云：陳海清是法天聖者劉聖者的學徒，陳海清及義兄陳法通在古田臨水村與蛇精鬥法，陳海清將「文書燒去，請得王、龔、劉三祖師——蘭天聖者、飛天聖者、法天聖者到壇。」[68]關於三大聖者的姓，各書記載都有些不同，有的記為王、龔、劉，有的記為楊、龔、劉，而《三教源流搜神大全》則作「張、蕭、劉、連」四大聖者」。[69]迄今為止，臺灣、澎湖的閭山派法師在做法時，都要請張、蕭、劉、連」四大聖者出場，下為澎湖「小法」操營儀式中所唱的「點軍咒」：

　　　吾是東營九夷軍，領軍馬九千九萬人，
　　　今日操營都吉慶，請蕭公聖者領軍進前來；
　　　吾是南營八蠻軍，領軍馬八千八萬人，
　　　今日操營永萬福，請劉公聖者領軍進前來；
　　　吾是西營西戎軍，領軍馬六千六萬人，
　　　今日操營永無災，請連公聖者領軍進前來；
　　　（吾是北營北狄軍，領軍馬五千五萬人，

　　頁。
[66]佚名：《三教源流搜神大全》卷四，大奶夫人，第183頁。
[67]白玉蟾：《海瓊白真人語錄》卷一，萬曆《道藏》第33冊，第114頁。
[68]海北遊人無根子：《新刻全像顯法降蛇海遊記傳》，第1頁。
[69]佚名：《三教源流搜神大全》卷四，大奶夫人，第183頁。

今日操營永無難，請張公聖者領軍進前來）。[70]

澎湖點軍咒證明：「張、蕭、劉、連」四大聖者是屬於閭山教的，但是，據《三教源流搜神大全》一書，四大聖者又是屬於瑜珈教的，這就間接證明：閭山教源出於瑜珈教。

佛教稱其神明為菩薩、佛祖，道教稱其神明為仙人；儒教稱其神明為神；只有瑜珈教將神明稱之為「聖者」。正如宋代道教大師白玉蟾所說，瑜珈教中有：香山、雪山二大聖，豬頭、象鼻二大聖，雄威、華光二大聖等神明，[71]所謂「大聖」，即是「大聖者」的簡稱，前文王、龔、劉三祖師又稱為蘭天聖者、飛天聖者、法天聖者，若要誇張其功能，三聖者就可簡稱為「三大聖者」，張、蕭、劉、連四大聖者也可簡稱為「四大聖者」，將其簡化，就出現：「三大聖」、「四大聖」、「大聖」之類的稱呼。

2、北方傳來的閭山派巫法

以上證明了瑜珈教與閭山派巫法的關係，但是，關於閭山派巫法的起源，還有很多疑問。這一在閩台民間影響很大的閭山究竟在什麼地方？福州民間傳說閭山是在福州台江之江底，這是神話，不是歷史。而白玉蟾說「閭山」這座山「在閭州」，而閭州為東北遼寧省的一座名山，該地的宗教可能影響福建嗎？過去，人們認為這是不可能的，所以，我曾解釋閭山為江西的廬山。受我的影響，也有些學者說陳靖姑傳說中的閭山是廬山。

但是，從瑜珈教法師的師承關係來看，他們的祖師確實與北方有很大關係。在閭山派的傳說中，四大聖者佔據十分重要的地位。這四大聖者中的三位，被稱為三佛祖師，或稱三濟祖師。

「三佛祖師者，一劉氏，交趾人，一楊氏，南華人，其一為西域

---

[70] 黃有興、甘村吉編撰：《澎湖民間祭典儀式與應用文書》，澎湖文化局 2002 年，第 93 頁。括弧中為該書遺漏者。

[71] 白玉蟾：《海瓊白真人語錄》卷一，《道藏》第 33 冊，第 114 頁。

> 突利屬長民，本無姓，以母契丹氏適龔，遂為龔姓。龔生而好道，
> 早歲辭親出家，至儋州昌化縣地藏菩薩道場，隨眾聽法。至定水
> 與劉、楊遇，相見如故。因同詣雪峰義存，求證上道。義存為剪
> 髮作頭陀，命法名曰：龔志道、劉志達、楊志遠，遂各受偈辭去。
> 溯舟至郡境，楊適楊源，龔適道峰，而劉居七臺山之獅子岩，後
> 皆化去。紹興八年，郡旱禱雨，立應，敕封真濟、神濟、慈濟三
> 公。淳佑間，加封圓照顯佑大師。」[72]

　　細讀這一段文字，不難發現三佛祖師與北方巫教有相當關係，首
先：龔志道原名為「突利屬長民」，突利為鮮卑族姓氏，而鮮卑人在唐
代曾經活躍於漠北。其次，「突利屬長民」之母為契丹人；其三，「突利
屬長民」漫遊中國，曾到過海南島，不過，他與劉、楊二人相會於「定
水」，據《漢書》，定水在上郡，其旁有定陽城，是為塞外名城之一。[73]顯
見，這三人與北方的關係很深。此外，劉志達為閭山僧人，可在《遼史》
中找到記載：「戊午，以安車召醫巫閭山僧志達」；「丙子，召醫巫閭山
僧志達設壇於內殿。」[74]可見，僧志達實為閭山的一個巫醫，遼道宗還
曾召其到宮殿治病。以後來到福建的劉志達，應當就是《遼史》上的僧
志達。不過，《邵武府志》認為劉志達等三人到福州雪峰寺拜見雪峰義
存，義存為其剃度為頭陀，則有些疑問。因為：義存為唐末五代時期的
人，而志達則是北宋中期遼道宗時代的人物，志達不可能見到義存，而
且，義存是唐代有名的佛教高僧，他的手下，皆為禪宗高僧，他若為僧
人剃度並給他們取名，應當沒有俗姓，也就是說，不可能給他們取「龔
志道、劉志達、楊志遠」之類的名字，龔、劉、楊三人不會是正統佛教
出身，而應為密教人物，是佛教中的一個流派，但其行跡類似於巫覡，
所以，禪宗高僧罕與其來往。

　　那麼，北方的龔、劉、楊三人來福建傳播巫教，有這可能嗎？我認
為：這是可能的。在中國古代，佛教人物的行蹤最不可定。蓋因佛教在

[72]李正芳等：咸豐《邵武縣誌》卷一四，福建邵武地方誌編纂委員會1986年，第437頁。
[73]班固：《漢書》卷二八，地理志下，第1617頁。
[74]脫脫等：《遼史》卷二六，道宗紀六，北京，中華書局1977年標點本，第310、314頁。

天下盛行，到處都有他們的廟宇，僧尼不論行至何地，吃住都不成問題。因此，佛教人物往往走遍天下。北方的巫教僧人，利用自己為和尚的特點，來南方傳播巫教，從而造就了閩中閭山派的巫法系統。從當時福建的文化環境來看，傳統的越方巫術受到朝廷的禁止，但佛道二教受到官府的推崇，閭山派巫法與佛教與道教都有很深的關係，而且，早期的閭山派人物，如前述邵武的三佛祖師，自身皆為佛教人物，所以，由他們來施行巫法，官府不會查禁，因此，閭山派巫法傳入閩中後，馬上引起傳統越方巫覡的興趣，他們紛紛自托於閭山派的門下，造成閭山派在福建獨盛的局面，福建的巫覡最終都匯於閭山派這面大旗之下。而閭山派巫法最終從佛教中獨立出來，成為一種自成體系的宗教。它有自己的聖地──閭山，也有自己的教祖──龔志道、劉志達、楊志遠三位祖師，巫教的成員，自稱為法師，他們替民眾驅鬼捉怪，以此謀生。

五、宋代媽祖信仰與閭山派巫法的關係

　　媽祖信仰的本質是什麼？是佛教？還是道教？抑或是其他宗教？國際學術界對此有相當激烈的爭論。不過，由於《海遊記》一書的發現，使我們敢於確認古代福建還有一個巫教，而這一巫教的產生，與佛教都有一些關係，可見，將早期媽祖信仰納入巫教，才是最可靠的。

1、媽祖信仰與佛教有深厚的關係

　　媽祖的神性中明顯有佛教的痕跡，元代的黃四如將媽祖比較其他諸神：「他所謂神者，以死生禍福驚動人，唯妃生人、福人，未嘗以死與禍恐之。故人人事妃，愛敬如母，中心向之。然後於廟饗之」。[75]細品這段話，表明媽祖崇拜的出現，是中國傳統神格演化歷史上的一個重要階段，在媽祖之前，中國的神明「以死生禍福驚動人」，對於普通的信仰者，這些神靈是「以死與禍恐之」；至於媽祖，則展示了完全不同於傳

---

[75]黃淵：《黃四如集》卷二，聖墩順濟祖廟新建蕃釐殿記，第29頁。

統神明的風格，她像人類的母親，將自己的愛無條件地給予子女，卻不求回報。因此，媽祖的出現，是中國神明崇拜史上的一個重要轉折。

中國傳統神明崇拜與自然崇拜有相當關係。炎黃時代最早出現的神明信仰應是「天帝」崇拜。天，原是自然的天，而後，中國人又將其人格化，想像他是一位嚴肅的老人，掌控著天下的一切。人類是他的子孫，所以，統治人間的「王」，號稱「天子」。對天帝的崇拜反映了中國人父權社會的事實，在這一時代的信仰崇拜中，天帝是父權的象徵，對天帝的崇拜，是由父系宗族決定的。只有天子才有權祭祀天帝，天子是統治階層的嫡子。各國的統治者多為天子的父系親屬，他們有權祭祀境內的山川神和自己的祖先。以上是夏、商、周三代時期中國的祭祀傳統。

自春秋、戰國開始，隨著傳統宗法制度的潰敗，民間信仰興起。這些信仰往往被稱為「淫祀」，它的特點是由民眾自己創造，由民眾自己祭祀，不再受官府的限制。

不過，民眾所創造的神靈，大都起源於他們對自然界的畏懼，因此，他們所創造的神靈，在儒者看來荒誕不經，確實是「淫祀」。以晉代閩中的「李寄斬蛇」故事來說，這一故事反映了漢晉閩人崇拜「蛇神」的習俗。

> 「東域閩中有庸嶺，高數十里，其西北隙中有大蛇長七八丈，大十餘圍，土俗常懼。東冶都尉及屬城長吏，多有死者。祭以牛羊，故不得福。或與人夢，或下諭巫祝，欲得啖童女年十二三者，都尉令長並共患之。然氣屬不息，共請求人家生婢子兼有罪家女養之，至八月朝祭，送蛇穴口，蛇出吞嚙之。累年如此。已用九女。爾時預複募索，未得其女。將樂縣李誕家有六女，無男。其小女名寄，應募欲行。父母不聽。寄曰父母：『無阻，惟生六女，無有一男，雖有如無。女無緹縈濟父母之功，既不能供養，徒費衣食。生無所益，不如早死。賣寄之身，可得少錢，以供父母，豈不善耶？』父母慈憐，終不聽去。寄自潛行，不可禁止。寄乃告請好劍及咋蛇犬。至八月朝，便詣廟中坐，懷劍將犬，先將數石米糍用蜜抄灌之，以置穴口。蛇便出，頭大如囷，目如二尺鏡，

聞糍香氣，先啖食之。寄便放犬，犬就齧咋，寄從後斫得數創，瘡痛急，蛇因踊出，至庭而死。寄入視穴，得其九女髑髏，舉出，吒言曰：『汝曹怯弱，為蛇所食，甚可哀湣。』於是寄女緩步而歸。越王聞之，聘寄女為后，拜其父為將樂令，母及姊皆有賞賜，自是東冶無復妖邪之物，其歌謠至今存焉。」[76]

　　以上這一故事反映了漢晉時期閩中有一蛇神廟，祭拜一條巨大的活蛇，人們認為：這條大蛇會施放瘟疫，會控制氣候，它若不高興，會給人們帶來水旱之災。對於這些有超自然力量的蛇神，人們只有祭拜它、討好它。當時中國民間的「神」，就是這樣一類東西。由於這一原因，漢晉時期的儒者每每反對民間的淫祀。《風俗通義》的作者指責南方的淫祀：「會稽俗多淫祀，好卜筮，民一以牛祭。巫祝賦斂受謝，民畏其口，懼被祟，不敢拒逆。是以財盡於鬼神，產匱於祭祀。或貧家不能以時祀，至竟言不敢食牛肉，或發病且死，先為牛鳴，其畏懼如此。」[77]一些官員以在民間破除迷信為己任。《後漢書》記載第五倫在越地做官：「倫到官，移書屬縣，曉告百姓。其巫祝有依託鬼神詐怖愚民，皆案論之」。[78]

　　佛教傳入之前，中國信仰的世界就是如此。其一是反映了嚴屬的父權制社會，神靈多威嚴的男性；其二，民間所祀山精鬼怪，多是一些兇悍的惡神，老百姓要想盡辦法討好之。在儒者看來，這些神靈令人生厭。

　　佛教帶來了嶄新概念的西方神明。他們不僅是正義的象徵，而且還是慈愛的體現。換句話說，佛教的神明不僅有父系社會的權威，而且有母系社會的慈愛，事實上，佛教的神明更多地體現母親對子女無限的愛，他們無求於信仰者，來者不拒，不求代價，全力保佑民眾。於是，他們感動了中國的百姓，從而不可制約地在全國傳播開來。無數的寺院在全國各地興建，崇拜佛教神明成為中國人生活的一部分。

　　佛教傳入中國南方社會，也促進了當地神明的重塑。媽祖是南方民

[76]干寶：《搜神記》卷一九，上海古籍出版社，1991年，第462頁。
[77]應劭：《風俗通義》卷九，怪神，長沙，嶽麓書社1996年，第227頁。
[78]范曄：《後漢書》卷四一，第五倫傳，北京，中華書局1965年，第1397頁。

眾創造的一個新的神明，她的神性明顯不同于傳統的精靈鬼怪，而更接近於佛教神明的性格。因此，在媽祖身上體現出來大慈大悲的性格，從而受到民眾無限的敬愛，這正是媽祖屬於佛教的證明。

媽祖身上之所以體現出佛教的特點，是因為她所屬的巫教原來屬於佛教密宗的瑜珈教。

3、媽祖崇拜與觀音信仰的關係

觀音是佛教最有代表性的神明。觀音崇拜傳入中國的歷史悠久，從東晉到南朝，中國民間已經有《觀世音應驗記》三種問世。[79]但在唐以前，觀音的形象或男或女，並未定型。事實上，觀音作為男士形象出現會更多些，所以，觀音又被稱為：「觀音大士」。「大士」，這是對壯年男性的稱呼。而當今所見唐宋時代的觀音像，多有兩撇漂亮的小鬍子，這都是觀音形象屬於男性的證明。迄至宋元以後，觀音逐漸以女神的形象出現，明清各廟塑造的觀音形象，無不以女士的形象出現。自從觀音作為女士的形象確定以後，觀音在中國女性中引起了一個崇拜狂潮，她以親民性成為女性首選的神明。而女性的選擇，必然傳給她們的子女，這樣，不論是男性還是女性，都將觀音當作自己的保護神，觀音成為中國民間最普及的神明。

媽祖崇拜與觀音崇拜有極為密切的關係。早期的媽祖信仰將媽祖附會為觀音菩薩的化身。元代的黃淵說：「妃族林氏，湄洲故家有祠，即姑射神人之處子也。泉南、楚越、淮浙、川峽、海島，在在奉嘗；即普陀大士之千億化身也。」[80]丘人龍的《天妃降誕本傳》媽祖降誕時，其母「王氏夢大士告之曰：『爾家世敦善行，上帝式佑』。乃出丸藥示之云：『服此當得慈濟之貺』。」[81]吳還初的《天妃娘媽傳》的第二回寫道：天妃原為天上的神女，她在下凡之前，觀音「口念經咒，足步法文」，將

---

[79]董志翹：《觀世音應驗記三種譯注》，南京，江蘇古籍出版社2002年。

[80]黃淵：《黃四如集》卷二，聖墩順濟祖廟新建蕃釐殿記，第28頁。

[81]丘人龍：《天妃誕降本傳》，蔣維錟：《媽祖文獻資料》，福建人民出版社1990年，第157-158頁。

法力傳授于神女，天妃才有了降妖伏怪的神通。[82]即使是在道教的經典《道藏》中，媽祖與觀音的關係仍然得到承認。《太上老君說天妃救苦靈驗經》云：「浦沱勝境，興化湄洲，靈應威德，非常孝感，神通廣大，救厄而平波息浪，扶危而起死回生。大慈大悲、救苦救難，勅封護國庇民明著妙靈昭應弘仁普濟天妃。」[83]文中所謂「浦沱勝境」，應是指觀音所在的南海普陀山，元明以前，普陀山常被寫作「浦陀」、「補沱」等字形。其次，「大慈大悲」四字在元明時代，已經成為觀音信仰的專用形容詞，所以，道教的《太上老君說天妃救苦靈驗經》仍然保持了天妃是觀音化身的痕跡。在明代的《天妃顯聖錄》一書中，媽祖的誕生與其父母拜觀音有關。「孚子惟愨諱願，為都巡官，即妃父也。娶王氏，生男一，名洪毅，女六，妃其第六乳也。二人陰行善，樂施濟，敬祀觀音大士。父年四旬餘，每念一子單弱，朝夕焚香祝天，願得哲胤為宗支慶。歲己未（周世宗顯德六年、959 年）夏六月望日，齋戒慶賛大士，當空禱拜曰：『某夫婦兢兢自持，修德好施，非敢有妄求，惟冀上天鑒茲至誠，早錫佳兒，以光宗祧』！是夜王氏夢大士告之曰：『爾家世敦善行，上帝式佑』。乃出丸藥示之云：『服此當得慈濟之貺』。既寤，歆歆然如有所感，遂娠。二人私喜曰：『天必錫我賢嗣矣』！越次年，宋太祖建隆元年庚申（960 年），三月二十三日方夕，見一道紅光從西北射室中，晶輝奪目，異香氤氳不散。俄而王氏腹震，即誕妃於寢室。里鄰咸以為異。」[84]可見，在民間傳說中，天妃是觀音賜給林氏家族的。

　　比較觀音與媽祖的神性，可以說非常接近。觀音像是百姓的母親，總是將母愛賜給所有信奉她的人；媽祖也是民眾意念中的母親，她高居於冥冥之中，保佑他們的安全；其次，觀音是女神，會保佑婦女們生活中的小問題，媽祖也曾是莆田的孕嗣之神，會保佑女性的懷孕、生產、

---

[82] 吳還初：《天妃娘媽傳》，瀋陽，春風文藝出版社 1994 年刊中國古代珍稀本小說第 8 冊，第 26 頁。

[83] 佚名：《太上老君說天妃救苦靈驗經》，萬曆《道藏》，文物出版社、上海書店、天津古籍社 1988 年，第 11 冊，第 408 頁。

[84] 照乘等：《天妃顯聖錄》，第 17 頁。

育嬰等生活問題；再次，觀音居於南海的普陀山，[85]一向是這一帶漁民的航海保護神，媽祖更是將觀音的這一神性發揚光大，成為專職的航海保護神。可見說，媽祖是觀音的化身。

在早期的媽祖廟中，大都有專門的觀音殿，並有僧人祭祀。由於這一原因，著名的媽祖廟，大都與佛教寺院有關。例如，宋慶元二年（1196年），「泉州浯埔海潮庵僧覺全，夢神命作宮」。[86]宋代鎮江靈惠妃廟，也是由僧人看守。[87]從《勅封天后志》所附的古圖來看，清代福建莆田湄洲媽祖廟的附近，有一座觀音堂，[88]還有一座福慧寺。當時湄洲媽祖廟的管理者實為僧人，所以，許多人在涉及湄洲廟時，都提到僧人。例如，林蘭友說：「予一日登湄山，揖僧而進之曰：『天妃之異跡彰彰如是，曷不彙集成帙，以傳於世』？僧曰『唯唯』。」[89]清乾隆四十三年（1778年），林清標在為《勅封天后志》作序時說：「昔湄洲僧承吾宗大宗伯公手授《顯聖錄》一編。」[90]這都說明湄洲天后宮的管理者是僧人。

福建閩江邊上的怡山院同時也是一座天后宮，明清以來，凡到琉球賜封的官員，都要到怡山院拜天妃（天后），所以，這也是一座極為重要的天后宮。康熙五十八年（1719年），海寶與徐葆光從琉球歸來，「奉御祭文，至怡山院致祭」。[91]

澳門的西文名字為 MACAO，眾多學者認為，這是澳門媽閣廟的譯名，因而可以說，澳門是世界上唯一以媽祖之名命名的城市。澳門的媽祖香火一向很盛，在嶺南享有盛名。澳門的三大媽祖廟，都附有觀音殿。

---

[85] 古代南海的範圍與現代不一樣，由於唐以前中國人主要分佈在中原區域，所以，他們將長江口以南的區域都稱為南海。普陀山在今浙江省的舟山群島附近。

[86] 黃任等：乾隆《泉州府志》卷十六，壇廟，天妃宮，第 382 頁。

[87] 佚名：至順《鎮江志》卷八，祠廟志，第 11 頁。

[88] 林清標：《勅封天后志》，乾隆刊本，轉引自林慶昌：《媽祖真跡——兼注釋古籍勅封天后志》，第 380 頁。

[89] 林蘭友序，照乘等：《天后顯聖錄》，湄洲媽祖祖廟董事會、湄洲媽祖文化研究中心編印清雍正三年三山會館刊本，第 4 頁。

[90] 林清標：《勅封天后志》，乾隆刊本，林慶昌：《媽祖真跡——兼注釋古籍勅封天后志》，第 17 頁。

[91] 林清標：《勅封天后志》，乾隆刊本，林慶昌：《媽祖真跡——兼注釋古籍勅封天后志》，第 114 頁。

媽祖閣實際上是建在正覺禪寺中。

　　臺灣是當代媽祖香火最盛的地方，以我所見，臺灣的媽祖廟都有一個觀音殿。例如，台南市的大天后宮，主殿之傍即為一座寺院，觀音殿是這座寺院的主要建築之一。鹿耳門天后宮，也有一座「觀音佛祖」像。

　　實際上，僧人為媽祖香火的傳播立下大功。著名的北港朝天宮之所以在臺灣有巨大影響，是因為朝天宮的香火直接來自湄洲，清康熙三十三年（1694 年），湄洲僧人樹壁自朝天閣奉請媽祖神像來到北港，與居民共建草庵奉祀媽祖，以後形成了北港朝天宮。[92]

　　由此可見，媽祖香火與佛教的關係極深。那麼，為什麼媽祖信仰會與佛教建立密切的關係？我認為，其原因是媽祖信仰原從佛教的瑜珈派中誕生。觀音實為瑜珈教最重要的神明，因此，佛教瑜珈派的發展，導至媽祖信仰的出現。

3、從聖墩順濟廟看媽祖信仰與閭山派巫法

　　宋代記載湄洲廟的史料不多，但許多文士都記載過聖墩順濟廟，這是第一座受朝廷封賜的媽祖廟，體現了早期媽祖信仰的一些特點。廖鵬飛說：「郡城東，寧海之傍，山川環秀，為一方勝景，而聖墩祠在焉。墩上之神，有尊而嚴者曰王，有晢而少者曰郎，不知始自何代，獨為女神人壯者尤靈，世傳通天神女也。」[93]由此可知，聖墩媽祖廟除了祭祀通天神女外，還祭祀了一些「王」與「郎」的神像，這類「王」、「郎」是什麼神？按，將神明稱之為某郎，這是很少見的。唐宋時期，年輕男子的稱呼是「郎」與「秀」，大多數的人名為某某郎，某某秀，李白的詩中，有不少是贈送某某郎的詩名。宋代市井罵人「不郎不秀」，是不成器之意。至於某個神靈被稱之為某郎，表明該神一定是唐宋時期出現的，這也是其屬於民間的一個特點。將神稱之為某郎的宗教並不多，《海遊記》一書說閭山派的開山始祖是閭山九郎。而閭山派的神明世界中，

---

[92]高賢治：《臺灣宗教》，臺北，眾文圖書公司 1995 年，第 296 頁。
[93]廖鵬飛：《聖墩祖廟重建順濟廟記》。

還有不少被稱之王的神明。宋代的道教思想家白玉蟾曾經與其學生討論閭山派巫法源流，他說：「巫者之法，始于娑坦王，傳之盤古王，再傳於阿修羅王，複傳於維陀始王、長沙王、頭陀王、閭山（山在閩州）九郎、蒙山七郎、橫山十郎、趙侯三郎、張趙二郎。此後不知其幾。昔者巫人之法，有曰盤古法者，又有曰靈山法者，複有閭山法者，其實一巫法也。」[94]可見，宋代閭山派巫法祭拜的神靈中有 6 個「王」，也有 6 個「郎」，王與郎並祀，是閭山派巫法最大的特徵。從這一視野去看早期聖墩廟所祀之神，「墩上之神，有尊而嚴者曰王，有皙而少者曰郎，不知始自何代？」過去，大多數學者都覺得這些祀神不可解，但看了白玉蟾所說的閭山派巫法特徵，就可知道：將王與郎合在一起祭祀，只能是閭山派巫教！於是，這使我們知道，宋代的通天神女崇拜最早屬於閭山派巫法。

不過，廖鵬飛的文章也使我們知道，李富建成新廟之後，廟內神明的位置發生了變化，有人質疑：「舊尊聖墩者居中，皙而少者居左，神女則西偏也。新廟或遷於正殿中，右得左之，左者右之，牲體乞靈於祠下者，寧不少疑？」可見，新廟建成後，湄洲神女被放到了中間，其他神靈被放到了側面，所以，有些老人提出質疑。但廖鵬飛認為：「李侯之作是廟，不惟答神庥，亦以正序位云。」[95]在廖鵬飛看來，湄洲神女是國家正祀之女神，而其他所謂「郎」與「王」，都是一些野神，所以，湄洲神女應擺在中間。實際上，以後的媽祖廟根本沒有「郎」與「王」的位置，湄洲神女崇拜漸與閭山派脫離關係，成為國家正祀神明。

那麼，既然早期媽祖信仰是從閭山派巫法脫胎而來，為何這一血緣關係逐漸淡化，媽祖最後被視為國家正祀的神明？這是因為：莆田的通天神女信仰最早只是屬於民眾的信仰，但自宣和五年受封之後，她已成為朝廷的正祀。宋朝對正祀與「淫祀」的區分很嚴，「淫祀」應當受到打擊，正祀可以受到官府的祭祀。毫無疑問，閭山派祭祀的諸王與諸郎，在朝廷看來都是淫祀。若神女信仰不能洗清自己與閭山派諸神的關係，

[94]白玉蟾：《海瓊白真人語錄》卷一，《道藏》第 33 冊，第 113-114 頁。
[95]廖鵬飛：《聖墩祖廟重建順濟廟記》，鄭振滿、丁荷生：《福建宗教碑銘彙編》，第 17 頁。

對其維持正神的地位相當不利。事實上，媽祖雖然在宋代已經受封，但還有儒者將其視為淫祀，例如，漳州儒者陳淳說：「今帳禦僭越，既不度廟貌叢雜，又不肅，而又恣群小為此等妖妄諜瀆之舉，是雖號曰正祠，亦不免均於淫祀而已耳。非所祭而祭之，曰淫祀，淫祀無福，神其聰明正直，必不冒而享之。況其他所謂聖妃者，莆鬼也，於此邦乎何關」？[96]陳淳明指「聖妃」為「莆鬼」——莆田之鬼，這肯定是在說媽祖的前身——通天神女靈惠妃！然而，另一個不可否認的事實是：媽祖信仰在民間越來越受到許多人的崇拜，甚至連莆仙籍的高級官員，也有許多人崇拜聖妃的香火，仕至吏部考工員外郎的黃公度為聖妃寫了《題順濟廟》一詩；值密閣學士陳宓為白湖的順濟廟寫了上樑文；給事中丁伯桂寫了《順濟聖妃廟記》，士大夫對聖妃信仰的加入，迫切要求聖妃信仰的雅化，以脫離民間淫祀的隊伍。這種文化背景，正是宋代聖妃信仰逐步脫離閭山派巫法的原因。事實上，早在南宋紹興二十年廖鵬飛為聖墩順濟廟寫廟記時，就評論過鄉人祭祀神女為主，而忽略其他諸神的情況：「或曰：『舊尊聖墩者居中，晳而少者居左，神女則西偏也。新廟或遷於正殿中，右者左之，左者右之，牧醴乞靈於祠下者，寧不少疑』？」可見，時當南宋之初，聖墩人新修廟宇時，已經將所謂的「王」與「郎」諸神挪至傍殿，而將神女祀于中殿。這一改變引起了原來祭祀者的疑惑，但身為特奏名進士的廖鵬飛指出：「神女生於湄洲，至顯靈跡，實自此墩始，其後賜額，載諸祀典，亦自此墩始，安於正殿宜矣。昔泰伯廟在蘇台西，延陵季子像設東面，識者以為乖禮，遂命改之。鵬飛謂李侯之作是廟，不惟答神庥，亦以正序位云。於是，樂書其事，繼以《迎》、《送》二章使鄉人歌而祀之」。[97]可見，承信郎李富於紹興二十年重修聖墩廟時，便是有意將神女像塑于正殿，而將其他諸神移於旁邊。迄至後世，媽祖廟中更不見所謂「王」與「郎」諸神的蹤影了。

　　與媽祖信仰相比，臨水夫人陳靖姑一直是閩浙的地方信仰，她受到朝廷的封賜較少，主要是民眾崇拜。因此，臨水夫人信仰儘管在閩浙一

---

[96]陳淳：《北溪大全集》卷四三，上趙寺丞論淫祀，文淵閣四庫全書本，第14-16頁。
[97]廖鵬飛：《聖墩祖廟重建順濟廟記》，鄭振滿、丁荷生：《福建宗教碑銘彙編》，第16頁。

帶具有廣泛的影響，但她仍然保持屬於閭山派的身份。

　　總之，福建是一個巫覡文化有悠久傳統的區域，宋朝對巫覡的打擊，使以佛教、道教為背景的閭山派巫法在福建大為流行，從而兼併其他巫法，成為影響最大的巫教。媽祖信仰的前身——莆田通天神女信仰原屬於閭山派巫法，不過，當神女信仰被納入官府祭祀的正神系統之後，她在當地的民眾心裡的地位不斷上升，超越了同廟祭祀的其他閭山派諸神，於是，在當地士大夫階層的操作下，神女上升為夫人，再上升為聖妃，最後成為天妃、天后，完全成為國家祭祀的標準神明。但媽祖信仰與佛教的關係一直存在，明清時期，福建、廣東、臺灣、廣西的許多媽祖廟宇都由僧人掌管，媽祖為觀音化身的傳說流傳不衰，這都反映了佛教對媽祖信仰的長久影響。

論元代湄洲廟與媽祖信仰

宋代莆田有三大媽祖廟，即湄洲廟、聖墩廟、白湖廟。從文人的記載來看，當時的聖墩廟與白湖廟似比湄洲廟更為重要，宋代媽祖得到朝廷的封號，多來自聖墩廟與白湖廟。湄洲廟所得封號較少。但到了元代，湄洲廟的影響壓倒其他兩座廟宇，當之無愧地成為元代媽祖信仰中心。以下圍繞湄洲廟探討元代莆田媽祖信仰的發展。

一、蒲師文與天妃封號的降賜

元世祖至元十五年（1278 年），朝廷封「泉州神女」為天妃，這是媽祖信仰發展史上的一件大事。但是，學術界關於元代天妃之封，一直有爭議，要回答這些爭議，必須探討元代制度等多方面的問題。

宋朝給湄洲神女的最高封號是「妃」，民間稱之為：「聖妃」，而元朝給湄洲神女的封號是「天妃」。聖妃之號可以授給藩王的夫人，而天妃的封號其意為：「老天爺的夫人」，要比藩王夫人至少高上一個等級。其次，「妃」之號雖然高貴，但還是屬於人間的封號，而「天妃」之號，則是人間所不敢享用的，專屬於神靈世界。因此，天妃之號的授予，是媽祖崇拜發展史上的一個重要階段。不過，關於元代冊封天妃始於何時，各種史料的記載不一。《元史》記載，元世祖至元十五年，「制封泉州神女號護國明著靈惠協正善慶顯濟天妃。」[1]但明代湄洲天妃宮照乘和尚所編的《天妃顯聖錄》中，記錄了元世祖封天妃的制誥，其時間卻是至元十八年，其文曰：

「元世祖至元十八年，封『護國明著天妃』詔：制曰：惟昔有國，祀為大事。自有虞望秩而下，海嶽之祀，日致崇極。朕恭承天休，奄有四海，粵若稽古，咸秩無文。惟爾有神，保護海道，舟師漕運，恃神為命，威靈赫濯，應驗昭彰。自混一以來，未遑封爵，有司奏請，禮亦宜之。今遣正奉大夫宣慰使左副都元帥兼福建道市舶提舉蒲師文冊爾為

---

[1] 宋濂等：《元史》卷 10 世祖七。

『護國明著天妃』。於戲！捍患禦災，功載祀典，輔相之功甚大，追崇之禮宜優，爾其服茲新命，以孚佑我黎民，陰相我國家，則神之享祀有榮，永世無極矣。」[2]

　　以上兩條史料的矛盾不僅表現在時間方面，而且封號也有顯著的不同。《天妃顯聖錄》所載的封號就是四個字：「護國明著」，而《元史》所載封號除了「護國明著」四個字外，還有「靈惠協正善慶顯濟」八個字，一共 12 個字；一般地說：新朝廷給予的封號都是從少到多，元朝為何在剛剛統治福建之初，就給了天妃 12 個字的封號，這明顯不合理。其次，「靈惠協正善慶顯濟」這八個字實際上是宋代給予聖妃的封號，元朝重複宋代的封號也顯得不合理。而且，在元代後期的史料中，凡提到天妃封號的，都未再重複這八個字。因此，李獻璋先生認為：以上來自《元史》及《天妃顯聖錄》的兩條史料中，《顯聖錄》所載元世祖的制誥是可靠的，也就是說：元朝最早封賜天妃的時間應是至元十八年，而不是《元史》所記載的至元十五年。李獻璋說：《顯聖錄》所載制誥中，有一句「自混一以來，未遑封爵」，若這一制誥產生於至元十五年，其時宋朝還未滅亡，不能說元朝已經統一，所以，《元史》十五年的記載可能是將其他史料弄混了。[3]

　　不過，元史專家陳高華卻有不同意見：「《元史》中本紀部分的記事，均以各朝實錄為據寫成，似難輕易否定。而且至元十四年元朝政府便在泉州、慶元等處設市舶司，至元十五年八月又詔福建行中書省官員通過『蕃舶』向『諸蕃國』傳達：『誠能來朝，朕將寵禮之。其往來互市，各從所欲。』在這種形勢下，加封天妃是完全可能的。也許可以認為，至元十五年確有加封之事，但是臨時性的，至元十八年起，則正式加封。」[4]

　　我認為：陳高華先生的分析是有道理的，在傳統正史的編纂過程

2　照乘等：《天妃顯聖錄》，第 3 頁。
3　李獻璋：《媽祖信仰研究》，第 104-105 頁。
4　陳高華：《元代的天妃崇拜》，澳門海事博物館、澳門文化研究會：《澳門媽祖論文集》，1998 年自刊本，第 28 頁。

中，本紀部分最受重視，而且都有歷朝實錄為據，所以，本紀的記事最為可靠。不過，要說清楚此事，還得從蒲壽庚家族說起。

蒲壽庚是外籍人士。宋末泉州市舶司管理不善，其原因是官吏貪污，便有人提議：不如乾脆起用外籍人士管理市舶司。在這一背景下，蒲壽庚得到重用。他掌管市舶司多年。但在宋代末年，他卻據泉州叛降元朝。元代有人說：「昔者泉州蒲壽庚以城降，壽庚素主市舶，謂宜重其事權，使為我扞海寇、誘諸蠻臣服。因解所佩金虎符佩壽庚矣。」[5]可見，蒲壽庚在元朝極受寵信。元世祖重用蒲壽庚，其目的之一是讓他招撫海外諸邦前來進貢，所以，至元十五年，元世祖「詔行中書省索多、蒲壽庚等曰：諸蕃國列居東南島砦者，皆有慕義之心，可因蕃舶諸人宣佈朕意，誠能來朝，朕將寵禮之。其往來互市，各從所欲。詔諭軍前及行省以下官吏撫治。」[6]為了讓蒲壽庚等人賣力，元世祖還給他們升官，「叅知政事索多、蒲壽庚並為中書左丞」。在這一背景下，蒲壽庚之子蒲師文被派到海外去招撫諸邦，《島夷志略》記載：

> 「世祖皇帝既平宋氏，始命正奉大夫工部尚書海外諸蕃宣慰使蒲師文，與其副孫勝夫、尤永賢等通道外國撫宣諸夷。獨爪哇負固不服，遂命平章高興、史弼等帥舟師以討定之。自時厥後，唐人之商販者，外蕃率待以命使臣之禮。」[7]

從以上文字來看，蒲師文遠赴海外，應走了很多地方，所以才會得出「獨爪哇負固不服」的結論。由此來看，至元十五年蒲師文出使，實際上是一次不亞於鄭和的遠航，他至少有幾條大船組成的船隊，擁有眾多的水手與火長。若他想確保航行的順利，一定要拜湄洲神女，在這一背景下，他向朝廷要求封賜湄洲神女為天妃，這就是很自然的了。不過，由於臨行匆匆，許多事情未能考慮周到，所以，元朝給天妃的封號不很恰當，「制封泉州神女號護國明著靈惠協正善慶顯濟天妃」，除了「護國

5　《元史》卷一五六，董文炳傳，

6　《元史》卷十，世祖紀七。

7　汪大淵：《島夷志略》，吳鑒序。遼寧教育出版社，1996 年，第 70 頁。

明著」四字是新的外,「靈惠協正善慶顯濟」八個字,都是宋朝舊有的。
在宋元鼎革之際,新朝代總要表示自己與舊朝代不一樣,革除一切宋朝
的痕跡,被許多元朝大臣當作一件大事。在這一背景下,沿用宋朝的封
號很不恰當。因此,待蒲師文回到泉州後,再到湄洲廟進香,就要考慮
封號問題,將原有的封號刪減幾字,只留下元朝新增的「護國明著」之
號,這都是應當做的。

　　據《島夷志略》,至元十五年,蒲師文出使時的官職是:「正奉大夫
工部尚書海外諸蕃宣慰使」,至元十八年,他給湄洲廟進香時,其官職
為:「正奉大夫宣慰使左副都元帥兼福建道市舶提舉」,可見,蒲師文回
來後升了官。他以新的職稱去湄洲廟進香,並宣佈詔書,說明其對天妃
封號的刪減,都是得到朝廷同意的。

　　綜上所述,我認為《元史》記載至元十五年的封號及《天妃顯聖錄》
記載至元十八年的封號都是真實存在的。至元十五年元朝給予天妃封
號,其原因在於朝廷派蒲師文出使海外,招攬海外諸國進貢。而蒲師文
率領一支大船隊,船隊有許多水手,這些水手都是湄洲神女的信仰者,
所以,蒲師文為了安撫眾人,就向朝廷要求封賜宋代的水手保護神——
湄洲神女。在這一背景下,元朝廷賜給湄洲神女新的爵位——「天妃」,
以示與宋朝的不同。有了爵位,還要有相配的封號,因此有了「護國明
著靈惠協正善慶顯濟」這 12 個字封號。但在元朝替代宋朝之初,一班
在新朝福建省做官的南人對宋朝感情未斷,因故,在他們起草的封號
中,竟然沿用了宋代已有的八個字。由於元朝使用的漢官多為北方人,
他們對南方事物並不熟悉,所以,他們也通過了來自福建行省的申奏。
但到了蒲師文回國的至元十八年,元朝的官員對宋朝的情況已經很熟悉
了,他們感到沿用宋朝封號的不妥,因而重新修訂封號,將與宋代封號
重複的部分刪去,只留下「護國明著」四個字。

二、「泉州神女」封號的由來

　　關於天妃在元代的稱呼,我們注意到:「湄洲神女」在元代初期被

稱為「泉州神女」。湄洲在宋代隸屬於興化軍莆田縣，元代興化軍改名為興化路，雖說莆田在宋以前長期隸屬於泉州，但自宋元以來，二地各有州郡設置，宋代泉州與興化軍是並列的州郡級機構，元代的泉州路與興化路也是並列的。將「湄洲神女」改名為「泉州神女」，似乎找不到理由。也有人認為：天妃誕生的宋太祖建隆元年，莆田尚歸泉州管轄，「媽祖青少年時代生活在泉州的轄區之內，說媽祖為泉州人亦不為過」[8]，所以，元朝直接稱其為「泉州神女」。

　　以上分析雖然不無理由，但是，媽祖的誕辰究竟是哪一年，其實學術界並沒有明確的結論。想來元朝朝廷的官員也弄不清「湄洲神女」的誕辰為哪一年？所以，元朝官員不可能知道媽祖的年輕時代莆田隸屬於泉州，因此，元朝稱「湄洲神女」為「泉州神女」，應當另有理由。

　　我認為：「泉州神女」之號與元初泉州建省有關。元朝於至元十四年（1277 年）控制福建，隨即設立福建、廣東道提刑按察司，這是一個具有省級地位的機構。至元十五年，福建升格為省，「詔蒙古岱、索多、蒲壽庚行中書省事于福州，鎮撫瀕海諸郡」。[9]這是元代福建省的由來。值得注意的是：蒲壽庚在其中佔有重要位置。然而，其時由於朝廷特別重視泉州，泉州數度建省。《元史》記載泉州路：「至元十四年立行宣慰司，兼行征南元帥府事。十五年改宣慰司為行中書省，升泉州路總管府，十八年遷行省于福州路。十九年複還泉州。」[10]從以上記載來看，在元代統治福建之初，泉州設立了省級機構，與福建省並立，不過，泉州省的設立並不穩定。據《元史》的記載，泉州省建立後，時廢時立，多次被福建省取代。經過多次廢置與重建之後，元朝最終廢除了泉州省。不過，在至元十五年至十八年期間，泉州省是存在的。現在不明白元代泉州省與福建省是如何分治的，看來其時莆田隸屬於泉州省，所以，「湄洲神女」被稱為「泉州神女」。

　　泉州省的設立與蒲氏家族很有關係。在泉州省之內，蒲壽庚家族以

<hr />

[8]　許在全主編：《媽祖研究》，廈門大學出版社 1999 年，第 4 頁。

[9]　畢阮等：《續資治通鑒》卷 183，第 1029 頁。

[10]宋濂等：《元史》卷 62 地理志，第 1505 頁。

豪富聞名，蒲氏女婿回教徒佛蓮，「其家富甚，凡發海舶八十艘」。他死了後，僅留下的珍珠即有一百三十石[11]；而蒲壽庚與蒲師文父子，相繼在福建省與泉州省擔任高官，集政治權力與經濟實力於一身，「泉人避其熏炎者十餘年」。[12]元朝的統治民族蒙古人數量較少，一向利用色目人統治漢人與南人，蒲氏家族是元朝統治泉州的一大支柱，朝廷並想通過蒲氏家族在海外的關係統治海外諸國，在這一背景下，元朝多次同意在泉州建省。不過，自從元軍從泉州發兵攻打占城國與爪哇國失利，泉州地位下降，蒲氏家族風光不再，泉州建省也就沒有必要了。不管怎麼說，蒲氏家族對天妃信仰的發展還是起了相當的作用。由於他們的存在，在歷史上出現了泉州省的建置，「湄洲神女」因而得名「泉州神女」；其次，蒲師文的上奏，應是神女受封為天妃的重要原因。

不過，若將天妃之號的由來放到更為廣闊的歷史背景去看，元朝海運業的發展，才是天妃受重視的根本原因。據《元史》的記載，元朝有專門管轄海運的機構，其名為：「行泉府司」，該司「所統海船萬五千艘」，「自泉州至杭州立海站十五，站置船五艘、水軍二百，專運番夷貢物及商販奇貨」。[13]當時的水手、舵工及海上旅人都信奉天妃，這才是天妃信仰在元代發展的根本原因。所以，至元十八年封賜天妃的制誥說：「惟爾有神，保護海道，舟師漕運，恃神為命。」在這種文化背景下，天妃信仰註定要大發展的。

三、元代朝廷使者祭祀湄洲天妃

元代實行漕運制度，每年都要從江南運載二百多萬石糧食到大都（北京）。海上運輸事故很多，因此，每次漕運糧食抵達天津港，朝廷都要派人南下祭祀天妃廟。然而，從大都到福建路途遙遠，當時受命南下祭神的使者往往因故不到福建，只是祭祀江南的媽祖廟之後，便返回

---

[11] 周密：《癸辛雜識》續集，卷下，文淵閣四庫全書本，第 29-30 頁。
[12] 何喬遠：《閩書》卷 152 蓄德志，第 4496 頁。
[13] 宋濂等：《元史》卷十五，世祖紀，第 320 頁。

大都。不過，也有一些認真的官員不畏車馬勞頓，一直到福建境內，遍祭南北主要媽祖廟後返回。例如，元仁宗天曆二年（1329 年），宋本任祭天妃的使臣。宋本號誠甫，元代著名文學家虞集有一首《送宋誠甫太監祀天妃》的詩：

> 「使者受節大明殿，候神海上非求仙。廟前水生客戾止，帷中靈語風泠然。
>
> 麗牲有石載文字，沈璧用繂求淵泉。賈生何可久不見，海若率職君子還。」[14]

該詩中到的宋誠甫，即為元代著名儒者宋本，他在朝廷做官有清望，元仁宗天曆二年（1329 年）任祭天妃的使臣。後人記載：

> 「命公攝禮部事，閱月真授禮部侍郎中議大夫。不旬日天子剙置藝文監，拜太監兼檢校書籍事。東海饋運舟至，選三品清望官祀海神天妃南方。命公函香幣偕翰林直學士布延實哩往使。嘗歲多憚遠涉，往往中途歸，公遍歷閩浙往返半歲。」[15]

這段史料表明：當時有些使者畏懼長途跋涉，對皇帝的差使應付了事，往往半途而歸。估計他們只是到了江浙與漕運有關的主要廟宇祭神，不會到福建的廟宇。所以，福建方面記載元使者抵達湄洲廟的事例不多。然而，宋本卻不負眾望，在祭祀江浙的有關廟宇後，還長途跋涉，抵達福建湄洲廟祭神，並奉上皇帝給予的「靈慈」廟號。莆田人洪希文的文集內，還存有為此事所寫的短文：

> 星臨寶冊，放宸極之絲綸，春盎瓊卮，長仙宮之日月。耄倪交慶，海岳易文休。臣某等誠歡誠抃，頓首頓首。恭惟宣封護國庇民廣濟福慧明著天妃，維國忠貞，為民怙恃。先驅融若，作渺海之慈航。後列英皇，奏鈞天之廣樂。群生鼓舞，百祀光輝。臣某等俯効葵傾，仰訓樾庇。霞裾雲佩，肅帝子之觀瞻；壽水壺山，効封人之頌禱。臣某等下情不任激切屏營之至。謹奉箋稱賀以聞。臣

---

[14]虞集：《道園學古錄》卷三，送宋誠甫太監祀天妃。
[15]宋褧：《燕石集》卷十五，故集賢直學士大中大夫經筵官兼國子祭酒宋公（本）行狀。

某等誠惶誠恐頓首頓首謹言。[16]

可見，朝廷的使者親臨湄洲廟，使當地民眾欣喜不已。可惜使者親身到湄洲廟的事例並非常見。

宋本之弟宋褧也曾被選為代朝廷祭祀天妃的使者，他對自己的祭祀歷程的記載較為詳細，分析這些材料，可以知道元代使者出祭的一般情況。

宋褧在文章中寫到：「至順四年（1333 年）七月廿四日，皇帝在上都御大洪禧殿，丞相臣奏：海道都漕運萬戶府，歲以舟若干艘轉輸東南民租三百萬石有奇，由海不旬日達京師者幾數十年，颶風不作，斥冥頑不靈之物以避，皆護國庇民廣濟福惠明著天妃之力。國有恆典，歲遣使致祭報神。今中書省斷事官臣綽和爾乘遽以聞，伏請進止。上可其奏。顧問左右，神居何方，或以東南對。上持香致敬其方，授臣床兀兒偕翰林修撰臣褧奉命代祀。乃八月十七日啟行，九月八日昧爽率漕運臣薩迪密實等行禮竣事，僚佐請遵故常，石刻祝辭及與祭諸臣姓名祠下，屬筆臣褧。」[17]

據其所寫，當時皇帝派出使者還是相當慎重的，還有專門的石刻祝祠獻給天妃，在宋褧的文集內載有到各地廟宇祭祀神明的祝文：

神靈孔昭，相我漕事。惟閩諸郡，列祠有年。蒞政之初，遣使代祀。式陳菲薦，庸答神休（延平、福州、泉州、漳州並同）。
神有大德，捍患禦災。相我漕舟，列祠惟舊。莆田為郡，靈跡所由。蒞政雲初，遣使代祀。式陳菲薦，庸答神休。（興化、湄洲島同，但易莆田為郡一句作湄洲之島）。[18]

以上史料說明宋褧到福建時，祭祀了延平（今南平）、福州、莆田、泉州、漳州等地的主要天妃廟。值得注意的是，使者在莆田只祭祀了城中的天妃廟與湄洲廟，聖墩廟不在他的視野中。

---

[16] 洪希文：《續軒渠集》卷十，聖墩宮天妃誕辰箋（加封靈慈廟額）。
[17] 宋褧：《燕石集》卷十二，平江天妃廟題名記。
[18] 宋褧：《燕石集》卷十一，天妃廟代祀祝文六道。

　　元末無名使者的祭祀歷程。在《天妃顯聖錄》一書中，載有天曆二年的多篇天妃廟祝文，其文涉及福建的如下：

> 辛丑祭延平廟，文曰：「劍之水兮潺湲，渺長溪兮汪洋。峙靈宮兮在上，鎮海嶽兮瑤壇，繽紛兮羽旄，絪縕兮天香。海不揚波兮安流，飄祥兮引舟，徹大惠兮罔極，濟我漕兮無憂。望白雲兮天際，乘彩鸞兮悠悠，獻瓊觴兮式歌且舞，作神主兮永鎮千秋」。
> 己巳祭閩宮，文曰：「朝廷歲遣使奉香靈慈之廟，以答明賜。今春逮夏，漕舟安流，悉達京師，其護國之功，庇民之德，莫盛於此。是用瞻禮閩宮，吉蠲薦羞，惟神昭格，佑我皇運，以宏天休」！
> 丁未祭莆田白湖廟，文曰：「天開皇元，以海為漕。降神于莆，實司運道。顯相王家，弘濟兆民。盛烈休光，終古不滅。特遣臣虔修祀事，承茲休命，永錫嘉祉，于萬斯年，百祿是宜」。
> 戊申祭湄洲廟，文曰：「惟乾坤英淑之氣鬱積扶輿，以篤生大聖，炳靈於湄洲，為天地廣覆載之恩，為國家弘治平之化。特命臣恭詣溟島，虔修歲祀。秩視海嶽，光揚今古。於戲休哉」！
> 癸丑祭泉州廟，文曰：「聖德秉坤極，閩南始發祥。飛升騰玉輦，變現藹天香。海外風濤靜，寰中麟鳳翔。民生資保錫，帝室藉劻勷。萬載歌清宴，昭格殊未央』。」[19]

　　天曆二年的祭祀官是宋本，但在有關宋本的史料中，另有祭祀之辭。查《中西曆法對照表》，可知《天妃顯聖錄》中的祭神文字並非天曆二年的。例如，《天妃顯聖錄》記載使者于「天曆二年八月己丑朔日祭直沽廟」，但該月朔日不是「己丑」；又如《天妃顯聖錄》記載使者于八月「十六日甲辰祭淮安廟」，但查曆法，天曆二年八月的十六日不是甲辰日。很顯然，這組祭文不是天曆二年的，而是其他年份另一作者的作品。不過，這些祝辭十分典雅，不是普通人所能寫出來的，因此它不可能是偽造的。考慮再三，我認為：《天妃顯聖錄》所載祝文不可能是假的，問題是《天妃顯聖錄》的編者搞錯了年代，將後人寫的祭天妃文移為天曆二年。

---

[19] 照乘等：《天妃顯聖錄》，第 6-7 頁。

　　以上祝辭也表明，這位使者在莆田只祭祀了城周的白湖廟與湄洲廟，未祭祀聖墩廟。

四、聖墩順濟廟與湄洲天妃廟的興衰

　　元代莆田聖墩順濟廟的地位逐步下降，而湄洲天妃廟成為天妃信仰的中心，二者興衰形成鮮明的對照。

　　聖墩順濟廟是媽祖的始封之地，在媽祖信仰發展史上具有重要地位。她在宋代一度十分顯赫，其理由如前所述，聖墩廟所在的寧海鎮，原為莆田縣的重要海口，莆田縣城中的商人從這一港口出發，到全國各地去貿易，他們來去都要到聖墩廟中進香還願，這是聖墩廟繁榮的重要原因。迄至元代初年，聖墩廟進行了重修，黃仲元[20]寫了一篇《聖墩順濟祖廟新建蕃厘殿記》介紹聖墩廟大修經過：「妃號累封，前此有年矣，宇宙趨新，真人啟運，祀秩百禮，命申一再，護國者功，庇民者德，明著則神之，誠不可掩也。盛矣哉！聖墩廟幾三百禩，歲月老，正殿陋。李君清叔承先志，敬神揄龜筮，卿士庶民協從，由寢及殿，易而新之。鳩工於大德己亥，祭落于癸卯臘月，五六年間始克就，難矣哉！」從「宇宙趨新，真人啟運」這句話可知，這段文字寫于元代初年。「難矣哉」三個字，說明當時建廟遇到了很多困難，後來，靠眾人的捐助，該廟終於完成，「殿之木焉須？妃陰隲民之精爽不貳者，曰山之西，有木巨甚，工師求之，果如神言，盡售其材以歸。殿之費焉出？四方之善信樂施也。殿之役誰助？教役屬功，則鄉之寓士耆宿；奔走疏附，則裡之千夫、百夫長也。雖人也，亦神使之也。始者乘槎而宴娭於斯。今茲指木而輪奐於斯。吁，亦異矣哉！」[21]該廟建造蕃厘殿，始於元成宗大德己亥年（大德三年，1299 年），落成於大德癸卯年（1303 年），前後五年，說明當時遇到了財政上的困難。宋代的莆田是一個富裕區域，擴建廟宇，捐獻

---

[20]《四庫全書總目》卷三七《四如講稿》介紹：「宋黃仲元撰。仲元字善甫，號四如，莆田人，鹹淳七年進士。授國子監簿，不赴。宋亡，更名淵，字天叟，號韻鄉老人，教授鄉里以終。」
[21]黃仲元：《四如集》卷 2，《聖墩順濟祖廟新建蕃厘殿記》，四庫全書本。

的人很多，為何元初的廟宇建設會那麼困難？這是因為，元代初年，莆田縣遭受了嚴重的戰亂破壞。

元軍進入閩中是在 1276 年，當時的元軍已經攻佔宋朝首都臨安，宋太后謝道清帶小皇帝投降。文天祥等人不甘宋朝的滅亡，在閩粵帶組織反元義軍。不過，元軍的優勢十分明顯，宋朝官員大都不戰而降，元軍不戰而得福州，兵鋒逼近莆田。這時，莆田人陳文龍在莆田組織反元義軍。陳文龍身為宋朝的參知政事，他是宋朝著名宰相陳俊卿的後裔，所以一呼百應，但在元軍壓力下，陳文龍很快失敗被俘。其後，陳文龍之侄陳瓚再次組織反元義軍，據城抵抗。元軍苦戰多日後才攻下莆田縣城，進城後對民眾大屠殺，高興部元軍在莆田斬首三萬餘級[22]，血流漂杵。莆田的許多士紳死於這場戰亂中。元軍為了補充自己的水師，在興化境內沿海掠獲海船七千餘艘[23]，這都使莆田遭受極大的破壞。尤其是莆田籍海商受到的打擊最大，他們的海船被元軍沒收，財產也被掠奪，在宋朝，莆籍海商是海運中的一股重要力量，但到了明清以後，莆田海商遠不如泉州、漳州，這與元初的動亂是有關的。

元代莆田海商的衰落，使聖墩廟失去了可靠的經費來源，這是元初整修聖墩順濟廟十分困難的原因。此外，聖墩位於木蘭溪的下游，自南宋時期木蘭陂建成之後，下游的稻田得到灌溉，畝產大大提高，在這裡圍海造田十分有利。因此，早在南宋時期，就有人在木蘭溪下游圍海造田，這使寧海鎮一帶的海岸線不斷地向海洋推進。宋元改朝換代，水利事業一度無人管理，更助長了圍海造田之風。迄今為止，木蘭溪下游的海岸線距鎮前已經有 8 公里之遠。隨著木蘭溪下游的淤塞，莆田出海船隻多改到涵江鎮的江口停泊，寧海鎮失去了大量的海商，這也促成了聖墩廟的衰落。

湄洲天妃祖廟卻在元代得到較快的發展。湄洲位於莆田東南的海波中，距莆田水陸道路有八十里，對莆田人來說，往來此地十分不便。但湄洲島的南部不遠處，就是著名的泉州城。泉州港在元代是著名的東方

---

[22]宋濂等：《元史》卷 129 唆都傳，第 3152 頁。
[23]《元史》卷 162 高興傳，第 3804 頁。

大港，從泉州港出發的船隻北上，一定要經過湄洲嶼海面。當時的帆船航行，雖然已經使用了指南針，但由於當時的指南針十分簡陋，只能指示大概方向，所以，帆船航行，主要靠山島導航，離大陸太遠，看不到陸上大山或是海中島嶼，就很容易迷航，所以，宋代的帆船航行，一定要靠岸行駛，這是泉州北上船隻一定要經過湄洲島的原因。另一個原因在於：船上蓄積的淡水很容易變質，尤其是在夏天，所以，最好的方式是兩三天加一次淡水，這也是帆船沿著山島航行的重要原因。湄洲島作為泉州船隻北上的一個中間站，這裡有深水港可以停泊，又有淡水可以汲取，所以，往來船隻多到湄洲停泊，這就促成了湄洲港的發展與湄洲天妃廟的興盛。湄洲島的天妃廟在元以後越來越興旺，與其地利條件是有關的。

五、元代聖墩廟與湄洲廟的祖廟之爭

元代莆田籍詩人洪希文有一首《題聖墩妃宮湄洲嶼》的詩，其詩曰：

我昔纜舟謁江幹，曾覲帝子瓊華顏。雲濤激射雷電洶，殿閣嵂兀魚龍間。

此洲仙島誰所構，面勢軒豁規層瀾。壺山峙秀倒影入，乾坤擺脫呈倪端。

粉牆丹桂輝掩映，華表聳突過飛鸞。湘君小水幻露骨，虞帝跡遠何由攀。

銀樓玉閣足官府，忠孝許入巫咸班。帝憐遐陬雜鯨鱷，柄授水府司人寰。

五雲殿邃嚴侍衛，仙衣法駕朝天闕。危檣出火海浪破，神鬼役使忘險艱。

靈旗毵毿廣樂振，長風萬里翔孔鸞。平洲遠嶼天所劃，古廟不獨誇黃灣。

至人何心戀桑梓，如水在地行曲盤。升階再拜薦脯藻，不以菲薄羞儒酸。

日談書史得少暇，石橋潛渡憑雕欄。詩成不覺肝膽醒，松檜翁蓊

鳴玦環。

騎鯨散髮出長嘯，追逐縹緲乘風還。[24]

　　這首詩的題目中提到了聖墩與湄洲嶼，那麼，洪希文是在詠湄洲嶼的天妃廟還是聖墩廟的天妃廟？我認為是湄洲嶼天妃廟。其理由如下：

　　其一，詩中有「此洲仙島誰所構」一句，既有「島」，又有「洲」，只有湄洲嶼符合條件；其二，聖墩廟建於海口，其地為木蘭溪下游平原，而湄洲島的天妃廟建於湄洲半山腰，地勢較高，詩中詠道：「雲濤激射雷電洶，殿閣硨兀魚龍間。此洲仙島誰所構，面勢軒豁規層瀾」，從地理形勢來看，詩人是在詠湄洲嶼的天妃廟；其三，湄洲嶼附近有黃幹島，而詩中詠及黃灣這一地名，其地應為湄洲與黃幹島之間的海域；其四，壺公山在莆田的東南部，湄洲嶼也在莆田東南部，從湄洲嶼望到壺公山，這是可能的。以上分析表明：洪希文這首詩是在詠湄洲嶼的天妃廟。

　　明白洪希文是在歌詠湄洲嶼天妃廟之後，就會覺得洪希文為該詩取的題目十分古怪，聖墩妃宮與湄洲嶼並不構成並列關係，而洪希文卻將聖墩妃宮與湄洲嶼連一起，這裡有語法問題。當然，多讀幾次，並不難理解洪希文的意思。若按標準的漢語語法，洪希文詩的題目應為：「題詠湄洲嶼的聖墩妃宮。」莆田是古代越語區域，越語區域民眾的方言，常將主語放在定語的前面。所以，《題聖墩妃宮湄洲嶼》實際上是《題湄洲嶼聖墩妃宮》，事實上，《佩文韻府》收入此詩，便將其改名為：《題湄洲嶼聖墩妃宮》。

　　不過，這一題名仍然會讓人產生誤會，聖墩妃宮與湄洲嶼天妃廟本是兩座廟，但光看這一題名，會以為聖墩廟在湄洲嶼。也許就是洪希文的影響，使後人屢犯這一錯誤。明代學者何喬遠說：「湄洲嶼，一名鯑江，在大海中，與琉球相望。順濟天妃廟在焉。……宋雍熙四年升化，在室三十年矣。時時憑祥浮槎，朱衣現光，遍夢湄洲墩父老。父老相率祠之，名墩曰聖墩。」[25]清代鄭王臣的《莆風清籟集》收入洪希文此詩，

---

[24]洪希文：《續軒渠集》卷三，題聖墩妃宮湄洲嶼。

[25]何喬遠：《閩書》卷二四，方域志，福建人民出版社1994年，第574頁。

也注明：聖墩在湄洲嶼。

近人蔣維錟提出，要麼是聖墩廟遷到了湄洲嶼？「聖墩順濟祖廟為何會變為湄洲順濟祖廟？即元初黃淵（仲元）作《聖墾順濟祖廟新建蕃釐殿記》時，其廟尚在寧海，而到洪希文題詩時，廟卻在湄洲。黃、洪皆莆田人，前後只隔 40 年左右，兩人記載應該說都是可靠的，但原因何在卻弄不清。這個問題還有待進一步探討，我的不成熟看法是：元天曆二年（1329 年）湄洲祖廟列為全國 18 座詔祭的天妃廟之一，而寧海聖墩廟畢竟只是合祀的神廟，故有可能官方決定據順濟祖廟的名號移于湄洲祖廟。但這僅是一種推測，尚乏證據。」[26]

不過，莊景輝、林祖良的《聖墩順濟祖廟考》一文批評了蔣氏的猜測，他們認為：聖墩順濟祖廟可能毀於元末的「亦思法杭之亂。」[27] 這就間接否定了聖墩廟在元代中葉遷至湄洲嶼的可能性。也就是說，元代聖墩廟與湄洲廟同時存在，本是兩座廟宇。

那麼，在洪希文的詩中為何會出現：《題聖墩妃宮湄洲嶼》這樣的說法？我認為：這裡涉及了順濟廟與湄洲廟的祖廟之爭，只有弄清楚這一點，才能明白洪希文為何有這種說法。

如前所述，聖墩順濟廟的建立，是媽祖信仰發展史的一件大事，在該廟建立前，湄洲神女的信仰雖然已經在湄洲嶼出現，但信眾只限於湄洲嶼附近之人。自從元祐年間寧海鎮順濟祖廟建立後，其主持人李振參加了路允迪出使高麗的遠航，才有了「順濟廟」名的賜予。湄洲神女信仰從此走向全國，成為國家祭祀的重要信仰。在這一背景下，聖墩湄洲神女廟自稱為「順濟祖廟」，從廖鵬飛的《聖墩祖廟重建順濟廟記》與黃仲元的《聖墾順濟祖廟新建蕃釐殿記》二文來看，這一稱呼也得到學者們的認可。事實上，宋代的湄洲雖為媽祖信仰發祥地，但「順濟」這一廟號來自聖墩，這也是無可爭議的，因此，聖墩廟自稱順濟祖廟，無

---

[26] 蔣維錟：《一篇最早發現的媽祖文獻資料的發現及其意義》，朱天順編：《媽祖研究論文集》，鷺江出版社 1989 年，第 32 頁。

[27] 莊景輝、林祖良：《聖墩順濟祖廟考》，《海內外學人論媽祖》，第 394 頁。亦思法杭為元末僑居泉州的波斯人所組成的一支軍隊，曾經多次在莆田境內作戰。

可厚非。

但到了元朝代宋之際，傳統的神明都要得到新朝的認可，而元朝的官員處心積慮要泯滅民眾心裡宋朝的印象，所以，元代祭祀的神明雖有來自宋朝的，但都受到重新包裝。湄洲神女在宋代號稱「聖妃」，元朝就將其升格為「天妃」，宋代聖妃的廟號為「順濟」，元朝則將其改名為「靈慈」，廟名的改革，使聖墩廟失去了順濟祖廟的地位，這對聖墩廟的打擊很大。與此同時，湄洲廟屢次得到朝廷的封賜，二廟的地位進一步分化，湄洲廟的影響越來越大，而聖墩廟式微不可逆轉。

對於外人而言，不論是湄洲廟還是聖墩廟，二者的文化價值都是一樣的，但對於聖墩附近的信眾來說，聖墩廟地位的下降是很難接受的。在他們看來，聖墩廟永遠是祖廟。從這一角度來看洪希文《題聖墩妃宮湄洲嶼》一詩，就不難理解洪希文為何有這種說法，因為，洪希文是寧海鎮人，鎮前的《洪氏族譜》收有他的名字。聖墩廟是他家鄉的廟宇，在他看來，湄洲嶼的天妃廟，其實是聖墩妃宮的支廟，所以，他題詠湄洲嶼的天妃廟，還要稱之為「題聖墩妃宮湄洲嶼」，其意為「詠湄洲嶼的聖墩妃宮」。洪希文還有一篇短文：「聖墩宮天妃誕辰箋」。總之，天下人都說天妃是湄洲天妃，只有洪希文等少數人卻說天妃是聖墩宮的。

洪希文的詩使我們看到元代聖墩與湄洲之間的祖廟之爭，但湄洲廟的發展與聖墩廟的衰落都是不可扭轉的，迄至明代前期，聖墩廟雖然還存在，但已經很少有人提及。主要是地理條件的變化。宋代莆商外出，多從寧海軍的港口出發，而元明之際，寧海軍港淤塞，莆商到海外貿易，多從涵江港出發。聖墩廟不可避免地冷落下來。所以，儘管明代前期的莆田方志還有記載聖墩廟，但聖墩廟的地位似不如以往。迄至倭寇侵擾福建的十年裡，莆田是重點受災區。鄉下的民眾無法定居，逃到莆田城中。倭寇在鄉下肆虐無忌，聖墩廟應在此時焚毀。其後，莆田城被倭寇攻克，民眾遭受大屠殺。迨至倭寇平定，寧海鎮已是莽荒一片，人事更改，聖墩廟未能再次復興。

元代泉州是東方第一大港，泉州商人因航路的關係，主要祭祀湄洲廟的天妃。元初在莆師文的主導下，湄洲廟成為元朝賜給天妃封號的廟

宇。從此，湄洲廟壓倒白湖廟與聖墩廟，成為莆田香火最好的媽祖廟。元代朝廷使者祭祀天妃，都以湄洲廟為祖廟。位於寧海鎮的聖墩媽祖廟，在南宋初年香火最盛。這是因為，當時的寧海鎮是莆田主要出海口，隨著當地海口的淤塞，莆商選擇其他港口出海。因此，聖墩廟受到冷落，日趨衰落。白湖廟因在莆田城的周邊，便於朝廷官員往來，所以，白湖廟仍是官府祭祀的重要廟宇之一，但其地位已經不能與湄洲廟相比。（本文為參加 2006 年莆田媽祖信仰國際討論會論文）

論明清以來儒者關於媽祖神性的定位

自孔子以來，儒家一直有反對「淫祀」的傳統，按其原則，媽祖信仰也是一種「淫祀」。但自明清以來，朝廷卻著力祭祀媽祖，並給予各種封號，將媽祖信仰抬到難以想像的高度。這種矛盾的現象引起儒者之間的爭議。最終儒家找到了理解媽祖信仰的切入點——孝悌，從而為全面接受媽祖信仰鋪平道路。儒學對媽祖信仰的滲透，對其在民國時期的命運產生了相當大的影響。

一、明代官員對天妃信仰的貶斥

儒學在中國傳播有兩千多年的歷史，漢武帝之時，在董仲舒的建議下，朝廷宣稱「獨尊儒學」，實際上，即使在漢朝，獨尊儒學從未做到。東漢以後，佛教傳入，道教興起，文化界形成三教並立的局面。在南宋以前，佛教、道教對民眾及統治者的影響，其實不亞於儒學。明朝建立之後，儒者漸漸掌握了朝廷大權，儒學影響到朝廷各方面的政策，官府的宗教政策不能不受影響。儒者的理想是恢復夏商周三代的理想社會，而夏商周三代的宗教是宗法性宗教的一統天下，其時沒有其他宗教，最多只有民間一些宗教的萌芽——民間信仰。在統治者看來，這些百姓自己創造的神靈只是一些「淫祀」，淫祀妨礙了官方信仰的威信，搞亂了民眾的思維，所以，一定要劃除淫祀，使國家信仰定於一尊，永不動搖。然而，歷史的變化出人所料，自從秦漢以來，不僅民間信仰有了很大的發展，而且，還出現了與儒家抗衡的二教——佛教與道教。在明朝以前，唐、宋、元三代的統治者都十分崇信佛道二教，在佛道二教的影響下，民間信仰有很大的發展，而且其中不少神靈得到朝廷的封賜，從而成為國家信仰。天妃就是其中的一個神靈。雖說其時儒者已經展開對神女信仰的批判，例如，漳州大儒陳淳就批判過聖妃崇拜：「況其他所謂聖妃者，莆鬼也，於此邦乎何關？」[1]但是，當時在野儒者的議論並不能大

---

[1] 陳淳：《北溪大全集》卷四三，上趙寺丞論淫祀，文淵閣四庫全書本，第14-16頁。

局。從宋朝到元朝，天妃從一個鄉村女巫上升為女神，從民間淫祀變為正規的國家信仰，而天妃的封號，從最初的神女逐步上升為夫人、聖妃、天妃，這都是正統儒者不願見到的，但儒者無力對此干預。事實上，明代前期雖然一度將元代的天妃撤銷，僅使用宋朝給湄洲神女的封號——聖妃，但在永樂時期，因海事的需要，朝廷不僅重新給予天妃的封號，而且多次派遣使者祭祀天妃。當時執政者也表示對天妃信仰的理解。楊士奇有一篇文章記敘陳瑄在淮安府的清河鎮修建天妃廟：

「踰淮而濟而汶，兩京之通道也。凡南方兩淮、兩廣、江東西、湖湘、淛閩、黔蜀，其方伯郡邑、百司、與夫海外番國蠻夷、君長之貢獻、朝覲，受事請命者，商賈之懋遷者，往還交錯，蚤暮不息。而事之重且大者，軍國所用租賦，悉出南方郡邑。永樂初，命平江伯陳瑄率舟師道海運北京，然道險，所致無幾，乃浚濟寧臨清之河以達北京，以便餉運。歲發數千艘，每春冰泮則首尾相銜而上，河陿且淺，一雨驟輒溢，雨止復竭，加有洪閘之艱，且險，舟稍不戒，非覆則膠。時平江公仍奉命督餉運，嘅然念曰：『凡大山長川皆有主宰之神，能事神則受福。往年吾董海運，凡海道神祠，吾過之必顒顒持敬如神之臨乎前也。間遇風濤及魚龍百怪，有作輒叩神佑，靡不回應。今茲祠祀未建非缺典歟？遂作祠於淮北之清江浦以祀天妃之神。蓋公素所持敬者，凡淮人及四方往來公私之人，有祈於祠下亦皆回應。守臣以聞，賜祠額曰靈祠宮，命有司歲用春秋祭。於是董餉運參將都指揮僉事湯公節請書麗牲之石，蓋世俗所傳神筆跡事遠不可質，惟神者，天之所命，天固以利物為心也，神斯無不在誠斯無不格誠。神孚而福澤降，自然之理也。既為書，作宮所自，又作迎享送神之辭，俾歌以將事。」[2]

　　楊士奇後任內閣大學士，是明代有名的賢相之一。他為陳瑄所建天妃廟寫記，反映了當時在籍官員對天妃的看法。其時運河新辟，事故較多。陳瑄在運河最險的河段建天妃廟，為漕運官軍祈福，楊士奇很能理

---

[2] [明]楊士奇：《東里續集》卷四十四，靈慈宮碑，文淵閣四庫全書本，第4-5頁。

解他們的心情。楊士奇不僅是一名官員，還是有名的大儒，在他主持之下，永樂年間，編印了《朱子大全集》，對明初理學的傳播貢獻極大。他的言論反映了儒者實用主義的立場。然而，迄至明代中葉，使者出使海外的差事少了，運河官軍的心聲不再被士大夫們重視，對天妃信仰的批判開始出現。

儒教的傳統是尊崇古代禮制，早期儒家堅持的一個原則是：祭祀神明是國家大事，老百姓不得隨意祭祀神明，因為，這會褻瀆神明。所以，在歷史上，儒教一直有批評民間信仰的傳統，並將民間信仰稱之為「淫祀」。而媽祖信仰則來自民間，在儒者看來，這也是一種淫祀，這是宋代儒者陳淳對聖妃信仰頗有異辭的原因。明代中葉的儒者也覺得朝廷祭祀天妃不可思議，於是，他們開始想方設法重新解釋天妃崇拜。陸深說：

> 「天妃宮，江淮間濱海多有之。其神為女子三人，俗傳神姓林氏。遂實以為靈素三女。太虛之中，惟天為大，地次之，故制字者謂一大為天，二小為示。故天稱皇，地稱后，海次於地者，宜稱妃耳。其數從三者，亦因一大二小之文。蓋所祀者海神也。元用海運，故其祀為重。司馬溫公則謂：『水，陰類也，其神當為女子。』此理或然。或雲宋宣和中遣使高麗，挾閩商以往。中流遭風，賴神以免，使者路允迪上其事於朝，始有祀。丘浚碑。」[3]

在陸深的言論裡，天妃雖為女子，但是宋代著名道士林靈素的女兒，而不是福建莆田海濱的普通女子。他也承認天妃之名僅是表示海神是天次要的配偶。該說源出於丘浚。

明代大儒丘浚說：

> 「天所覆者地也，地之盡處海也，海之所際則天也。蓋氣之積為天，而凝結以成地，所以浮乎地者，水也。水源地中，而流乎地之外，其所委之極，是則為海。海之大際天，其為體也甚巨，而其用則甚險而莫測焉。冥冥之中，必有神以司之，然後人賴之以利濟。中國地盡四海，自三代聖王莫不有祀事，在宋以前四海之

3　陸深：《儼山外集》卷七，金台紀聞，上，文淵閣四庫全書本，第3頁。

神各封以王爵，然所祀者海也，而未有專神。宋宣和中朝遣使航海於高句驪，挾閩商以往。中流適有風濤之變，因商之言，賴神以免難。使者路允迪以聞，於是中朝始知莆之湄洲嶼之神之著靈驗於海也。」

「惟天為大，物不足以儷之，儷之者，地也。地之所以為地，具山與川之形以成，然山有限界，足力可以盡之，惟川之為川，液融於地氣，通於天形，浮於地之外，而委於天之際，以為海源，源之流積而不溢也。炎炎之焰，暵而不干也。汪洋浩渺之浸，無所如而不相通也。是則海之大與天同，而司海之神，稱天以誄之，而且假以伉儷之名，厥亦宜哉。」[4]

　　丘浚之說的奧妙在於將天妃信仰抽象化，塑造了一個理性的天妃，而不是女巫的天妃。這使天妃信仰與傳統的天帝信仰體系相吻合。丘浚對天與海關係的看法得到許多人的贊同，明末方以智說：「水神屬陰，故曰天妃。今以為林氏，天妃宮，江淮間、濱海多有之，其女子三人。俗傳神姓林氏，遂實以為靈素三女。太虛之中，惟天為大，地次之，故天稱皇，地稱後，海次於地者，宜稱妃耳。蓋所祀者海神也。」[5]方以智是明代著名的博物學家，他的看法也代表了明代儒者的一般看法。明代後期與朝廷直接有關的海事較少，所以，在明人眼裡，海洋是次要的，基於這一點，他們認為：天妃之神比之陸地上諸神靈也是次要的，有這種思想作前提，可知明代人決不會晉升天妃為天后。

　　明代另有一些人著力貶低天妃的地位。

　　例如明代的陸容說：「天妃之名，其來久矣。古人帝天而后地，以水為妃。然則天妃者，泛言水神也。元海漕時，莆田林氏女有靈江海中，人稱為天妃，此正猶稱岐伯張道陵為天師，極其尊崇之辭耳。或云：水，陰類，故凡水神皆塑婦人像。而擬以名人，如湘江以舜妃，鼓堆以堯後。蓋世俗不知山水之神不可以形象求之，而謬為此也。」[6]在陸容等明代

---

[4] 邱浚：《重編瓊台槁》卷十七，天妃宮碑，文淵閣四庫全書本，第21頁。

[5] 方以智：《通雅》卷二十一，姓名，文淵閣四庫全書本，第13頁。

[6] [明]陸容：《菽園雜記》卷八，北京，中華書局1985年，第95頁。

知識分子看來，天地之間以天為尊，以地為大，故天為「上帝」，地為「帝后」，由於古代中國人大都住于內地，所以，他們將天與地看作是最重要的，而海洋只能作為天的次要配偶——「帝妃」，在這一前提下，海神被稱為「天妃」。

　　陸容之說的關鍵在於抹去天妃信仰的神秘性，這與儒者淡於宗教的精神是一致的。在這一基點上更進一步，就會徹底否定天妃信仰的重要性。儒者朱淛為天妃家鄉之人，他卻成為明代批判天妃信仰最激烈的人物，他的《天妃辨》一文說：

　　　「世衰道微，鬼怪百出，俗所敬信而承奉之者，莫如天妃，而莫知其所自始。宋元間，吾莆海上黃螺港林氏之女，及笄蹈海而卒，俚語好怪，傳以為神，訛以傳訛，誰從辨詰。天妃封號，則不知起於何時……夫上天至尊無對，誰為媒妁，以海濱村氓弱息作配於天。其無理不經，謬姿舛逆，與鄴人為河伯娶婦之事尤為怪誕也。大抵胡元尚鬼，各處守土之官摭拾神異以聞於朝，輒取封號。今荒山野廟之中，宣封護國侯王者處有之，而天妃以女身獨存，又云顯跡海上，故海人尤尊事之。夫人情窮蹙，則籲呼神以祈倖免。今夫楫扁舟，破巨浪，颶風簸揚，天地顛倒，何恃而能無恐？俗傳天妃之神能偃風息雨，出死入生，是以凡以海為業者尤所敬信，有急則皈依焉。然風濤漂沒，葬於魚腹者何限也，幸而不死，則歸功天妃，指天畫日，以為得天助也，互相誑誘，轉相陷溺。……莆禧海上有天妃宮，凡番舶往來，寇盜出沒，具瞻拜致禮，修齋設醮，歲以為常，而其所如往，亦必盱睢偵伺、杯珓許可而後行。夫神聰明正直而一焉者也，謂之天妃，惟曰其助上帝。……吾鄉國清塘上，舊有天妃廟，入境承事，勤于祖妣，其土偶設像，男女混雜，其衣服往往為人褫去，撐柱支體，守者數以窩盜發覺。前郡守雲泉吳公毀其薪木，以新弼教公館。夫不能自庇其身，乃能造福於人；一廟之宮不能以陰靈呵護俾勿壞，而能凌越鯨波萬里之外以救胥溺之危，不亦難乎？要之所謂天妃者，亦古之寓言所謂無是公、烏有先生之類耳！」[7]

---

[7]　朱淛：《天馬山房集》，天妃辯，轉引自蔣維錟：《媽祖文獻資料》，福建人民出版社 1990

作為天妃的家鄉人，朱澍對天妃的批判如此嚴厲，反映了儒學大師一貫批評民間淫祀的立場。朱澍宣傳他的觀點時，正是陳侃出使琉球之後，有人以陳侃出使得天妃保佑為例，質疑朱澍之說。朱澍則以莆田人黃嘉（幹？）亨出使滿刺加溺死海中一事為例，認為天妃既不能保佑其家鄉之人，又怎能保佑其他使者？或生或死，不過是幸與不幸而已。關於黃幹亨出使一事，《明史》記載：「尋遣給事中林榮行人黃幹亨冊封王子馬哈木沙為王。二人溺死，贈官賜祭，予蔭，恤其家，余敕有司海濱招魂祭，亦恤其家。複遣給事中張晟、行人左輔往。晟卒於廣東，命守臣擇一官為輔副，以終封事。」[8]按，黃幹亨與林榮是出使滿刺加，後在占城海面遇難，僅有少數人在越南登岸，沿陸路回國。所以，後人往往誤以為他們是出使占城。謝肇淛說：「往琉球海道之險倍於占城，然琉球從來無失事者，占城則成化二十一年給事中林榮、行人黃幹亨皆往而不返，千餘人得還者麥福等二十四人耳。蓋亦物貨太多，而不能擇人故也。」[9]可見，當時海難的原因實在於同去的人太多，船舶載貨太多，終於發生事故。朱澍以此事例批評崇拜天妃的人。

按，嘉靖年間，皇帝沉溺於道教，整天燒香拜神，而與大臣每每發生衝突。所以，臣民對皇帝重視道教十分不滿。陳侃於嘉靖年間奏上天子，要求福建官府祭祀天妃，而朱澍當此之際大力批評天妃信仰，其實是在發洩對皇帝的不滿。朱澍此論在儒者中並非個別的，還有些明代官員將天妃當作妖怪：「辨龍母祠謂本祠秦媼，而斥其五龍、天妃之為妖。此不必傳且足以破千古之謬與訛者也。」[10]這類觀點在儒者中影響深遠。

這一時代，不少地方官將天妃當作淫祀查禁，福建的《延平府志》將尤溪縣的天妃廟列入「應毀者」之列。[11]其作者說，「或曰，祠祀何也？曰，祀於郡若邑，明祀典也。祀于民，諸有功德而民祀之也。毀淫祠者，

年，第86-87頁。

[8]　《明史》卷三百二十五，外國六，北京，中華書局1974年標點本，第8418頁。

[9]　謝肇淛：《五雜組》卷四，地部二，上海書店出版社2001年，第85頁。

[10]陳謨：《海桑集》卷九，跋嶺南錄，文淵閣四庫全書本，第17頁。

[11]鄭慶雲等：嘉靖《延平府志》卷十三，祠祀志，上海古籍書店1961年影印天一閣藏本，第10頁。

錄治功也。毀淫祠，前此未之聞也。自郡守歐陽子鐸、陳子能始。夫淫祠毀則民志定，民志定則風俗美，風俗美則教化行，可以言治矣。餘故曰：錄治功也。曰，祠有應毀而未毀者者何也？曰，昔唐狄仁傑下江南，毀淫祠千余，存應祀者四祠。今毀乃有未盡者，非缺典歟？余故列之以待來者。」[12]有些地方官拆毀天妃廟。再如廣東省潮陽縣，「娘宮巷也有一廟，靈甚，故巷因以為名。嘉靖初，提學魏校檄行拆毀，後遂併入民居。」[13]還有些官員將天妃廟改做他廟，王守仁在廣東做官時，他手下官員即有將天妃廟改為忠孝祠的：「據增城縣申稱：參得廣東參議王綱，字性常，洪武年間因靖潮寇，父子貞忠大孝，合應崇祀于城南門外，天妃廟改立忠孝祠。看得表揚忠孝，樹之風聲，以興起民俗，此最為政之先務，而該縣知縣朱道瀾乃能因該學師生之請，振舉廢墜若此，則其平日職業之修、志向之正，從可知矣。仰行該縣悉，如所議施行。其神像牌位及祭物等項，俱聽從宜酌處。完日具由回報。」[14]總之，明代儒者經常侵犯天妃信仰。

二、晚明儒者對天妃信仰觀念的變化

隨著時間的流逝，明代儒者對天妃的觀念也有所變化。儘管反對淫祀是儒學的主流，但也有一些儒者繼承傳統神道設教的思維方式，認為維護天妃崇拜還是有利的。明代著名文學家王慎中在《修天妃宮記》一文中說：

「所謂神者，果有物哉？焄蒿胏蠁，飛揚浮游，昭明在上，充塞擊觸於四旁，非無物也。危困之所，籲號疾箚之所請禱，忽然有接於人，其精爽翕霍而狀象佛彷，莫不神之，以為是有物焉。拯危困為安樂，化疾箚為生全，而崇事報享之儀，由之焉起。嗚呼，此民之所以為不可使

---

[12]鄭慶雲等：嘉靖《延平府志》卷十三，祠祀志，第14-15頁。

[13]林大春：隆慶《潮陽縣誌》卷十，壇廟志，上海書店1963年影印天一閣館藏明代方志選刊本，第11頁。

[14]王守仁：《王陽明全集》卷十八，批增城縣改立忠孝祠申，上海古籍出版社1992年，第637頁。

知也。其有接乎彼者，固其籲號迫切之專，請禱誠信之篤，自為其神感於其心，忽然有動乎耳目，而以為有物焉，則過矣。方其專且篤也，其人之所自為與，或為其父母兄弟妻子，惟其所為者之存乎心，而他不存焉。昔日之所膠擾、抹鍛、滑撓其神者，一旦蕩然不存乎心，而神為之告，豈有異物哉。然世之人固舉謂之為有物矣。於是摶土斲木，為其形容，寵之名號，原本氏族，廣衍景跡，以附是物；而穹堂奧室，大庭高閎以居之，患其不稱也。刲羊椎牛，沈玉瘞帛，為其饗侑；伐鼓撞鐘，袚巫紛史，為其歌舞，奔走竭蹙。天下之人，惟神之歸。嗚呼，斯民之不可使知其亦久矣。故先王為之著其教，善其報事之文，使之鼓舞而不勌，以勿陷於淫諂誕罔之邪。蓋始之所以有神者，本生於其人之誠，而教之既設，則人莫不歸是神也。而後能勉於為誠，使其崇事之嚴，報享之厚，一出於忠利，憚畏之本心，則去非遠罪，無即於凶，亹亹趨往，以赴疇祉，惠迪之會，若有為之，掖導閉止。是莫不起於斯人之所自為而由於歸。是神之所為勉，則土木形容，亦聰明正直之所憑，而何邪之有？……得民者，為之興便布利，除攘患害，民不祈而得其所欲。不禳而違其所惡，呼號請禱之誠，無所用之。而烏有冀於神。然先王猶存其教，所謂鼓之舞之，使之不倦。順其不可，使知之情，而誘之於勿邪焉耳。侯為郡既久，災癘不生，寇賊銷逃，遺四境以安樂，生全之福神，將無以為靈。則斯宮之完修，殆予所謂存其教誘之勿邪之義歟。斯義也，固非民之所知，不可不著以告後之為政者。故記之如此」。[15]

在王慎中看來，世界是沒有神的。世人所謂神，只是一種精神現象。但儒者並不需要因此而詆毀神明，更聰明的方式是利用老百姓對神明的信仰，推行儒家的仁義道德，使百姓不在知不覺中走向正道。可以認為：王慎中的思想比朱淛更為深刻。當然，這也可以從兩人身份不同來考慮。朱淛長期在野，他考慮問題的核心是大是大非，對他來說，凡是不符合儒家思想的異端都該批判；而王慎中長期在朝做官，在朝廷中朋友很多，他考慮更多的是統治政權的長治久安，既然天妃信仰有利於教化

---

[15] 王慎中：《遵巖集》卷八，修天妃宮記，文淵閣四庫全書本，第64-66頁。

百姓，就沒有必要剷除迷信，而是要利用這一點鞏固朝廷的統治。其實，明朝廷內也有許多人贊成王慎中的觀點，這是媽祖信仰能在明代長期保留的原因。實際上，雖有部分官員將天妃廟當作淫祠將其拆除，更多的官員是修建天妃宮。邵武縣在嘉靖十六年，即有縣令葉朴出面整修天妃宮。[16]

三、清代儒者與林孝女的宣揚

如前所述，受儒學的影響，明代的學者大多貶低天妃信仰，有時將其看作「淫祀」，只有少數人尊崇天妃。這種思想上的分歧也影響了清代初年的儒者。清代前期的學者，有人批判天妃信仰，也有人維護天妃信仰。漳州人蔡世遠在禮部侍郎任上寫過《漳志宮廟後論》，「廟祀之大者，有司春秋致祭，百世不祧。余既載之祀典矣。茲之紀也何居？漢壽亭侯正氣凜然，千秋為烈，郡邑各有廟，有司朔望謁焉。東嶽行宮雖非郡縣所宜祀，然相沿已久；天妃之神，海艦蛟宮奉以休咎，故屬縣亦多有。其餘名義不必盡正，存其名所以留其跡也。夫神降于莘，左氏記之。渭陽汾陰，綱目雖譏而必錄，況有不儘然者乎。」[17]以其身份對天妃信仰作如此評價，可算是正面的。不過，蔡世遠這篇文章發表於《漳州府志》，影響的範圍很小。

清代前期的主流學者是批判天妃信仰的。禮學大師秦蕙田說：「唐開元禮亦尚有尸，自後尸法亡而像設盛。於是梵宮、道院、野廟、淫祠無非土木衣冠、神鬼變相，既立不罷，終日儼然，煽惑愚民，無有限極，以至五帝、天妃，亦冕旒環佩而戶祝之，則侮天瀆神之至矣，乃知古人立尸之意固甚深遠也。」[18]可見，秦蕙田對宋元以來國家祀典的變化是有意見的，他認為不該納入民間俗神。老百姓不該祭祀天神。這種觀點代表了禮部傳統的觀點。可以設想，由這樣一些官員執掌禮部，清廷對

---

[16]刑址等：嘉靖《邵武府志》卷十，祀典，上海古籍書店1963年影印天一閣藏本，第26頁。

[17]蔡世遠：《二希堂文集》卷七，漳志宮廟後論，文淵閣四庫全書本，第3頁。

[18][清]秦蕙田撰：《五禮通考》卷五，文淵閣四庫全書本，第201頁。

民間信仰一定是十分嚴厲的，這也是康熙年間天妃信仰被壓制的一個重要原因。假如當時有人請封天后的要求，必定遭到禮部的批駁。清朝祭祀天妃的等級長期被壓在黃河神的級別與這一點有關。

　　清乾隆年間的著名史學家全祖望說：「今世浙中、閩中、粵中以及吳淞近海之區，皆有天妃廟。其姓氏則閩中之女子林氏也。死為海神，遂有天妃、夫人之稱。其靈爽非尋常之神可比，歷代加封焉。子全子曰：『異哉！聖人之所不語也。生為明聖，死為明神，故世之死而得祀者，必以其忠節貞孝而後尊。以巾幗言之：湘夫人之得祀也，以其從舜而死；女嬃之得祀也，以其為弟屈原；曹娥之得祀也，以其孝。若此例者不可屈指。若夫流俗之妄，如蟂磯夫人祠，亦以訛傳其殉漢而祀之。至於介山妒女之流，則所謂俚誕不足深詰者也。若天妃者，列於命祀，遍於南方海上州縣，其祀非里巷祠宇所可比，然何其漫然無稽也？夫婦人之為德也，其言不出於閫，其議不出於酒食之微，其步趨不出於屏廳之近，其不幸而嫠，所支持亦不出於門戶之間，所保護亦不出於兒女之輩，若當其在室，則尤深自閟匿而一無所豫。林氏之女即云生有異稟，其于海上樓船之夷險、商賈之往還亦複何涉而忽出位謀之？日接夫天吳、紫鳳之流，以強作長鯨波汛之管勾，以要鮫人蜑戶之崇奉，甚無謂也。古來巾幗之奇，蓋遭逢不幸，出於變故之來勃菀煩冤以死，故其身後魂魄所之不可卒化，世人亦遂因而祀之，以厲風教，以維末俗。是三禮之精意，不可廢也。天妃果何居乎？自有天地以來，即有此海，有此海即有神以司之。林氏之女未生以前，誰為司之？而直待昌期之至，不生男而生女，以為林氏門楣之光，海若斂袵，奉為總持，是一怪也。天之配為地，今不以富媼為仇儷，而有取於閩產，是二怪也。林氏生前固處子耳，彼世有深居重闈之淑媛，媒妁之流突過而呼之曰妃、曰夫人、曰娘，則有頳其面避之惟恐不速，而林氏受之而不以為泰，是三怪也。為此說者，蓋出南方好鬼之人，妄傳其事，鮫人蜑戶，本無知識，輾轉相愚，造為靈跡以實之。於是梯航所過，弓影蛇形，皆有一天妃在其意中，在其目中，以至胖牲之盛，惟恐或後。上而秩宗，下而海隅，官吏又無深明典禮者

以折之，其可歎也』。」[19]

　　以上批判的關鍵之處是說媽祖生前在外救人，拋頭露面，不符合儒教的禮制，因而不配為神，這是很嚴重的批判。

　　但在儒者批判天妃信仰的同時，朝廷對天妃的崇拜日益抬高，迄至乾隆二年，天妃晉升為天后。嘉慶年間，媽祖的父母也得到封賜。道光、咸豐及清代後期的皇帝，都對媽祖信仰給予正面的評價。而且，媽祖成為清代受封最多的神明。在這種背景下，也有部分儒者調整對媽祖之神的看法。梁章鉅批評全祖望等人：「惟近人全祖望、趙翼疑之。趙氏以為水陰類，其象維女，天妃之名即水神之本號，非實有林氏女其人。全氏則立『三怪』之論，肆口詆諆。皆似是而非之說。」[20]莆田學者陳池養則寫了「孝女事實」一文。其文曰：

> 「林孝女系出莆田，唐邵州刺史蘊九世孫。曾祖保吉，周顯德中為統軍兵馬使，棄官歸隱湄嶼。祖孚，襲而為福建總管。父惟愨（一作願，疑字）為宋都巡官。孝女次六，其季也。生彌月不啼，因名曰默。八歲從塾師讀，悉解文義，喜誦經禮佛。年十六，隨父兄渡海，西風甚急，狂濤怒撼，舟覆。孝女負父泅到岸，父竟無恙，而兄沒于水。又同嫂尋其兄之屍，遙望水族轇集，舟人戰慄，孝女戒勿憂，鼓枻而前，忽見兄屍浮水面，載之歸葬，遠近稱其孝女。嶼之西有曰門夾，石礁錯雜，有商船渡北遭風，舟人哀號求救。孝女謂人宜急拯，眾見風濤震盪不敢前，孝女自駕舟往救，商舟竟不沉。自是矢志不嫁，專以行善濟人為己任，尤多於水上救人。殆海濱之人習於水性，世因稱道其種種靈異，流傳不衰。里人立祠祀之，號曰『通賢靈女』。厥後，廟宇遍天下，累膺封賜。而稱以夫人、妃、後，實不當，惜當日禮官未檢也。」[21]

　　陳池養的這段敘述實際上是在回答全祖望的指責。全祖望認為天妃

[19]全祖望：《鮚埼亭集》卷三五，天妃廟說，臺灣文海出版社 1998 年，中國近代史料叢刊三編，第 390 冊，第 1523-1526 頁。

[20]梁章巨：《退庵隨筆》卷十，筆記小說叢刊本，江蘇古籍刻印社 1983 年，第 159 頁。

[21]陳池養：《孝女事實》，轉引自蔣維錟：《媽祖文獻資料》，第 323-324 頁。

的事蹟不符合禮制，莫名其妙地被傳為神明，實際上沒有資格被列入國家祀典。而陳池養則將林默塑造為一名民間的孝女。她生前有救父之孝，根據儒者的理論，孝是善行中的最重要的一項，林默體現了儒家「孝順」的道德，有理由得到尊重。其次，陳池養鋪陳了林孝女成神的理由，她從孝順於父這一點出發，在海上拯救了父親，又冒險找回哥哥的屍體。其後，她又自願救助海上遇難者，因而被奉為神。因此她在外拋頭露面是合理的。

陳池養的言論完成了媽祖生前為林孝女的改造，使儒者祭祀媽祖合理化，也為清廷為何崇祀媽祖找到了使人信服的理由。從此，儒者可以安心地祭祀媽祖，不再有崇拜「淫祀」的尷尬。迄至光緒初年，清廷給媽祖的封號已經有 62 字，全稱為：「護國庇民妙靈昭應宏仁普濟福佑群生誠感咸孚顯神贊順垂慈篤祜安瀾利運澤覃海宇恬波宣惠導流衍慶靖洋錫祉恩周德溥衛漕保泰振武綏疆嘉佑天后」。在清代所有受封的神靈中，數天后所得封號最多。

清朝對媽祖的崇奉不是個別現象。有清 300 年以來，朝廷為了收攬人心，給各地許多神明奉上各色封號。翻開《大清會典》的群祀部分，有關各地神明的記載十分繁雜。許多神明都規定了各級官員具體祭祀的時間。從清代初年到清代末年，各級官員要祭祀的神明逐步增加。這類祭祀在溝通地方官與民眾感情方面肯定是有用的，但次數太多，也會給人厭煩的感覺。尤其是當國家出現危急之時，官員祭拜神靈而又不可能拿出說服民眾的效果，於是，在知識界便會出現反對迷信的運動。清代末年正是這樣，許多留學的知識份子都主張破除迷信，學習西方先進的科學技術，從而形成強大的變革力量。這一力量導致清代科舉制的廢除，也造成不利於國家祭祀制度的強大輿論。不過，清廷在這方面顯得十分慎重。一直到清廷滅亡，朝廷一直遵循祖制，祭祀各類神明。

迄至民國初年，一場反迷信的活動在文化界悄然興起，經過 1919 年前後新文化運動的促進，破除迷信成為那一代人的共識。於是，一場革命終於爆發。1927 年，國民政府下令廢除淫祀。從此以後，全國各地的官員不再祭祀神明。許多廟宇被撤除。這場運動，人們都說是新一

代知識份子受西學影響的結果，但瞭解中國歷史的人，則將其看作是儒家排除「淫祀」傳統的又一次爆發。這場運動當然也會波及媽祖信仰。當年媽祖的信徒們千方百計保護原有的媽祖信仰，民國《莆田縣誌》記載：「民國十八年破除迷信，林氏子孫根據族譜，神有入海救父之事，呈請保存。奉文改為孝女祠。」[22]於是，全國各地的媽祖官廟大都改成了「林孝女祠」。媽祖信仰靠著與儒家的關係逃過一劫。

　　總之，儒教的傳統是尊崇古代禮制。早期儒家堅持的一個原則是：祭祀神明是國家大事，老百姓不得隨意祭祀神明，因為，這會褻瀆神明。宋元祭祀湄洲神女，其主因是道教、佛教在朝廷的強大影響。迄至明代，儒者成為國家官員的主要來源，以儒學為根據，對民間信仰的批判日益嚴厲。這一態度一直持續到清代前期。但自雍正以後，統治者的迷信使其對待神明的態度大為變化。而儒者順應這一變化，將媽祖塑造為符合儒家道德的林孝女。來自民間的媽祖信仰終於獲得儒、佛、道三教的全面認可。迄至民國初年，正是儒家對林孝女的塑造，使其逃脫被當作破除迷信物件的命運。歷史發展的曲折變化往往出人意表。（原發於《福州大學學報》（哲社版）2007 年第 2 期）

---

[22] 石有紀、張琴：民國《莆田縣誌》卷十八，福建省圖書館藏抄本，第 52 頁。

清初賜封天后問題新探

媽祖得到天后的稱號是在清代，但是，天后之號是什麼時候正式賜予的？學術界一直有爭議。《天后志》等書記載是施琅於康熙二十三年向康熙帝請封。而部分學者調查清代檔案後提出：其實施琅的請封未獲批准。就朝野各類書而言，直到康熙三十四年以後，才有些志書稱媽祖為天后。所以，天后是民眾對媽祖的私謚。回答這些問題，有必要詳細研究清代的檔案史料。

一、學術界有關天后之封的討論

李獻璋先生認為：清廷於康熙年間封賜天后是事實，但因某種原因而未頒佈。「關於那個原因，若允許稍加探索，則乾隆五十二年六月常青奏稿中因忌避臺灣府城的關帝廟寫作關第廳而受到指摘。從這個來推測，懷疑奏准敕封之後，發現和《清實錄》順治元年間詞中看到的『天啟後』張氏混淆，不得不把天后的封號藏起來。對康熙五十九年二月琉球冊封回來的海寶、徐葆光的奏請，禮部在同年八月初三日的疏中回答：『查康熙二十三年平定臺灣，天妃顯靈效順，已蒙皇上特封為天后致祭。」[1]

李獻璋的觀點遭到許多學者的質疑。因為，作為明代天啟帝之妻的張氏，在史冊中被稱為「天啟后」，只是一種習慣性的稱呼，在明清鼎革之際，大浪淘沙，多少英雄人物消逝于歷史的潮流之中，過了幾十年之後，有誰會記得天啟后張氏？所以，因天啟后之名而不用天后的稱呼，在理論上是說不過去的。本來，解決這一問題最好是搜索故宮當時的檔案，然而，海峽兩岸的故宮博物院都曾詳細搜索館藏檔案，卻從未找到康熙二十三年清廷封賜天后的敕令。最後只是在《康熙起居注》中找到一段簡要記載：

---

[1] 李獻璋：《媽祖信仰研究》，東京泰山文化出版社 1978 年，鄭彭年譯本，澳門海事博物館 1995 年，第 136 頁。

「康熙二十三年甲子八月二十二日乙卯早,福建水師提督施琅請封天妃之神,禮部議不准行,但令致祭。上曰:『此神顯有默佑之處,著遣官致祭。此本著還該部另議。』」[2]

莆田的學者認為:「此件雖僅寥寥幾句,但可為清朝何時進封天妃為天后的爭議劃上句號。按迄今流行的說法是,康熙二十三年施琅平臺獲神佑,奏請進封為天后。其論據是康熙後期已有典籍記載,如郁永河《海上紀略》中就有施琅因屢獲神佑,『表上其異,奉詔加封天后』之說。……然而,關於晉封天后的原始檔案迄今未發現,《天妃顯聖錄》轉載的施琅奏摺和禮部議題亦無晉封天后之說……《天妃顯聖錄》的以上記載與《起居注》完全對榫,即八月二十二日康熙帝將禮部題本批還另議後,禮部當即再議出由翰林院撰祭文,太常寺備香帛,禮部派一名司官赴湄洲致祭的具體辦法,再次進呈。此事遂於八月二十四日奉旨依議。欽差禮部郎中雅虎赴湄洲致祭。」[3]

其後,臺灣的李世偉也寫出了《媽祖加封天后新探》一文,主要根據《清代媽祖檔案史料彙編》一書的史料,否定康熙二十三年清廷封天后之說。[4]

可見,就清宮原始檔案來看,康熙二十三年清廷確實沒有封天妃為天后,只是派出使者祭祀天妃一次。關於此事又可見《天妃顯聖錄》記載:

「奉旨:該部議奏。部題『遣官獻香帛,讀文致祭。祭文由翰林院撰擬,香帛由太常寺備辦,臣部派出司官一員前往致祭』。康熙二十三年八月二十四日奉旨:依議。欽差禮部郎中雅虎等齎香帛到湄詣廟致祭,御祭文曰:國家茂膺景命,懷柔百神,祀典具陳,罔不祗肅。若乃

2 中國第一歷史檔案館、湄洲媽祖祖廟董事會等合編:《清代媽祖檔案史料彙編》,中國檔案出版社 2003 年,第 1 頁。

3 湄洲媽祖文化研究中心:《清代媽祖檔案史料初讀劄記》,中國第一歷史檔案館、湄洲媽祖祖廟董事會等合編:《清代媽祖檔案史料彙編》,第 418 頁。又見:蔣維錟:《天后、天上聖母稱號溯源》,《媽祖研究文集》,福州海風出版社 2006 年,第 242 頁。

4 李世偉:《媽祖加封天后新探》,臺灣海洋大學人文社會科學院主辦:《海洋文化學刊》,2005 年創刊號。

天休滋至，地紀為之效靈，國威用張，海若於焉助順，屬三軍之奏凱，當專譯之安瀾，神所憑依，禮宜昭報。惟神鍾靈海表，綏奠閩疆，昔藉明威，克襄偉績，業隆顯號，禋享有加。比者慮窮島之未平，命大師之致討，時方憂旱，光澤為枯，神實降祥，泉源驟湧，因之軍聲雷動，直搗荒陬，艦陣風行，竟趨巨險。靈旗下颮，助成破竹之功，陰甲排空，遂壯橫戈之勢。至於中山殊域，冊使遙臨，伏波不興，片帆飛渡，允茲冥佑，豈曰人謀。是用遣官，敬修祀事，溪毛可薦，黍稷惟馨。神其佑我家邦，永著朝崇之戴，眷茲億兆，益弘利賴之功。惟神有靈，尚克鑒之！」[5]

以上史料說明：清朝確實派出使者到湄洲致祭，但在這次祭祀中並沒有封天妃為天后。

對這一問題我考慮良久。一方面看到以上質疑的合理性，另一方面，也看到不少清中葉的官方記錄說天妃在康熙二十三年或是康熙二十年被晉封為天后。顯然，回答這一問題最好是找康熙年間的原始資料，尤其是在康熙二十三年至康熙六十年間，當時的官方文獻是怎樣稱呼天妃的？首先，郁永河涉及「天后」的史料值得研究。

二、康熙朝涉及天后史料的質疑

郁永河於康熙三十六年被派到臺灣，採購琉磺，製造炸藥。他記載沿途的所見所聞，匯成一書，傳之後世。由於他是最早記載臺灣社會的作家，而且出自親眼所見，所以，該書歷來得到研究臺灣學者的重視。但此書並沒有馬上刊印，而是作為手抄本在民間流行，主要版本有《采硫日記》、《渡海輿記》、《裨海紀遊》等多種。一般認為：粵雅堂的《采硫日記》雖然刊行於道光年間，但刊刻者可能看到較早的抄本，該書品質較好，錯字很少，是較好的版本。其次，雍正十年（1732 年），周於仁在永春縣見到郁永河的稿本之一，他將其刊印出版，其名為《渡海輿

5　照乘等：《天妃顯聖錄》，第 12-13 頁。

記》，這是最早的刊本。道光年間，《昭代叢書》也收錄了郁永河的作品，稱之為《裨海紀遊》，這是流傳最廣的作品。1950 年，方豪匯校郁永河手稿的多種刊本出版，仍然取名為《裨海紀遊》。由此可知，郁永河的作品是在雍正年間第一次付印，此前僅以手抄本流傳。由於郁永河原有稿本已經散佚，後人在轉抄及刊印時有否增添自己的看法？這就值得懷疑。例如，粵雅堂本《采硫日記》涉及媽祖的文字很短：「土人稱天妃神曰馬祖，稱廟曰『宮』。天妃廟近赤嵌城，海舶多於此演劇酬願。」[6]按，台南赤嵌城附近的天妃廟即為台南現在的大天后宮。清代初年，赤嵌城臨近海港，這一海港即為「五條港」，它是歷史圖冊上「台江內海」的一個部分，清代中葉已經淤塞。在清代初期，正是五條港的繁榮時期，所以，海舶可以停泊在台南天妃宮附近。必須注意的是：倘若粵雅堂本是郁永河的原作的話，那麼，郁永河在其《采硫日記》中是稱媽祖為「天妃」，而不是「天后」。

　　《渡海輿記》記載媽祖之神的文字較多：「天妃神，即馬祖，海舶危難，有禱必應，多有目睹神兵維持，或親至救援者。其靈不可枚舉。……前代已加封號。康熙二十三年六月，王師攻克澎湖，靖海侯施琅屯兵天妃澳，入廟拜謁，見神衣半身沾濕；自對敵時恍見神兵導引，始悟實邀神助。又澳中水泉僅供數百人飲；是日駐師數萬，忽湧甘泉，汲之不竭。表上其異，奉詔加封天后。至今湄洲林氏宗族婦人將赴田者，以其兒置廟中，曰：『姑好看兒！』去終日，兒不啼不饑，不出閾。暮婦歸，各攜去。神蓋親其宗人也。」[7]

　　和郁永河的《采硫日記》相比，同是郁永河的《渡海輿記》至少增添了二個故事：其一，施琅攻臺灣時得到媽祖保佑；其二，種田的林家婦女將子女寄放在廟裡。施琅奏封天后說正是出現在第一個故事中。由此可見，郁永河的原作很可能沒有講到施琅奏封天后的故事，這一故事

6　郁永河：《采硫日記》，粵雅堂叢書本。《中國方志叢書‧臺灣地區》第 46 號，臺灣，成文出版社刊印本，第 386 頁。

7　郁永河：《渡海輿記》，《中國方志叢書‧臺灣地區》第 46 號，臺灣，成文出版社刊印本，第 184-186 頁。

之所以出現在《渡海輿記》中，可能是周於仁在刊刻《渡海輿記》加上的。因為，在雍正朝，朝廷已經認可了施琅上奏朝廷晉封天后之說，周於仁可能受其影響，情不自禁地添上一筆。總之，由於《渡海輿記》是雍正年間才出版的，而《裨海紀游》更遲至道光年間出版，二者不能作為康熙朝的原始資料。以往據《裨海紀遊》一書說早在康熙三十多年就出現了施琅請封媽祖為天后一說，不能成立。

《崇武所城志》[8]一書載有二篇碑文寫於康熙年間。其一，劉有成於康熙四十四年作《天后廟序》，文中多次稱「天妃」為「天后」；其二，康熙四十七年的一位作者在為崇武所城媽祖廟寫序時，稱之為《重修明著天后廟記》。有人將其中的一篇碑文作為康熙朝有「天后」之稱代表史料之一。[9]但《崇武所城志》一書雖然署名為明人朱彤、陳敬法等人編著，實際上清至民國都有人增補史料。以上兩篇碑文的原碑都已經遺失，無法校對原文，所以，《崇武所城志》中的兩篇碑文不能作為康熙年間的原作看待。

必須注意的是：後人轉載康熙朝的原始檔，常將其中的天妃改為天后。以《勅封天后志》來說，該書中錄入康熙五十八年徐葆光等人奏請封天后的奏摺：「臣等闔船官兵以及從役數百人無一虧損，皆得安歸；臣等不勝欣幸。即琉球國屬並福建省，官民人等俱稱奇致頌，以為皆我皇上德遍海隅所致也！其中往返之時，風少不順，臣等祈禱天后，即獲安吉。自前平定臺灣之時，天后顯靈效順，已蒙皇上勅封致祭。今默佑封舟，種種靈異如此。仰祈特恩許，著地方官春秋致祭，以報神庥。」[10]

以上文中兩次提到天后，若此文可信，康熙朝一定曾經賜予天妃之天后之封。徐葆光的奏摺最早收錄於徐葆光所著《中山傳信錄》一書，該書是徐葆光對出使琉球一事的詳細記載，其中也載有他要求清廷封賜

8　朱彤等：《崇武所城志》，福建人民出版社 1987 年，第 116 頁。
9　蔣維錟：《媽祖研究文集》，第 242 頁。
10　林清標：《勅封天后志》，乾隆刊本，轉引自林慶昌：《媽祖真跡——兼注釋古籍勅封天后志》，第 131-132 頁。

媽祖的奏疏，《勅封天后志》所引徐葆光奏疏原出於此。然而，查康熙六十年版的《中山傳信錄》一書，上引文字中的「天后」，在徐葆光原書中都作「天妃」！可見，《勅封天后志》的作者在收錄徐葆光的奏疏時，修改了原文！《勅封天后志》第二個修改是將禮部於康熙五十九年八月初三日的批奏中增添了一句話——而這句話是非常關鍵的。其下請看《中山傳信錄》所載徐葆光等人的奏疏原文：

> 「為奏聞事，該臣等議。得差回琉球國正使翰林院檢討臣海寶、副使編修臣徐葆光等奏稱：『臣等奉旨冊封琉球國王，往返海道，闔船官兵以及從役數百人，無一虧損，皆得安歸。其中往返之時，風少不順，臣等祈禱天妃，即獲安吉。自前平定臺灣之時，天妃顯靈效順，已蒙皇上加封致祭。今默佑封舟，種種靈異。仰祈特恩許，著該地方官春秋致祭，以報神庥等語。』欽惟皇上德周寰宇，化洽海隅，詔命所經，神靈協應。茲以冊封琉球國王，特遣使臣舉行典禮。往返大海絕險之區，官兵從役數百人，皆獲安吉，固由天妃顯應，實皆皇上懷柔百神，海若效順所致也。查康熙十九年，臣部議得將天妃封為『護國庇民妙靈昭應弘仁普濟天妃』，遣官致祭等，因具體奉旨依議，欽遵在案。今天妃默佑封舟，種種靈異，應令該地方官春秋致祭，編入祀典。候命下之日，行令該督撫遵行可也。臣等未敢擅便，謹題請旨等因。時康熙五十九年八月初三日題請，本月初六日奉旨依議。」[11]

而《勅封天后志》所錄海寶、徐葆光奏疏如下：

> 「為奏聞事，該臣等議。得差回琉球國正使翰林院檢討臣海寶、副使編修臣徐葆光等奏稱：『臣等奉旨冊封琉球國王，往返海道，闔船官兵以及從役數百人，無一虧損，皆得安歸。其中往返之時，風少不順，臣等祈禱天后，即獲安吉。自前平定臺灣之時，天后顯靈效順，已蒙皇上勅致祭。今默佑封舟，種種靈異。仰祈特恩許，著該地方官春秋致祭，以報神庥等語。』欽惟皇上德周寰宇，化洽海隅，詔命所經，神靈協應。特遣使臣舉行冊封禮。往返大

---

[11] 徐葆光：《中山傳信錄》卷一，清康熙六十年二友齋刻本，第 34-36 頁。

海絕險之區，官兵從役數百人，皆獲安吉，固由天妃顯應，實皆皇上懷柔百神，海若效順所致也。查康熙十九年，得將天妃封為『護國庇民妙靈昭應普濟天妃』，遣官致祭等，因具體奉旨依議，欽遵在案。二十三年平定臺灣，天妃顯靈效順，已蒙皇上特封為天后，致祭。今天后默佑封舟，種種靈異，應令該地方官春秋致祭，編入祀典。候命下之日，行令該督撫遵行可也。臣等未敢擅便，謹題請旨等因。時康熙五十九年八月初三日題請，本月初六日奉旨依議。」[12]

二者相比，除了個別錯字外，關鍵之處在於，《勅封天后志》多了這麼一句話：「二十三年，平定臺灣，天妃顯靈效順，已蒙皇上特封為天后，致祭。」[13]這句話的增入，使人們以為：在海寶、徐葆光的奏疏中，已經確認康熙二十三年朝廷封賜天妃為天后，從而造成一系列的混亂。實際上，康熙朝的原始檔中，並沒有這句話。這句話是乾隆年間林清標編天后志時加入的。也可以說，是他偽造的。過去，學者因相信林清標的《勅封天后志》，乃至產生了一系列錯誤，例如，李獻璋即引用了這條文獻，[14]作為康熙朝賜封天后之一證。其實，這是一條後人修改過的假史料。

三、康熙朝權威性文獻對媽祖的稱呼

對偽文獻的考證使我想到，康熙朝官方文獻中究竟有沒有天后的稱呼，應當去看當時的權威性文獻——例如《大清會典》、《清實錄》等書。我首先檢索了《清實錄》的康熙朝部分，《康熙實錄》經雍正朝的大臣刪改，篇幅很短，為後代史家所詬病。不過，若是康熙二十三年朝廷已經封天妃為天后，那麼，《康熙實錄》應該有所記載，然而，在《康熙

---

[12]林清標：《勅封天后志》，乾隆刊本，轉引自林慶昌：《媽祖真跡——兼注釋古籍勅封天后志》，第 133-134 頁。
[13]林清標：《勅封天后志》，乾隆刊本，轉引自林慶昌：《媽祖真跡——兼注釋古籍勅封天后志》，第 134 頁。
[14]李獻璋：《媽祖信仰研究》，鄭彭年譯本，第 136 頁。

實錄》61 年內，不見天后的稱呼。而天妃的稱呼卻出現過一次。即康熙三十八年四月乙丑，「御舟泊天妃廟」。[15]此處的天妃廟是淮水與黃河交匯處的天妃廟，也就是清口惠濟祠，後來改稱天后廟，倘若康熙二十三年天妃已經被封為天后，此處天妃廟就應更名為天后廟，該廟仍保持天妃廟的稱呼，說明當地人尚不知道有所謂封天后之事。

其次，康熙本人的著作也值得考慮，若康熙有上「天后「的稱呼給予媽祖，他肯定會在其著作中有所涉及。可是，在康熙戊子年（1708年、四十七年），康熙皇帝自己寫的文章中，皇帝仍將「宋宣和間始著靈異」的女神稱之為「天妃」。[16]可見，康熙皇帝並沒有使用「天后」這一稱號，這也說明康熙朝並沒有「天后」之封。

其三，查閱《大清會典》。該書有康熙二十九年的版本，也有雍正年間的版本、乾隆二十九年的版本及嘉慶、光緒年間的版本。目前最為流行的是嘉慶年間的版本。該書記載，「康熙二十三年，加封天妃為天后」。然而，查乾隆二十九年的版本，「乾隆二年加封天妃為護國庇民妙靈昭應弘仁普濟福佑群生天后」；[17]雍正《大清會典》則說：康熙「二十年，福建提臣萬正色以天后著靈，奏聞於朝，詔封昭靈、顯應、仁慈天后」。[18]以上四種《大清會典》關於康熙年間封天后問題竟有四種說法，可見不能引以為據。不過，最說明問題的應是康熙年間的《大清會典》，康熙《大清會典》編在康熙二十三年之後，若康熙朝確實封天妃為天后，此書一定有記載，反之，則無。為此，我專程到北京查閱了康熙版《大清會典》，此書前面附有康熙二十九年的一篇序文，這對瞭解該書出版年分幫助很大。由於《大清會典》是一部官書，多由宮廷附設的印刷廠印刷，而康熙年間的宮廷經費充足，印刷一部書不會拖太久，所以，康熙版《大清會典》可能印於康熙二十九年，或是次年。該書出版時，距施琅奏封天妃僅有 6 年，因此，若是清廷在康熙二十三年曾封天妃為天

---

[15]《清聖祖實錄》卷一百九十三，北京，中華書局，1985 年影印本，第 1043 頁。
[16]玄燁：《聖祖仁皇帝禦制文第三集》卷二十四，重修西頂廣仁宮碑文。文淵閣四庫全書本。
[17]乾隆《大清會典則例》卷八十四，禮部，群祀。文淵閣四庫全書本。
[18]轉引自李獻璋：《媽祖信仰研究》，第 136 頁。

后，康熙版《大清會典》是不可能不記載的。然而，查看之後，方知此書僅記載康熙十九年清廷給予湄洲女神天妃的稱號，並無天后之封的記載。關於天妃的祭祀，該書記載：「天妃，康熙十九年議准，封為護國庇民妙靈昭應弘仁普濟天妃。遣官獻香帛讀文致祭。祭文由翰林院撰，香帛太常寺備辦。遣禮部司官前往致祭。一應禮儀，俱照黃河神例行。」[19]如上所述，康熙版《大清會典》規定天妃的祭祀等同于黃河神。而黃河神是官府每年祭祀一次的神靈，位列三等神靈。其上第一等級是得到國家大祭的孔子、關帝等頂級神靈，第二等級是地方官每年祭祀二次的山川之神。天妃與黃河神被列為每年祭祀一次的第三等級，說明當時天妃神的地位不高。由於這一原因，康熙二十三年汪楫等使者奏請皇帝給予天妃春秋二賜，並未獲得批准。瞭解了清初天妃在國家祀典中的真實地位，就可知道：她距離頂級神明尚有二個等級差異，清廷不可能一下子將其推向頂級神明的待遇。所以，康熙二十三年的天后之封是不可能的。以上事實表明：清康熙二十三年前後，清朝確實沒有給予媽祖天后的稱號。

四、福建臺灣民間有關賜封天后的傳說

儘管康熙未封天妃為天后，但康熙朝民間確實有人將媽祖稱之為天后。例如康熙三十五年高拱乾的《臺灣府志》中有一篇李中素的跋：「複於月朔望，集文武吏士于天后宮，宣揚聖諭，命耆老以鄉語解說」。「康熙三十五年春王上元日，臺灣縣知縣李中素謹跋」。[20]這篇跋文應是最早涉及天后的文字。其次，廣東人陳恭伊在《天妃廟紀事》一文中說：「吾鄉濱海所虔事之神，則英烈天妃為最。相傳為莆田林氏處女，今閩人謂之天后也。」[21]

---

[19] 伊桑阿等：康熙二十九年《大清會典》卷六十六，禮部二十七，群祀四，清康熙二十九年刊本，第 21 頁。

[20] 高拱乾：康熙《臺灣府志》，跋。北京，中華書局 1985 年影印康熙三十五年刊本，第 321-328 頁。

[21] 陳恭伊：《天妃廟紀事》，原出《佛山忠義鄉志》卷八，祠祀。蔣維錟輯：《媽祖文獻資

　　然而，在康熙朝民間的傳說中，不是施琅請封天后，而是萬正色請封天后。康熙四十四年的《莆田縣誌》說：「康熙二十年，舟師南下大捷，提督萬正色以妃靈有反風之功，聞於朝，詔封昭靈顯應仁慈天后，遣官致祭。」[22]「湄洲嶼……天后廟在焉。」[23]如果這條史料可靠，早在康熙四十四年，莆田方面就自稱清朝封賜媽祖為天后。不過，這條史料也有些問題，福建省圖藏康熙四十四年的《興化府莆田縣誌》中，有一篇序文作於乾隆年間。所以，現存康熙四十四年的《興化府莆田縣誌》可能有後人加入的東西。以上有關天后的文字是否原文尚可商榷。此外，陳夢雷主編的《古今圖書集成》也說：「康熙二十年，舟師南征，大捷。提督萬正色以妃靈有反風之功，聞於朝，詔封昭靈顯應仁慈天后，遣官致祭」。[24]《古今圖書集成》收集了許多方志史料，其中會出現萬正色奏請封賜天后說，應是受了莆田地方誌的影響，可能就是抄康熙四十四年的《莆田縣誌》。《古今圖書集成》出版於康熙末年，這從一個側面說明康熙四十四年的《莆田縣誌》確實有記載萬正色請封天后的傳說。

　　受其影響，清代的一些官書也有類似記載，例如，乾隆年間的《琉球國志略》一書引用《大清會典》的記載：「《會典》內開載，天后亦稱海神。康熙十九年勑封海神天妃為『護國庇民妙靈昭應弘仁普濟天妃』；二十年，福建提督臣萬正色以天后著靈奏聞於朝，詔封『昭靈顯應仁慈天后』。」[25]實際上，如前所述，清廷給予天妃的封號，是因萬正色上奏，這已是非常隆重的賜典。清廷不可能在一年之內又給媽祖天后的稱號吧？而且，康熙年間的《大清會典》並未記載天妃於康熙年間被封為天后。《琉球國志略》所見《大清會典》應是雍正年間的，此書流傳不廣。

　　到了康熙末年，朝廷賜封天妃為天后的說法較多地出現於閩台方志

料》第 204 頁。

22　林麟焜等：康熙《興化府莆田縣誌》卷三二，人物志，仙釋傳，乾隆重印康熙四十四年刊本，第 2 頁。

23　林麟焜等：康熙《興化府莆田縣誌》卷一，輿地志，第 53 頁。

24　陳夢雷主編：《古今圖書集成》，方輿彙編，職方典，卷一○八六，興化府部外編，北京，中華書局、巴蜀書社影印本，第 145 冊，第 17440 頁。

25　周煌：《琉球國志略》卷七，祠廟志，臺灣文獻叢刊第 56 種，第 171 頁。

中。康熙五十三年出版《漳州府志》記載：「天妃宮，在郡城丹霞驛右……國朝改封為天后。」[26]在臺灣方面，康熙五十九年的《臺灣縣誌》說：「大媽祖廟，即寧靖王故居也。康熙二十三年，靖海將軍侯施琅捐俸改建為廟，祀媽祖焉」。「國朝改封天后，各澳港俱有廟祀」。[27]《諸羅縣誌》也有類似說法。[28]但是，閩台方志對天后及天妃的稱呼並非一致的。以上引用了一些方志稱天妃為天后，但更多的方志仍然以天妃稱呼媽祖。例如，康熙二十三年的《福建通志》及《臺灣府志》上，都只有天妃的記載，而沒有天后的稱呼。著名的《天妃顯聖錄》在雍正年間再版，此書一直稱呼媽祖為天妃而不是天后。在雍正七年（1729 年）修、乾隆二年（1737 年）出版的謝道承等人《福建通志》中，福州府與臺灣府的媽祖廟被稱為天后宮，其他七府州的媽祖廟仍然自稱天妃廟，或是天妃宮。[29]清朝中樞正式稱媽祖為天后，其實是在雍正、乾隆年間，相關考證可參見拙著《媽祖信仰史研究》一書。(《福建師範大學學報》，2007 年 2 期)

---

[26] 蔡世遠：康熙《漳州府志》卷二八，古跡，康熙五十三年刊本，第 28 頁。
[27] 陳文達等：康熙《臺灣縣誌》卷九，雜記志，寺廟，臺灣文獻叢刊第 103 種，第 209 頁。
[28] 周鐘瑄：康熙《諸羅縣誌》，臺灣文獻叢刊第 141 種，第 281 頁。
[29] 謝道承等：雍正《福建通志》卷十五，祠祀志。乾隆二年刊本。

清代官府祭祀天后禮儀研究

　　在宋元明清四朝代中，清廷最為重視對媽祖的崇拜，晉封媽祖為天后。但是，《清史稿》、《清會典》等書不詳載官府祭天后的儀禮，目前學術界僅是從《惠安縣續志》中略知其大概。筆者在其他有關史料中查出清禮部頒發的〈祭天后禮〉，想據此探討清代官府祭祀天后禮的特點。

　　記載〈祭天后禮〉的史料。蔣維錟編《媽祖文獻資科》第三一二頁引用了道光《惠安縣續志》中有關「天后祭祀」的史料，並在後面附注：「本篇是迄今所見有關媽祖祭儀的最詳文字」。[1] 考《惠安縣續志》記載「天后祭祀」的文字共二百六十二字，翻閱福建省地方誌，雖然大多有記載祭媽祖儀禮，但多數為寥寥數十字，像《惠安縣續志》那樣詳細的確實罕見。然而，筆者窮搜福建方志，發現了幾篇更為詳盡的〈祭天后禮〉，嘉慶《福鼎縣誌》典禮志所載〈祭天后儀注〉達七百五十字上下；道光《建陽縣誌》典禮志所載〈祭天后禮〉達八百多字，最為詳盡，清代官府祭祀天后的全過程都載於此文之中。此外，道光《福建通志》典禮志〈祭天后儀禮〉的記載亦有六百字左右。通過這些材料，我們有可能分析清代「祭天后禮」的特點、性質。

　　清代官府「祭天后禮」的性質。對中國傳統的媽祖崇拜的性質，一向有：民間信仰、道教、佛教、宗法性宗教四種看法。分析清廷的「祭天后禮」，它明顯沿襲了《周禮》傳統。據《建陽縣誌》所載祭天后儀禮，官府祭祀天后前一日，必須「委官省牲」，「監視宰牲委員著補服至廟。封帛畢，禮生引至省牲所省牲；禮生接毛血供香案上。省牲官行一跪三叩禮。禮畢，退。」[2] 「省牲」是《周禮》中即有記載的一道程式，它的目的是檢查獻給神衹的犧牲是否符合條件，肌體有無肥脤，毛色有無純正，牲數有無齊足。若將毛色駁雜、肌體瘦瘠的牲口獻給神，則是一種不恭的表現，假使牲口短少，則更是無禮了。按照周人的觀點，祭品不整齊，會使神靈不悅，神靈不悅，便不會降福於民眾。所以，祭品

1　蔣維錟：《媽祖文獻資料》，福建人民出版社 1990 年，第 312 頁。
2　李再灝等：道光《建陽縣誌》卷六，典禮志，建陽縣誌辦 1986 年重刊本，第 280 頁。

一定要經省牲官檢視過。被選中的牲口經過檢驗後，宰殺便開始了。按照《周禮》規定的程式，宰殺牲口後，要將血和毛少許以盆裝置，擺在神位前，以告訴神祇：犧牲已經宰殺，毛色純正的。上述祭天后時，「禮生接毛血供香案上」，即是這個意思。

其次，從祭祀時陳設的禮品來看，祭天后時必須陳設「帛一、白瓷爵三、羊一，豕一，酒樽一，樽一，鉶一，簠簋各一，籩豆各四。」這些禮器在《周禮》、《箚記》、《儀禮》等三部周代禮儀專著中都可找到。例如，鉶即為鉶鼎，是周代盛粟和羹的器皿，用青銅製成。簠簋成為周代禮品，《禮記‧樂記》曰：「簠簋俎豆，制度文章，禮之器也。」簠用於裝稻粟，大多是方形，少數是圓形；簋用於盛黍稷，多為圓形，也有方的，二者皆以青銅製成。籩和豆皆為周代禮器，豆以木製成，籩的形狀與豆一樣，但是用竹編成，在清代祭禮中，用籩盛棗、粟、菱、榛、脯、鹽、魚、餅等食品，這一制度也是承襲周制。再次，從祭祀程式看，祭祀天后有三獻之禮，第一次為「初獻」，眾官員向天后行禮，奉上帛和爵；第二次為「亞獻」，再次奉上爵，第三次為「終獻」，眾官員行禮完後，焚燒祝帛。三獻禮在《儀禮》一書中有記載，《舊唐書》儀禮志亦有記載，可見，它是一項從古至今，歷代承襲的祭神禮儀。總之，分析清代祭天后儀禮，它無疑是沿襲周禮的儒教禮儀。從禮儀來探討清廷天后崇拜的性質，它不屬於佛教、亦不屬於道教，和民間信仰亦有相當距離，應為儒教性質的，也有人稱之為「宗法性宗教」。不過，必須指出的是：儘管清廷祭祀天后儀是儒教的，但並不等於說中國人的媽祖信仰就是儒教的，從媽祖崇拜發生和成長過程看，它最早應為民間信仰，而後受到佛道儒三教的浸潤和滲透，儒佛道三教從各自的角度去理解媽祖崇拜，並制定了相應的祭禮，站在三教各自立場上，都可以說媽祖信仰是本教的，然而，媽祖信仰在事實上超越了三教，綜合了三教，它的本質還是民間信仰。

清代祭祀天后儀禮的等級。古代中國盛行多神崇拜，清廷列入國家祀典的神靈就有多位，例如：文宣王孔子、文昌帝君、關帝、天后、火神、城隍、山川神、風雲雷雨諸神等。在這些神靈中天后的地位如何？

如果僅從神名來看，天后是天（上帝）的配偶，應為第一級神祇，實際
上，清廷祭天后禮並非是最高級的。首先，皇帝一般不參加祭天后的儀
禮。據《清史稿》、《禮志》的記載，清廷祭祀神靈主要有三類，第一類
是《周禮》記載的天地山川之神，祭祀這類神是沿襲歷代典制，祭祀者
盡禮而退，實際上這些神靈僅見諸文獻，在清代民眾心中並無多大影
響；第二類是宮廷祭祀的滿洲諸神，這類神反映了滿族文化的傳統，在
清朝三百年歷史上，這類神逐步淡化，談不上甚麼影響，第三類有時代
特色的是國家祀典中的眾神，這些神才是清廷最重視的諸神。考《清史
稿·禮志三》的記載，這些神是：先師孔子、元聖周公、關聖帝君、文
昌帝君和「京師群祀」。天后僅是列入「京師群祀」一類神祇中。對先
師孔子、關聖帝君、文昌帝君諸神，皇帝經常親自參加祭祀大禮，而對
京師群祀諸神，多為遣官祭祀。如「河神廟，建綺春園內，祀天后、龍
神、河神，並春秋致祭，遣圓明園大臣將事。」[3]清廷規定：「若夫直省
禦災捍患有功德於民者，則錫封號、建專祠，所在有司秩祀如典」其中
「福建暨各省祀天后（宋林氏女）。」[4]據道光《福建通志》典禮志及《建
陽縣誌》等書，福建官員每年祭天后三次，即春秋各一次，天后誕一次。
《建陽縣誌》還記載：「雍正十二年，奉文各府、州、縣一體建廟奉祀。」
參之上文「福建暨各省祀天后」一條，可知清廷規定各地地方官都得祭
祀天后，這在群祀眾神中是少見的。但是，畢竟皇帝不參加祀典，所以，
清廷對天后的祭祀，要低於文聖人孔子與武聖人關帝。其次，清廷祭天
后的祭品略次孔子、關帝。將《福建通志》、《建陽縣誌》等書記載的祭
孔子、關帝、天后的儀禮相互比較，清廷祭孔子、關帝都是用「太宰」
之禮，祭品為一牛、一羊、一豬；而祭祖天后僅用少宰之禮，祭牲為一
羊、一豬，再從祭祀時所用禮器看，祭孔子的禮器為：「白瓷爵三、登
一、鉶二、筐二、簋二、籩十、豆十、酒樽一」；祭天后時用：「白瓷爵
三、酒樽一、鉶一、筐簋各一、籩豆各四」。[5]祭天后的禮器少於祭孔子

[3]　趙爾巽等：《清史稿》卷八四，禮志三，北京，中華書局 1977 年標點本，第 2545 頁。

[4]　趙爾巽等：《清史稿》卷八四，禮志三。

[5]　李再灝等：道光《建陽縣誌》卷六，典禮志，第 280 頁。

的禮器。再次，清廷祭天后的儀禮比祭孔、關二聖人略簡。祭孔子之禮最為繁複，行大禮有兩次，「凡祭文廟，必先祭崇聖祠」，這二次祭祀，都得行三次「三跪九叩」之禮，行禮中，還必須配以奏樂和舞蹈。清廷祭關帝也分為兩次，一次在前殿，一次在後殿，前殿祭關帝，行二次「三跪九叩」之禮，三次「一跪三叩」禮；後殿祭關帝祖先三代，行二跪六叩之禮。祭天后則行一次大禮，行禮過程中，行二次「二跪六叩」之禮，一次「三叩禮」，沒有配樂舞。可見，清廷祭天后之禮遜於祭孔子、關帝之禮。不過清廷對天后的祭禮又明顯超過了其他群祀諸神，據《清史稿》典禮志，清代列入國家祀典的神祇有上百位，其中與福建有關的即有多位，「莆田祀宋長樂錢氏室女」、「福建歸化祀福順夫人莘氏」、「連江祀崇福昭惠慈濟夫人陳昌女」、「壽寧祀懿政天仙馬氏女」、「永安祀唐田王李肅」、「甌寧祀三聖夫人」、「上杭祀黃仙師、幸仙師」等。清官員對上述神祇的祭祀都是地方性的，除了本縣官員，其他地方的官員都不參加祭祀，其祭禮雖不見明載，但肯定不及祭天后之禮。

　　清廷祭天后之禮略遜於孔子、關帝的原因。清代的等級制貫穿於各方面，它也表現在祭祀制度上，這是很自然的，只是許多人想不到而已。而清代祭神等級制度的確定，則受到多方面因素的影響。首先，從眾神的影響來看，孔子和關帝在清代已被視為文聖人和武聖人，孔子是至聖先師，在儒者控制國家命脈的前提下，儒家的開山者必定擺在第一位，清代以儒治國，自然要承襲這一制度。關帝是中國最為普及的民間信仰之一，清代中國人幾乎家家戶戶都崇拜關帝，這是天后信仰無法比擬的。所以，清廷對天后的祭祀等級也比不上孔關二神。其次，和儒者對天后的觀念有關。媽祖源於民間信仰，雖說媽祖受到宋、元、明三代的封賜，在清以前，還有許多儒者批評媽祖崇拜。天妃家鄉的莆田學者朱淛說：「世衰道微，鬼怪百出，俗所敬信而承奉之者，莫如天妃……夫上天至尊無對，誰為媒妁，以海濱村氓弱息作配於天。其無理不經，謬恣舛逆，與鄴人為河伯娶婦之事尤為怪誕也。」[6]清代史學家全祖望把

媽祖看作南方淫祀：「自有天地以來，即有此海；有此海即有神以司之。林氏之女未生以前，誰為司之？而直待昌期之至，不生男而生女，以為林氏門楣之光，海若斂衽，奉為總持，是一怪也。天之配為地，今不以富媼為伉儷，而有取於閩產，是二怪也。林氏生前固處子耳，後世有深居重閨之淑媛，媒妁之流突過而呼之曰妃、曰夫人、曰娘，則有俯其面避之惟恐不遠，而林氏受而不以為非，是三怪也。為此說者，蓋出南方好鬼之人，妄傳其事。」[7]以上二人皆把媽祖信仰看作南方淫祖，這說明清代社會中有一股不利於媽祖崇拜的輿論力量，在這種背景下，清廷能封媽祖為天后，已是破格了。從清朝群祀眾神來看，他們大多原為民間信仰，在元明二代，民間信仰要進入國家祀典是極為困難的，而清廷對民間信仰不是一概排斥，所以許多神祇可進入國家祀典，但是，清廷對這些神祇的祭祀不能不降低一格。複次，清廷對神祇的祭祀等級也受神祇的實用性影響。清承明制是很多人愛說的話，但是，清對明制的改革之處也不為罕見。在祭神制度上，明朝的國家祀典最重視九廟，其中有關帝、玄武上帝、二徐真人等，但沒有天妃。清廷是按照神對自己的實用程度來選擇神祇的，明代祭祀的關帝被繼承下來了，這是因為關帝經常顯聖庇護清廷，而玄武上帝、二徐真人卻被忘卻，這是由於這兩位神祇很少「顯靈」保護清朝國事的緣故。此外，有一些神祇雖未被列入明朝九廟祀典中，但因他們屢屢顯聖「保佑國家」，都被納入清國家祀典中，例如火神、龍神。以火神來說，他原為民間微不足道的小神，但因對清廷有用，在國家祀典中佔有重要位置，幾乎可與天后並列。至於天后對清廷來說是最有用的神靈之一，她是漕運及海運的最高保護神，每一次顯靈救護官兵之後，都會得到清廷的新封號。據《清史稿》禮志，清廷規定，眾神封號下可超過四十字，突破這一規定的僅有二神，一為「金龍四大王」，其封號長至四十字，其後又加「錫祜」二字。其二為天后，封號加至六十二字，在清代歷史上前所未有。若下是民國廢除賜號制度，按其自然發展，天后的地位將進一步提高。天后能得這麼多封

---

[7]　全祖望：《鮚埼亭集》卷三五，天妃廟說，臺灣文海出版社 1998 年，中國近代史料叢刊三編，第 390 冊，第 1523-1526 頁。

號，和她對清廷有用有關，那末，這種實用性是否會導致天后與孔子、關帝等並列？這又未必盡然。因為，中華民族的主要活動領域是在大陸而不是在海洋，在人們的心中，陸地的重要性遠遠超過海洋，所以，清廷對天后的尊奉也不可能超過文武二聖人，這是由民族的文化性格決定的。

清廷祭天后禮與中國沿海民間祭天后的比較。媽祖是海神，在清代，中國萬里海疆的每一個地方都有媽祖的香火，沿海民眾對媽祖的信仰也是無以復加的。在他們的心裡，媽祖是最高神靈，可與一切最尊貴的神祇並列。臺灣林氏族譜所附的《天上聖母經》云：「文聖人，有孔子；武聖人，有關羽；女聖人，默娘兒。」[8]在泉州一帶，民間信仰的最尊貴神靈有三位：關帝、媽祖、保生大帝。北方大港天津則將天后奉為第一保護神，「崇奉天后較他處尤虔。」將這些地區祭天后儀禮和清廷祭天后禮相比，可以發現，沿海民眾祭天后儀禮會更隆重些。第一，對沿海民眾來說，祭祀媽祖是一個盛大節日。張燾《津門雜記》記載天津的「娘娘會」：「三月二十三日，俗傳為天后誕辰。……向例此宮於十五日啟門，善男信女，絡繹而來。神誕之前，每日賽會，光怪陸離，百戲雲集，謂之『廟會』。香船之赴廟燒香者，不遠數百里而來。由御河起，沿至北河、海河，帆檣林立。如芥園、灣子、茶店口、院門口、三岔河口，所有可以泊船之處，幾乎無隙可尋。河面黃旗飛舞空中，俱寫『天后進香』字樣。紅顏白髯；迷漫於途。數日之內，廟旁各鋪店所賣貨物，亦利市三倍云。」[9]又如廣東佛山的天后宮，「其殿宇尤為壯麗，每三月神誕香花火爆之盛，旌旗儀衛之設，牲腯報賽之具，咽闐衢陌，歌舞累月而不絕。」[10]至於媽祖故鄉的莆田湄洲，與媽祖有關的大慶每年三次。在媽祖誕辰前後十天，各地民眾都前來朝拜媽祖，形成規模浩大的廟會，熱鬧非常。在媽祖忌辰，湄洲島的進香活動也要持續數日，

---

[8]　蔣維錟《媽祖文獻資料》，第 379 頁。

[9]　張燾，光緒《津門雜記》。

[10]陳恭伊：《天妃廟紀事》，原出《佛山忠義鄉志》卷八，祠祀。蔣維錟輯：《媽祖文獻資料》第 204 頁。

同時伴有演戲、念經等活動。此外在正月十五元宵節前後,湄洲人圍繞著媽祖慶元宵,遊神賽燈活動自正月初八開始,迄於正月十八日,長達十一天之久。除媽祖的祖廟外,湄洲島上各漁村共有十四個媽祖宮,如:北棣宮、白石宮、上林宮、下山宮、港潮宮、後巷宮、烏石宮、汕尾宮、爐厝宮、寨下宮、田厝宮、蓮池宮、富下宮、上英宮等,在元宵節期間,這些宮的媽祖神像都要出遊。由於出遊是一項很要財力的活動,所以,各宮媽祖出遊是有分日期的,大的媽祖宮,神像出遊二至三夜,小的媽祖宮,幾尊神像一起出遊一夜,所以,湄洲的「媽祖元宵」十一天內,島上一直沉浸於節日的氣氛中。和民間的媽祖祭相比,官府的天后祭就顯得冷清多了。第二,從祭禮來看,民間祭媽祖的儀式也比清廷祭天后更為繁複。據莆田人所說,湄洲祖廟舉行大典時,擺上的祭品、祭器有:「高盒一個,上置紅柑、桔等鮮菓。饌盒二個,盛紅棗等乾果。瓷鍾二個,盛面、飯。寶帛二副,用五色紙裱糊。籩六個,盛乾菓(荔枝干、桂元、核桃、蜜棗、楊梅干、葡萄乾等)。豆六個,盛鮮菓(柑、梨、荸薺、橄欖、楊桃、香蕉等)。大海盆一個,盛羹(豆湯)。素菜十碗,盛香菇、紅筍、金針菜、紫菜、卷煎、豆腐皮、粉絲、菜餅、甜菜棗、花生仁等。葷菜十碗,盛雞、鴨、魚、蝦、蟹、豬肝、豬心、豬肚、豬腰、方肉等。木俎三個,盛鵝、雞、魚(整只煮熟、抹紅)。全豬、全羊(生的,卸去內臟)分別放在兩邊木架上。此外,還有爵三個,盛白酒。花斗一個,插鮮花。燭臺一對,插紅燭。香爐一個,插香。」[11]據作者所言,這種祭品、祭器格式延續至今。我們將它與清廷祭天后之祭器、祭品相比,可發現沿海民眾給媽祖奉上的祭品要多得多,大大突破了清代等級祭祀制度的限制。例如:按清朝禮制,獻給天后的禮器有四籩四豆,而湄洲媽祖廟祭神禮器中亦有籩和豆,但各為六個。此外,奉給媽祖的祭品中,湄洲格式還多了十素十葷,據筆者瞭解,莆田人宴請客人擺上十葷十素是表示對客人最高規格的尊敬,獻給神亦有同樣的意義。總之,湄洲祖廟的祭品格式,反映了官府模式與民間模式的合流,

---

[11] 施友義編:《湄洲媽祖與朝聖旅遊》,華藝出版社。

但其隆盛程度，則遠盛於官府。第三，從祭儀看，據前引施有義一書，湄洲祖廟的祭典亦受朝廷制度的影響。有「讀祝文」、「行初獻禮」「行亞獻禮」、「行終獻禮」、「焚祝文」、「焚室帛」等程式，這和清代祭天后禮是一致的。但是，其行禮次數則突破清代官府的規定。據施有義所記，祭典前後，祭祀者共行二次「三跪九叩首」之禮，三次「三叩首」之禮，和清廷規定的行二次「二跪六叩首」之禮、一次「三叩首」之禮相比，大大突破了規定。可見，沿海民眾對天后的崇拜遠勝於官府，這和他們的生活與海洋息息相關是有聯繫的。

　　沿海民眾祭天后儀式對官府祭天后禮的影響。清代禮部頒發的儀禮具有規範意義，一般地說，下級官員不得違反具有法律意義的禮部規定。然而，在事實上卻存在違例現象。就現在掌握的材料看，清代道光年間沿海數縣官員祭祀天后，使用三跪九叩之禮。道光《惠安縣續志》記載：祭天后「前後三跪九叩首，三獻飲醴，受胙與關帝同。」此文的「前後三跪九叩首」可理解為祭典前後共「三跪九叩首」，若是這樣，惠安縣的天后祭典並未突破規格，反而可說是未及規格。不過，該書後文又說，祭媽祖「受胙儀與關帝同」，那麼，其祭品規格與數量確實突破了清廷有關祭天后的規定，所以若說其前後僅三跪九叩首似乎又不相稱。好在尚有其他縣誌可為旁證。據道光《羅源縣誌》典禮志，該縣官員祭天后，行二次「三跪九叩」之禮，一次「三叩首」之禮，可見，確有些沿海縣官員對天後行三跪九叩之禮。[12]按，祭天后應行二跪六叩之禮，是清禮部規定的。查道光《福建通志》典禮志，福建省督撫祭天后，也是行二跪六叩之禮。據《清史稿》禮志，閩省官員祭天后的儀禮具有典範意義，因此，道光《福建通志》所載禮儀應為標準禮儀，鑒之於嘉慶《福鼎縣誌》，道光《建陽縣誌》的典禮志，也證明清代官員祭天后用二跪六叩首之禮，這樣看來，羅源縣、惠安縣、湄洲島祭天后用三跪九叩之禮是不符合禮部頒發現定的。在有禮部格式頒發的前提下，沿海有一些官員公然不遵守規定，在天后祭典上用三跪九叩之禮，這一

---

[12]林春溥等：道光《羅源縣誌》，卷十二，羅源縣政協文史委 1983 年點校本，第 172-173 頁。

方面反映了清代政令一向未得嚴格遵守的狀況，另一方面也反映了民間
信仰對官府祭典的影響。正是由於沿海民眾將天后看作和關帝一樣偉大
的神祇，沿海地方才會順從民意作以上改革。可見，儘管清禮部諸儒在
制定祭禮時嚴格遵守《周禮》，但它在貫徹過程中，仍不免受到民間信
仰的滲透。

　　總之，在清廷祭祀眾神中，最受重視的是孔子，其次是文昌帝君、
關帝；天后是第三等級的神靈，清廷對天后的祭禮，與上述神靈相比有
一定差距。其一，祭禮所用犧牲為一豬一羊，這在祭禮上稱之為「少牢」，
而清廷官員祭孔子、關帝皆用「太牢（牛）；其二，祭天后所用禮器數
量較少，品質較次；其三，清廷祭天后最高官員為省級督撫，這與皇帝
親自祭孔子、關帝不同；其四，祭祀天后的官員行二跪六叩之禮，這與
官員祭孔子、關帝行三跪九叩之禮有距離。不過，福建沿海的惠安、羅
源等縣官員祭祀天后是用三跪九叩之禮，與內地諸縣不同。這種差距與
各地人民對天后態度不同有關。

　　清廷祭天后之禮略遜於孔子、關帝等，是幾個因素在起作用：其一，
儒者對天后的看法；其二，天后對清代官府的實用程度；其三，媽祖信
仰為民間信仰的本質。（原發於澳門海事博物館，澳門文化研究會聯合
出版《澳門媽祖論文集》1998 年 4 月）

明清祭祀媽祖的官廟制度比較

現存各地的媽祖廟，一直有官廟與民間廟宇之分，許多人為此爭論不已。要弄清這個問題，首先要瞭解明清的官廟制度，以及這一制度在各地的實行。

一、明代祭祀天妃的官廟制度

祭祀諸神在中國古代是國家大事，所謂「國之大事，在祀與戎」，即是這個意思。自商周以來，每一個朝代都要建立「九廟」，祭祀與國家有關係的諸神。即使是在地方，也要祭祀五嶽之神及城隍等地方神明。有所區別的是，各朝代所祭祀神明會有所變化，商周重視天地及川嶽之神，明清重視民間信仰的北帝、關帝、媽祖諸神。歷代祭祀諸神的制度載錄於二十五史的《郊祀志》，各省祭祀的神明也載於各省志的《祀典志》及《祠廟志》，這使我們有可能瞭解明清各自的祀典制度。

明朝取代元朝之後，很快建立了國家祭祀的「九廟」，而後逐步完善，得到明朝祭祀的共有 14 位神明，其中有不少俗神，至明成祖在位之時，明代的制度大致完備。歷代制度的建立，都與傳統制度有一度關係，不過，明朝以漢族正統自居，革除元朝之命後，皇帝聲稱要恢復唐宋舊制，對元代制度改革較多，而其恢復唐宋舊制的口號，在實行中也遇到許多問題，所以，明朝的許多制度都是斟酌宋元制度後自創的。例如，明代官員的袍服是唐代式樣，但明代的行省制卻來自元朝。在祭祀制度方面，元朝重視喇嘛教，對漢族傳統諸神不是太用心，而宋朝封賜的神明過濫，幾乎每一個縣都有規格為「王」、「侯」的廟宇，這些制度明朝都無法全部採納。例如，明朝給喇嘛教一定地位，但喇嘛教在政壇的位置明顯下降了。對於宋代濫封的諸神，明朝既不承認，也不肯定，但對那些在傳統信仰中有較高地位的神，則給予較多的尊重。因此，明代的九廟裡，祭祀的諸神與傳統制度有所不同。俗神「玄武」、「關帝」都進入了國家祀典，並佔有重要位置，這是時代的特點。

　　不過，明太祖在重振乾坤的同時，也在整頓神靈世界，「太祖高皇帝出御寰區，為百神主，用於洪武三年大正祀典，去淫祠，削濫爵，十四年定讞，官頒儀式。二十四年勅天下寺觀，非古制及賜額者，悉令廢之。民間不得私創。」[1]丘濬也說：「太祖高皇帝革去百神之號，惟存其初封。」[2]可見，明初朱元璋在儒者的影響之下，對待民間淫祀是相當嚴厲的，許多廟宇在他的嚴令之下被拆毀，許多前代受封的神明也被撤銷封號。然而，天妃信仰對明代水師太重要了，朝廷不得不恢復天妃信仰。洪武五年正月，「命靖海侯吳禎率舟師運糧遼東，以給軍餉。」其時海難經常發生，郎瑛記載：「洪武初，海運風作，漂泊糧米數百萬石於落漈（落漈言水往不可回處）。萬人呼號待死矣，大叫『天妃』，則風回舟轉，遂濟直沽。」[3]為了安撫這支漕運水師的人心，朝廷以「以神功顯靈」為由，勅封湄洲神女為『昭孝純正孚濟感應聖妃』」。[4]引人注目的是：明初這一次封賜，將天妃之封號退為「聖妃」。與元朝之初，將宋代聖妃封號退為夫人一樣，朝廷在第一次給某一神靈封號時，都要貶去該神在前朝原有的封號，從而洗盡前朝的痕跡，為新朝的加封打下基礎。

　　永樂七年，鄭和第二次出使歸來，再次上奏得到湄洲神女保佑。朝廷以天妃之號加之。《明成祖實錄》記載：永樂七年正月己酉，「封天妃為護國庇民妙靈昭應弘仁普濟天妃，賜廟額曰：『弘仁普濟天妃之宮』。歲以正月十五日及三月二十三日遣官致祭，著為令。」[5]《明會典》卷一六九記載：「普濟禪師一祭，真武廟二祭，天妃宮二祭，祠山廣惠王廟蔣、忠烈王舊廟、壽亭侯廟，俱二祭，五顯靈順廟一祭。」類似記載也見於《明史》：「天妃，永樂七年封為護國庇民妙靈昭應弘仁普濟天妃，以正月十五日、三月二十三日，南京太常寺官祭。太倉神廟以仲春、秋望日，南京戶部官祭。司馬、馬祖、先牧神廟，以春、秋仲月中旬，擇

[1]　陳艮山等：正德《淮安府志》卷十一，祠祀，正德十三年刊本，第1頁。

[2]　邱濬：《重編瓊台稿》卷十七，天妃宮碑，文淵閣四庫全書本，第21頁。

[3]　郎瑛：《七修類稿》卷五十，上海古籍出版社2000年，第530頁。

[4]　照乘等：《天妃顯聖錄》，臺灣文獻叢刊本第七十七種，第2頁。

[5]　《明太宗實錄》卷八七，臺北，中央研究院歷史語言研究所影印本，第1152頁。

日南京太僕寺官祭。諸廟皆少牢，真武與真覺禪師素羞。」[6]

　　以上史料說明明朝祭祀的神明有每年一祭與二祭之別。得到二祭的神明要比每年只一祭的神明更重要一些。明代對真武帝的崇敬是空前的，而真武帝每年所得祭祀不過二次，天妃能與其並列，反映天妃在明代國家祭祀中的地位較高。

　　另要注意的是：明代祭祀天妃是用少牢之禮。所謂太牢、少牢，是商周以來祭神的犧牲。太牢之禮是用牛為祭品，少牢之禮是用豬、羊為祭品。這說明二點，其一，明朝在祭天之時使用太牢，而祭祀天妃只用少牢，說明朝廷對天妃的祭祀不如對天帝的祭祀；其二，朝廷在祭祀天妃時用了動物為貢品，這說明明朝對天妃所屬宗教的認同與佛道二教不同。佛教傳入中國是在漢朝，道教形成於東漢，而在漢朝以前，中國已有傳統的宗教信仰——即天帝信仰，夏商週三朝的國王，都自稱是「天子」，他們每年都要祭祀天帝。商代的甲骨文即為祭祀天帝時卜卦用的物品。這種傳統宗教信仰，我們可稱為國家信仰，也可稱之為宗法性宗教。自漢唐以來，國家信仰為歷代朝廷所繼承，一直到清朝，祭天之禮都是大事。以上敘述表明，明朝統治者沿襲古代的傳統，將對天妃的祭祀列入自古以來沿襲的國家祀典，因而，對她的祭祀，要用傳統的動物犧牲。

　　列入國家祀典，這對媽祖信仰的發展很重要。因為，明朝以儒家為統治思想，而儒家一向反對民間俗神信仰，將其貶為「淫祀」。事實上，明朝的儒者對民間信仰的批評一向沒有少過，許多官員在地方就任時，將掃除「淫祀」當作自己的政績。在這一背景下，許多地方廟宇便要聲稱自己是「國朝祀典」，以防止地方官在毀廟時誤傷自己。澳門媽祖閣的橫樑上刻有「國朝祀典」就是這個意思。因為，明朝地方官有時會將天妃信仰列入「淫祀」，加以毀棄。[7]但要注意的是，列入國家祀典，並不是證明天下所有祭祀這一神明的廟宇都是「官廟」，因為，許多廟宇

---

[6]　張廷玉等：《明史》卷五十，禮志四，北京，中華書局 1974 年標點本，第 1304 頁。

[7]　徐曉望：《論明清以來儒者關於媽祖神性的定位》，福州，《福州大學學報》，2007 年 2 期。

是由民眾自選建立，其產權也屬於民眾。所謂官廟，主要是指官府祭祀神明的專用場所，它的數量不會很多。

　　明朝祭祀天妃主要有南京、太倉、天津、廣州的官廟。南京及太倉的天妃宮因與漕運有關，極受重視。「天妃，永樂七年封為護國庇民妙靈昭應弘仁普濟天妃，以正月十五日、三月二十三日，南京太常寺官祭。太倉神廟以仲春、秋望日，南京戶部官祭。」[8]可見，南京天妃宮與太倉天妃宮的祭祀時間不同。南京天妃宮祭祀的時間是正月十五及三月二十三日，而太倉天妃廟祭祀的時間是春秋二祭，其時間應為三月二十三日及九月初九日。二者祭祀時間不同的原因不明，但太倉天妃廟早在元代就有春秋二祭，明代的春秋二祭應是這一制度的延伸。

　　天津的直沽天妃廟也是官府祭祀的一個重點。《續通志》記載：「明直沽有天妃廟，北京有真武廟、洪恩靈濟宮（祀徐溫子知證知諤）……福州靈濟宮、廣州天妃廟、南海真武廟、瓊州靈山廟、電白靈湫廟、誠敬夫人祠，皆終明之世，有司歲時致祭不絕。」[9]以上史料表明，明朝祭祀的一些廟宇分佈於兩京之外，其中天津（直沽）天妃宮與廣州天妃廟是明朝國家祀典的重要廟宇之一，長期得到朝廷的祭祀。

　　廣州設有國家祭祀的天妃廟與明朝水師有關。洪武元年，明將廖永忠率水師從福州南下廣東，抵達廣州。隨軍士兵聲稱在廣州外港得到天妃的保佑，因而有了天妃宮之設。吳國光說：「余考圖牒，天妃之神自宋至今累錫封號。廣之有廟，建自征南將軍廖永忠，敕加賜額。有司春秋致祭。」[10]又如《廣東通志》記載：「天后宮在歸德門外五羊驛之東，莆田林氏女顯靈海上，人稱天妃。明洪武初加昭孝純正靈應孚濟聖妃。春秋二仲癸日有司致祭。」[11]明末崇禎元年李待問的《柵下天妃廟記》便說：「五羊城南有特祠，當事者春秋司享。」[12]這說明廣東地方官對

8　張廷玉等：《明史》卷五十，志第二十六，禮四，第 1304 頁。

9　稽璜、劉墉等：《續通志》卷一一四，禮略，吉禮四，文淵閣四庫全書本，第 39 頁。

10　吳國光：《重修赤灣天妃廟碑記》，郝玉麟等：《廣東通志》卷六十，藝文志，文淵閣四庫全書本，第 95 頁。

11　郝玉麟等：《廣東通志》卷五四，壇祠志，第 2 頁。

12　李待問：《柵下天妃廟記》，蔣維錟輯：《媽祖文獻資料》，福建人民出版社 1990 年，第 138

廣州天妃廟的祭祀一直延續到明代末年。《廣東通志》又載：「北岸地租留支致祭天后宮，額銀六兩四錢四分七厘。」[13]這說明五羊驛天后宮有專門的祭祀經費。

由此可知，明代祭祀天妃的官廟不多，主要是南京、太倉、天津、廣州四大天妃廟，這些廟宇主要由官府出資建造，由特定的政府官員出面祭祀，而且，其祭祀的時間也在官府的政書中做出規定。瞭解明代的官廟制度，就可知道，明朝屬於國家的官廟是極少的，廣東境內祭祀媽祖的只有廣州五羊驛天妃廟一個。

二、清代祭祀天后的官廟制度

在水神領域，如果說明朝最重視玄天上帝，清朝則更重視媽祖。清朝以馬上得天下，進入福建後，遇到鄭成功水師的阻擊，一直無法得志於臺灣海峽。清康熙十三年，三藩之亂暴發，清朝在平叛過程中建立了一支有相當規模的水師，最終憑著水師的力量將擊敗明鄭水師，佔領金門、廈門，最後統一臺灣。清朝的水師普遍祭祀媽祖，康熙十九年，福建水師提督萬正色請封天妃，清朝順勢恢復了明代給予天妃的封號。施琅攻台成功，康熙帝又下令祭祀天妃。康熙五十九年，冊封琉球的使者海寶、徐葆光平安回到大陸，上奏請地方官春秋二祭天妃，這使媽祖的神格進一步提高。康熙年間，福建民間已經出現了「天后」的稱呼。

清雍正年間，朝廷對天妃的態度有所變化。康熙皇帝是一個崇奉儒學的典型學者，他對鬼神的態度屬於正統儒家，敬而遠之。但雍正皇帝卻是一個狂熱的的道教崇拜者，他在後宮養了一批道士，長期研究煉丹術，最後因服用丹藥而死。這樣一個道教皇帝對神靈的態度自然和他人不同。在他統治時期，媽祖信仰進一步得到朝廷的認可。

雍正三年九月初九日，巡台御史禪濟布、給事中考祥上了一道《為海神效靈懇頒宸翰以昭崇報折》，其文回顧當年清朝水師平定臺灣的歷

史：「遂定臺灣。經臣施琅恭疏奏具題，聖祖仁皇帝勅建天妃神祠，其
原籍興化府莆田縣湄洲勒有勅文以紀功德。隨又加封『天后』。康熙六
十年，台匪竊發，其時水師臣藍廷珍、林亮等率師至鹿耳門，水亦驟長，
舟師揚帆並進，七日克復全台。此天后屢顯靈異，以勸耆定之績者也。」
以上這道奏摺受民間傳說的影響，稱康熙二十三年加封天后，其實，在
《大清會典》中根本找不到根據。然而，崇信道教的雍正皇帝並未給予
批評。他的朱批是：「國家崇德報功，人神一理，該部查議具奏」。[14]雍
正的朱批具有重要意義，它使天后的稱呼合法化。如果說此前天后之稱
只是民間私諡，除了個別地方誌及個別糊塗官員之外，沒有人敢稱天妃
為天后，此後，官方對天后的稱呼便有了法律的依據。在清代，皇帝的
諭旨就是法律，沒有人敢說皇帝錯了。即使皇帝錯了，但經皇帝說出，
就是正確的了。天后之稱，就是這樣獲得了法律地位。[15]

　　至雍正十一年六月二十七日，福建總督郝玉麟等《為請頒閩省南台
匾額並立祀典事》上了一道奏摺，要求提高天后信仰的祭祀規格。此前，
經萬正色的奏請，天妃成為官祀神明之一；其後，海寶及徐葆光的奏請，
又使天妃得到春秋二祭的地位。郝玉麟覺得這還不夠，「臣等更有請者，
伏惟天后凡在江海處所靈應感昭如響。其各省會地方，如曾建有祠宇而
來，經設立祀典之處，並請降旨一例舉行，則崇德酬功之令典，昭垂萬
禩；而各省商賈兵民仰戴帝德，神庥永永無極矣。」[16]此文的關鍵之處
是提到了各省對媽祖的祭祀，從而打破主要由朝廷祭祀天后的制度，將
其推向地方。

　　對這一奏疏，雍正帝下令「禮部議奏」。禮部討論之後，制定了新
的制度：「其春秋祭祀應照致祭龍神之例，令該督撫主祭。至凡江海處
所俱受天后庇護弘施，其建有祠宇而未設祀典之處，亦應如該督等所
請，行令各該督撫照例春秋致祭。但各省天后祠宇不皆在省城之內，如

[14]胤禛：《雍正朱批奏摺選輯》卷一五八，《巡台禦史禪濟布、給事中考祥為海神效靈懇頒宸
　　翰以昭崇報折》，臺灣文獻叢刊本，第 300 種，第 193 頁。
[15]徐曉望：《清初賜封媽祖天后問題新探》，《福建師範大學學報》2007 年第 2 期。
[16]中國第一歷史檔案館、湄洲媽祖祖廟董事會等合編：《清代媽祖檔案史料彙編》，中國檔案
　　出版社 2003 年，第 44-45 頁。

省城舊有天后祠宇，應照例令督撫主祭，如省城未曾建有天后祠宇，應令查明所屬府州縣原建天后祠宇，擇其規模弘敞之處，令地方官修葺，照例春秋致祭。其祭祀動用正項錢糧，造冊報明，戶部核銷。俟命下之日，臣部通行各省遵奉施行。」[17]以上這一命令，明確要求各省祭祀天后，這是許多省份建設天后宮的原因。

雍正十一年禮部關於天后祭祀制度的議奏中提到：「如省城未曾建有天后祠宇，應令查明所屬府州縣原建天后祠宇，擇其規模弘敞之處，令地方官修葺，照例春秋致祭。其祭祀動用正項錢糧，造冊報明，戶部核銷。俟命下之日，臣部通行各省遵奉施行。」這一奏議對地方州縣是否祭祀天后的規定十分含糊，沒有說各地州縣必須祭祀天后，但也沒有說各地州縣不能祭祀天后，因此，祭與不祭，全在各地官員掌握。由於福建總督郝玉麟是祭祀天后的提倡者，所以，他在福建總督任上下令福建各地州縣都要祭祀天后。乾隆《將樂縣誌》：「（雍正）十一年，又准總督郝玉麟、巡撫趙國麟奏，『錫福安瀾』匾于省城南台神祠，並令有江海各省，一體葺祠致祭。」[18]相同的記載亦見於雍正《永安縣誌》：「天后宮，原名天妃。康熙間敕封天后，雍正年，命天下遍祀。」[19]可見，福建諸縣應是在雍正十一年之後才建官廟的。

不過，由於雍正皇帝開列在先，清朝皇帝對國家祭祀眾神越來越重視。如乾隆年間的《欽定大清會典則例》記載：「乾隆二年加封天妃為護國庇民妙靈昭應弘仁普濟福佑群生天后。」據學者們的研究，這條規定是朝廷首次在正式法令中公佈媽祖為天后。按照清朝的制度，地方官的責任之一是祭祀國家祀典中的重要神明。媽祖被抬升為天后，自然也是各地府縣官員必須祭祀的神明之一。道光《建陽縣誌》記載：「祭天后禮，雍正十二年，奉文各府、州、縣一體建廟奉祀。乾隆三年，又奉文通行春秋二祭。」[20]這條記載表明，福建縣級衙門祭祀天后在乾隆三

[17]中國第一歷史檔案館等：《清代媽祖檔案史料彙編》，第 47 頁。
[18]徐覲海等：乾隆《將樂縣誌》卷十五，祠廟志，廈門大學出版社 2009 年，第 476 頁。
[19]裴樹榮：雍正《永安縣誌》卷六，祠祀志，永安縣方志委 1989 年據光緒重刊本標點本，第 190 頁。
[20]李再灝等：道光《建陽縣誌》卷六，典禮志，建陽縣誌辦 1986 年重刊本，第 278 頁。

年之後得到加強，祭祀次數明確規定為每年二次。據《大清會典則例》的記載，乾隆二十二年，「加封天后為護國庇民妙靈昭應宏仁普濟福佑群生誠感咸孚天后，於祈報祭文內將封號書明。以上皆所在有司歲以春秋祭祀。」[21]在這些朝廷命令得到貫徹的地方，地方官祭祀天后已經成為一種慣例。李拔于乾隆年間任福寧府知府，他說：「乾隆己卯春，予來守郡。循例當祀天后，諸董事請記于予。」[22]

　　不過，清代制度在地方的推行會遇到許多狀況，即使是福建這樣一個普遍祭祀媽祖的省份，也會有些縣未能按時建立祭祀天后的官廟。例如，乾隆年間的《安溪縣誌》和《古田縣誌》都未記載當地有天后宮。按照當時的制度，如果當地有官府祭祀的天后宮，一定不會遺漏。此外，有一些縣雖有天后宮，雍正年間卻沒有官府祭祀的記載。例如羅源縣，道光《羅源縣誌》的祠廟志記載：「天后宮，在東關外港尾下，原與阜俗宮毗連，乾隆五年（1740 年）邑蘇商移建今所，三十五年，復於殿后建梳妝樓，五十八年知縣吳浚詳請動帑重修。歲以三月二十三日誕致祭。」[23]羅源是一個沿海的縣，但以上史料說明在雍正年間，當地沒有官廟，官府也沒有祭祀。直到乾隆五十八年，新任知縣吳浚詳才重修這所在民間較有影響的天后宮，並實行官祭制度。

　　福建是媽祖崇拜最盛行的省份，並有福建總督這樣的大官全力推廣媽祖信仰，仍然會出現這種情況。這一事實反映了中國傳統官僚機構的毛病，許多事情，雖有朝廷之命，但在地方並未得到全面執行。此外，各地官員的態度也是朝廷之令貫徹與否關鍵，如果朝廷官員對某項政令陽奉陰違，即使是皇帝的詔令，也很難貫徹。像祭祀天后這種小事，朝廷不會花精力去查核各地祭祀的情況，所以，清代各省是否建天后宮，完全在於各省督撫及府縣官的一念之間。從四庫全書查閱雍正、乾隆年間的各省通志，計有福建省、廣東省、廣西省、雲南省、湖廣省、江西

---

[21]秦蕙田撰：《欽定大清會典則例》卷八四，禮部，群祀一，文淵閣四庫全書本，第 15-16 頁。

[22]李拔：乾隆《福寧府志》卷三四，壇廟志，甯德地區方志編纂委員會 1991 年自印本，第 955 頁。

[23]林春溥等：道光《羅源縣誌》卷十三，祠廟志，羅源縣政協文史委 1983 年點校本，第 188 頁。

省、江南直隸區、浙江省、山東省、幾輔直隸區、盛京都有了祭祀媽祖的天后宮（或稱天后廟、天妃宮、天妃廟），其中《廣西通志》18 次提到天后廟。廣東、福建的數量也不少，可見，祭祀天妃主要在東南沿海。內地省份中，如湖廣、江西、雲南三省的通志只出現了一次天后宮之名，陝西、山西、河南諸省則沒有天后宮之名，顯見，儘管朝廷規定了各省督撫都要祭祀天后，內地省份因事不關己，並未應從。

　　綜上所述，清代祭祀媽祖的官廟制度有發展，從明代全國只有四大官廟發展到清代沿海各縣都可設官廟，官廟的數量增加很多。但並不是所有的縣都設立了官廟。其次，清代的官廟並非全由官府建設，按照雍正十三年郝玉麟的奏摺和禮部的批答，各地官府都可選擇民間的天后宮祭祀天后。一般地說，官府只有在春秋二祭時才到天后宮舉行儀式，所以，官府偶爾來祭，不會影響到天后宮原有的產權，反而會提高天后宮的名聲，因此，各地天后宮是歡迎官府選其為官廟的。在這裡要注意的是，清代地方官廟僅是地方官祭祀神明的地方，並非官府有產權！其次，一個縣內，地方官一般選擇一個官廟祭祀天后，因而，有了一個官廟，就沒有必要先擇第二個了。這是必須把握的。

　　（本文原刊於劉存有主編：《宗教與民族》第七輯，北京：宗教文化出版社 2012 年）

閩台瘟神信仰起源的若干問題

　　福建與臺灣的民間至今保留著對瘟神五帝與瘟神王爺的信仰，引起了文化人類學者的興趣。臺灣學者在這方面的研究成果尤多，[1]不過，這些成果主要分佈於人類學調查方面。由於相關史料極為分散，至今對瘟神崇拜起源和發展問題還有許多問題無法弄清。例如，在晉以前可能有對瘟疫神靈的崇拜嗎？古老的瘟鬼崇拜是怎樣轉化閩台的五帝崇拜和王爺崇拜的？本文試圖就若干問題做些考證，不當之處，尚祈各位專家指正。

一、關於漢代出現瘟鬼觀念的可能性

　　李豐楙先生對臺灣的瘟神信仰卓有研究，他認為中國人對瘟神的崇拜始於晉代的道經——《女青鬼律》[2]與其後的《洞淵神咒經》。道教學者對《女青鬼律》的研究已經有一段歷史了，湯用彤先生認為《女青鬼

---

[1]　在瘟神研究方面，日本學者發軔於初，臺灣學者繼之。劉枝萬先生早在20世紀60年代就對臺灣的瘟神信仰進行調查，他的《臺灣之瘟神信仰》、《臺灣之瘟神廟》、《台南縣西港鄉瘟醮祭典》等論文，可稱為臺灣瘟神信仰的奠基之作，這些論文都收入他的名著《臺灣民間信仰論集》（臺北，聯經出版公司1983年）；蔡相輝的《臺灣的王爺與媽祖》發表於1989年，由臺北的台原出版社出版；李豐楙先生在1993年發表了兩篇有關瘟神的重要著作：《東港王船和瘟與送王習俗之研究》（《東方宗教研究》3：227-264）、《東港王船祭》（屏東：屏東縣政府）；康豹對瘟神的研究始於1991年對東港王船祭的最初調查，而其主要論文集《臺灣的王爺信仰》發表於1997年。從總體而言，臺灣學者的研究主要是以人類學的方法調查臺灣的瘟神崇拜現象。而對瘟神文獻的研究，就其領域而言，應當屬於歷史學，或是宗教史學，臺灣之方面的研究尚是初步的。我對瘟神的研究，始於1993年福建教育出版社出版的《福建民間信仰源流》，1994年下半年，林國平、彭文宇的《福建民間信仰》也在福建人民社出版；我在《福建民間信仰源流》一書中搜集了較多的福建瘟神信仰史料，但對瘟神信仰源流尚感不足。1995年，閩台民間信仰研究學術研討會在福州召開，當時我提交的論文是《閩台瘟神起源略考》一文，在會上，李豐楙先生提出：中國人對瘟神的崇拜始于晉代的道經——《女青鬼律》與其後的《洞淵神咒經》二文，也就是說瘟神信仰起源于晉以後。這一觀點對我是很好的啟示，其後我撰寫了《略論閩台瘟神信仰起源的若干問題》，發表於《世界宗教研究》1997年第2期。13年後回頭再看這篇文章，雖然主要觀點並沒有變化，但也感到有些問題我未能說清楚。因而，本文收入本書時，進行了一些修改，主要是補充一些史料。

[2]　佚名：《女青鬼律》見《道藏》第18冊。文物出版社、上海書店、天津古籍出版社1988年聯合出版。

律》是北朝天師寇謙之的作品，海外學術界則認為它是晉代的作品。《女青鬼律》提到了鐘仕貴（鐘會）等「五方鬼主」，這些鬼主後來被納入瘟鬼系列，但在《女青鬼律》一文中，「五方鬼主」並未直接被稱為瘟神。其實，漢晉以前的中國人早就有了「瘟鬼」的觀念，並有相應的驅鬼活動，這些活動至少可以追溯至周代。

自從有了人類，便有了瘟疫，古人歲末舉行「儺禮」，主要是為了驅逐疫鬼。《周禮·夏官》記載：「方相氏掌蒙熊皮，黃金四目，玄衣朱裳，執戈揚盾，帥百隸，而時難以索室毆疫。」這是周朝進行驅疫鬼活動的記載。孔子生前也曾參加鄉人的逐疫鬼活動，《論語·鄉黨》：「鄉人儺，朝服而立於阼階。」南朝梁的皇侃解釋：「鄉人儺者，儺者，逐疫鬼也。為陰陽之氣，不即時退，疫鬼隨而為人作禍。故天子使方相氏黃金四目、蒙熊皮，執戈揚盾，玄衣朱裳，口作儺儺之聲，以毆疫鬼也。一年三過，為之三月、八月、十二月也。」[3]這都說明周朝時期民間即有舉行儺禮的驅鬼活動。

周朝的習俗在漢代多能延續。漢代時常發生瘟疫，後漢延光四年京都大疫，次年，張衡奏上《上安帝論疫災疏》：「臣竊見京師為害兼所及民多病死，死有滅戶，人人恐懼。」[4]漢末曹植有《說疫氣》一文：「建安二十二年，癘氣流行，家家有僵屍之痛，室室有號泣之哀。或闔門而殪，或覆族而喪。或以為疫者鬼神所作。」[5]這些文字表明漢代瘟疫帶給人們極大的災難。古人以為，瘟疫是鬼神捉弄或懲罰人類的結果，許多古文獻足以證之。《漢官舊儀》記載：

> 「顓頊氏有三子，生而亡，去為疫鬼。一居江水，是為虎；一居若水，是為魍魎蜮鬼；一居人宮室區隅漚庾，善驚人小兒。」[6]

疫鬼又可稱為瘟鬼，散見於漢代的史籍。根據臺灣學者的研究成

---

[3] [梁]皇侃：《論語集解義疏》卷五，文淵閣四庫全書本，第32頁。

[4] [漢]張衡：《上安帝論疫災疏》，[明]梅鼎祚編：《東漢文紀》卷十三，文淵閣四庫全書本，第1頁。

[5] [宋]李昉等編：《太平御覽》卷七百四十二，疾病部五。文淵閣四庫全書本，第14頁。

[6] [漢]衛宏：《漢官舊儀·補遺》，文淵閣四庫全書本，第2頁。

果，在《重修緯書集成》第六卷的《龍魚河圖》一文中，即有「辟五溫鬼」的提法：「歲暮夕四更，取二十豆子、二十七麻子，家人頭髮少合訂豆，著井中，祝敕井吏。其家竟年不遭傷寒，辟五瘟鬼。」[7]

《重修緯書集成》是清人搜集散佚的漢代緯書資料重編而成的，《龍魚河圖》是其中的代表作之一，得到過許多古書的引證。該書有關瘟鬼的記載，又見於《太平御覽》的第八百四十一卷。《龍魚河圖》的相關記載說明漢代民眾將辟除五瘟鬼當作生活中的一件大事。

類似的記載亦出於東漢蔡邕的《蔡中郎集》：「疫神帝顓頊有三子，生而亡，去為鬼。其一者居江水，是為瘟鬼；其一者居若水，是為魍魎；其一者居人宮室樞隅處，善驚小兒；於是命方相氏黃金四目，蒙以熊皮，玄衣朱裳，執戈揚盾，常以歲竟十二月，從百隸及童兒而時儺以索宮中，驅疫鬼也。」[8]

為了逐鬼，漢朝的皇室常舉行始於周代的「大儺」之禮。《後漢書·禮儀志第五》：「先臘一日大儺，謂之逐疫。其儀選中黃門弟子年十歲以上十二、以下百二十人為侲子，皆赤幘皂制執大鞀。方相氏黃金四目，蒙熊皮，玄衣朱裳，執戈揚盾，十二獸有衣毛角，中黃門行之。冗從僕射將之，以逐惡鬼於禁中。」

漢末的道教得以流行，便是因為當時的方士自詡能夠呼風喚雨，逐除惡鬼。東漢張道陵所著《正一法文經章官品》第一卷內有一篇名為《五瘟傷寒》的文字，其中多次提到「鬼五瘟」、「五色瘟病之鬼」、「五瘟傷寒之鬼」等，其文曰：

> 「計天君官將一百二十人，治六丁室主收連籍傷寒思炁歷亂。」
> 「地官督炁君五人，官將一百二十人，治上文室市中五瘟傷寒男子疾病。」
> 「地城伐吏五人，官將一百二十人，治難室主收治某裡五瘟傷寒女子復連疾病。」
> 「運炁解厄君兵士十萬，辟斥五瘟傷寒功時破殺之鬼五瘟，都炁

[7] 轉引自陳小沖：《臺灣民間信仰》，鷺江出版社1993年，第138頁。
[8] 蔡邕：《蔡中郎集》卷一，獨斷，文淵閣四庫全書本，第13頁。

兵士四十萬人，主收惡炁五瘟傷寒鬼殺之炁。」

「北關九夷君五人，官將一百二十人，治大苗室，主收裡中傷寒狼籍吏民被狂惑。」

「北裡太皇君五人，官將一百二十人，治行室，主收裡中傷寒披髮。」

「咽喉翁天市大夫君一人，官將一百二十人，治成室生，主治萬民，復連傷寒絕音不能語。」

「振夫大兵十萬人，赤幘天冠，主收天下自稱五色瘟病之鬼。」

「百神炁君一人，官將一百二十人，治難室，主收天下五瘟傷寒鬼病人者。」[9]

可見，漢代即有瘟鬼的說法是可靠的。

《五瘟傷寒》在神靈世界構擬了一支對付瘟鬼的正神大軍，如「北裡太皇君」等「天君官將」，人們要消除瘟疫，最重要的是請「天君官將」剷除瘟鬼。可見，在《五瘟傷寒》中，正神是瘟鬼對立面。

二、從「瘟鬼」、「五瘟使者」到「瘟神」稱呼的變化

對存在於冥冥中的精靈，中國人將其分為兩類：鬼與神。從道教的觀念來看，神仙是天地正氣化育而成，而鬼則是開天闢地之始的邪氣化育而來。所以，瘟鬼雖是奉天之命行疫於人間，但在人們心中，瘟鬼仍是邪魔害人精，它以殘害人類為其職責。因此，人們雖然畏懼瘟鬼，但是，人們對它的看法是與瘟神不同的。在早期道教文獻中，道士們稱這些引致瘟疫的精靈為瘟鬼，從來不稱之為神。但後代百姓則習稱瘟疫精靈為神，這一稱呼的變化，實為文化觀念的變化。因而，有必要研究這一轉變出現的時代。如前所述，實際上直到晉代的《女青鬼律》一書，還是使用「疫鬼」、「瘟鬼」之類的名稱，肯定沒有人稱之為瘟神。

按照《女青鬼律》的說法：「天有六十日，日有一神，神值一日。

9　張道陵：《正一法文經章官品》，《道藏》第 28 冊，第 542 頁。

日有千鬼飛行，不可禁止。」[10]可見，神與鬼的數量不成比例。神往往要通過「鬼」來管理人間。《女青鬼律》第六卷記載：「今遣五主各領萬鬼分佈天下，誅除兇惡，披誅不得稱狂。察之，不得妄救。鬼若濫誤，謬加善人，主者解釋，祐而護之。鬼若不去，嚴加收治，賞善罰惡，明遵道科。」[11]如其所云，在人間飛行的「鬼」，實是奉上天之命來懲罰人類。其中「五方鬼主」十分突出：「東方青炁鬼主姓劉名元達，領萬鬼行惡風之病；南方赤炁鬼主姓張名元伯，領萬鬼，行熱毒之病；西方白炁鬼主，姓趙名公明，領萬鬼行注炁之病；北方黑炁鬼主姓鐘，名士季，領萬鬼行惡毒霍亂心腹絞痛之病；中央黃炁鬼主姓史名文業，領萬鬼行惡瘡癩腫之病。」[12]在這五方鬼主之下，還有一系列瘟神。「東方青溫鬼名咎遠，南方赤溫鬼名士言，西方白溫鬼名堯，北方黑溫鬼名天遐，中央黃溫鬼名太黃奴。」這本是一個完整的「五瘟鬼」名單，可是，作者在「五溫鬼」之外，還列出了其他「瘟鬼」。「第六溫鬼名誅女，第七溫鬼名伯陵。祖父名梁州，祖母名出中。右五方溫鬼兄弟七人合祖父、父母十一形，能飛，隨月行毒，以誅惡人。」[13]和漢朝的文獻相比，漢代無名的瘟鬼，在晉代都有了自己的名字，五方鬼主的出現，更是引人注目。不過，晉代的劉元達、張元伯、趙公明、鐘士季、史文業是身份很高的五方鬼主，瘟鬼只是他們手下的萬鬼之一。但在後世，劉元達、張元伯、趙公明、鐘士季、史文業則被當作五瘟鬼或是五帝之名了。

　　東晉之後，佛教在中國廣泛傳播，但是，道教因是本土宗教，在中國民眾中仍有強大的勢力，出土文物證明，魏晉南北朝以來，《女青鬼律》及其相關律令，已經成為人們墓葬中經常見的現象。[14]面對這一現象，佛教也做出相應的調整，唐代釋道世的《法苑珠林》說：「四天上

---

[10] 佚名：《女青鬼律》卷一，《道藏》第 18 冊，第 239 頁。

[11] 佚名：《女青鬼律》卷六，《道藏》第 18 冊，第 250 頁。

[12] 佚名：《女青鬼律》卷六，《道藏》第 18 冊，第 250 頁。

[13] 佚名：《女青鬼律》，見《道藏》第 18 冊，第 250 頁。

[14] 白彬、代麗鵑：《試從考古材料看《女青鬼律》的成書年代和流行地域》，成都，《宗教學研究》2007 年第 1 期。

遣神名彌栗頭羅婆那，主五瘟。」[15]這只能說明唐代的佛教密宗也接受了道教「五瘟鬼」的傳統觀念，但未將其當成神。

在這裡必須說明的是，元代出版的《新編連相搜神廣記》中有一篇名為《五瘟使者》的作品，其文曰：

> 「昔隋文帝開皇十一年六月內，有五力士現於淩空三五丈，於身披五方袍，各執一物，一人執杓子並瓶子，一人執皮袋並劍，一人執扇，一人執錘，一人執火壺。帝問太史居仁曰：『此何神？主何災福也？』張居仁曰：『此是下方力士，乃天之五鬼，名曰五瘟使者。如現之者，主國民有瘟疫之疾。此為天行正病也。』帝曰：『何以治之而得免矣。』張居仁曰：『此行病者乃天之降疾，無法而治之。』於是，其年國人病死者甚眾。是時，帝乃立祠於六月二十七日，詔封五方力士為將軍。青袍力士封為顯聖將軍，紅袍力士封為顯應將軍，白袍力士封為感應將軍，黑袍力士封為感成將軍，黃袍力士封為感威將軍。隋唐皆用五月五日祭之。」[16]

此文將五瘟鬼稱為五瘟使者，並認為隋朝的時候，隋文帝已經將五瘟使者任命為將軍。但我們查隋唐時代的文獻，還找不到類似的說法。《新編連相搜神廣記》其實是一部元代的民間文獻，一般來說，在民間文學中，後人追溯一件制度的淵源，往往會將其年代向前推，所以，元代的《搜神廣記》將五瘟使者受封時間推至隋代，只能證明「五瘟使者」這個名稱不會早於隋代，而不能證明它出現在隋代，甚至是唐代。實際上，搜索唐代的文獻，「瘟鬼」一詞不常見，更見不到瘟神及「行瘟使者」等名字。隋唐時期，中國的新舊世家大族還有相當的勢力，他們或是秉承傳統的道教觀念，或是傾心於佛教。與之相當，唐代的民間文學或是依附於道教，或是依附於佛教，民間自創的東西不多。一直到五代兩宋時期，傳統的世家大族被粉碎，新的統治者大多來自民間，市民文

---

[15] [唐]釋道世：《法苑珠林》卷一百四，受戒篇第八十七之一。文淵閣四庫全書本，第 18 頁。

[16] 淮海秦晉：《新編連相搜神廣記》，上海古籍出版社 1990 年影印《三教源流搜神大全‧外二種》本，第 571 頁。

學從此興起，在民眾眼裡，對人生關係極大的「瘟鬼」形象，開始變化，有人稱之為「瘟神」了。

1、宋代有關瘟鬼與瘟神的傳說

宋代的《異聞總錄》云：「北宋時呂雅夜行，仿佛見數人立暗中，奇形異服，頗類世間瘟神，相與語云：『侍制來。』稍斂身向壁……（呂雅）自攜籠行。諸鬼荒窘，悉趨壁而沒。是歲一家皆染時疾，惟呂獨無他。後終徽猷閣待制。鬼蓋先知矣。」[17]文中對瘟鬼的稱呼前後不同，或稱之為瘟神，或稱之為鬼，大略當時百姓已將瘟鬼稱之為瘟神，而士人仍呼為鬼，以表示輕蔑。

蘇軾的《黃州安國寺記》記載湖北黃州護國寺，「歲正月男女萬人會庭中，飲食作樂，且祠瘟神，江淮舊俗也。」[18]范成大《吳郡志‧風俗》「守歲盤夜分祭瘟神」。南宋時期江西的官員「在撫州燒毀划船千三百餘隻，拆毀邪廟，禁絕瘟神等會。」[19]江陰「民事瘟神謹，巫故為陰廡複屋，塑刻詭異，使祭者凜慄，疾愈眾。公鞭巫撤祠，壞其像。」[20]

《夷堅志》一書中有「張子智毀廟」的故事：「張子智貴謨知常州。慶元乙卯春夏間，疫氣大作，民疾者十室而九。張多治善藥，分諸坊曲散給，而求者絕少，頗以為疑。詢於郡士，皆云：『此東嶽行宮後有一殿，土人奉事瘟神，四巫執其柄。凡有疾者，必使來致禱，戒令不得服藥，故雖府中給施而不敢請。』」「張指其中像袞冕者，問為何神？巫對曰：『太歲靈君也。』又指左右數軀，或擎足，或怒目，或戟手，曰：『此何佛？』曰：『瘟司神也。』張曰：『人神一也，貴賤高卑當有禮度，今既以太歲為尊，冠冕正坐，而侍其側者顧失禮如此，于義安在？』即拘

---

[17] [清]陳夢雷：《古今圖書集成》博物彙編，神異典，第49冊，中華書局、巴蜀書社影印本，第60198-60200頁。

[18] [宋]蘇軾：《東坡全集》前集，卷三十三，黃州安國寺記。北京，中國書店1986年，第397頁。

[19] [宋]黃震：《黃氏日抄》卷七十九，禁划船迎會榜。文淵閣四庫全書本，第21頁。

[20] [宋]葉適：《水心集》卷二十三，朝議大夫秘書少監王公墓誌銘。文淵閣四庫全書本，第23頁。

四巫還府。而選二十健卒，飲以酒，使往擊碎諸像，以供器分諸剎。時薦福寺被焚之後未有佛殿，乃拆屋付僧，使營之。掃空其處，杖巫而出諸境。」[21]這一故事表明常州民間有專門的瘟神廟。

李綱在《田家四首》中也提到了瘟神，「誰謂田家苦，田家樂甚真。雞豚燕同社，簫鼓祭瘟神。」[22]此外，南宋陳元靚《歲時廣記》所引諸書中，多次提到瘟神：

> 「《歲時雜記》：元旦四鼓，祭五瘟之神。其器用酒食並席，祭訖，皆抑棄於牆外。」[23]

> 「《藏經》：每歲五月五日，瘟神巡行世間。宜以朱砂大書云：『本家不食牛肉，天行已過，使者須知』十四字，貼於門上，可辟瘟疫。蓋不食牛肉之家，瘟神自不侵犯。今人多節去『本家不食牛肉』六字，只貼云：『天行已過，使者須知』八字，遂使《藏經》語意不全。」[24]

印度人戒食牛肉，這是大家都知道的，因而，「不食牛肉可以辟瘟疫」，這顯然是佛教的觀念。在宋代，這種觀念深入人心，《歲時廣記》卷七引《夷堅丁志》：

> 「縉雲管樞密師仁為士人時，正旦出大門，遇大鬼一陣，形見狂惡。管叱問之。對曰：『我等疫鬼也，歲首當行病於人間。』管曰：『吾家有之乎？』曰：『無之』。管曰：『何以得免？』曰：『或三世積德，或門戶將興，又不食牛肉。三者有一者，我不能入。家無疫患。』遂不見。」[25]

按，《夷堅丁志》有關不食牛肉可以避瘟的觀念和《藏經》是一致的，不過，和《藏經》相比，《夷堅丁志》將避瘟疫的條件又增加二點，

---

[21] [宋]洪邁：《夷堅志》支戊卷三，北京，中華書局2006年標點本，第1074頁。

[22] [宋]李綱：《李綱全集》卷五，田家四首。嶽麓書社2004年鉛印本，第29頁。

[23] 陳元靚：《歲時廣記》卷七，祭瘟神，，續修四庫全書影印清光緒本，第885冊，第196頁。按，陳元靚《歲時廣記》提到《歲時雜記》時，有時稱之為《皇朝歲時雜記》，由此可知：《歲時雜記》亦為宋人的作品。

[24] [宋]陳元靚：《歲時廣記》卷二三，戒牛肉，第335頁。

[25] 陳元靚：《歲時廣記》卷七，遇疫鬼第196頁。

只要滿足其中一點，便可避瘟疫。而這二點，則帶有濃厚的儒家文化觀念。由此可知：至遲在宋代，儒佛二教已滲入瘟神崇拜中，瘟神已不是純粹的道教神靈。其次值得我們注意的是：《夷堅丁志》的作者（南宋洪邁）仍將瘟神靈視為『疫鬼』，這反映了儒者的一慣立場。當然，在民間，老百姓中已有人將疫鬼稱之為瘟神。

　　總之，宋代百姓對瘟疫神靈的看法發生了變化，即有人將施瘟疫的精靈看成惡鬼，也有人將它奉之為瘟神。從一些小說筆記來看，瘟神的形象和瘟鬼是大大不同的，鬼是奇形怪狀的，而神的形象則是堂堂正正的，例如，宋代的《玉堂閑語》寫道：

> 「朱梁時有士人自雍之邠⋯⋯至曠野忽聞自後有車騎聲，少頃漸近，士人避于路旁草莽間。見三騎冠帶如王者，亦有徒步徐行談話。士人躡之數十步，聞言曰：『今奉命往鄴州取數千人，未知以何道而取？二者試為籌之。』其一曰：當以兵取。又一曰：『兵取雖優，其如君子小人俱罹其禍何？宜以疫取。』同行者深以為然。既而車騎漸遠，不復聞其言。士人致鄴州，則部民大疫，死者甚眾。」[26]

　　此處瘟神「冠帶如王者」，已不是瘟鬼醜惡的形象了。可見，瘟神的觀念在宋代民眾中已經深入民心。在中國人的觀念裡，鬼神的地位是不同的。鬼是一種陰間的幽靈，人死後變成鬼，他們為了重返人間，是會害人的。山林間的精怪，也可看成是一種鬼，他們的功能就是害人。瘟疫的精靈被稱為鬼，反映了民眾對這一精靈的畏懼。與「鬼」相反，古代中國人眼中的「神」是善的化身，他們多由偉人化成。例如，孔子死後變神，這是許多人的觀念。中國人對於神是尊重的，祭神一直是古代中國人最重要的任務之一。瘟鬼由鬼成為神，反映了它在中國人心目中地位的變化。

2、明代有關瘟鬼變為瘟神的傳說

---

[26] [清]陳夢雷：《古今圖書集成》博物彙編，神異典。第 49 冊，第 60198-60200 頁。

　　瘟鬼觀念在民間的長存。宋元之際，民間雖然出現了瘟神的觀念，並逐漸取代瘟鬼的說法，不過，由於文化慣性的作用，許多人仍然用瘟鬼這一觀念。

　　實際上，宋明時期的民間，時不時有瘟鬼的稱呼。例如，宋代婁元善的《田家五行》云：「十二月二十五日夜煮赤豆粥，闔家食之。出外者留與名，曰『口數粥』。能祛瘟鬼。」明朝大詩人李東陽的《茶陵竹枝歌》詠及田家兒女「刲羊擊豕禳瘟鬼，擊皷焚香賽土神。」[27]《日下舊聞考》卷一百四十八風俗三亦云：「門窗貼紅紙葫蘆曰收瘟鬼。」朱橚的《普濟方》有「禁瘟鬼法」：「縛鬼士非子法。住左手持刀，右手持斧，斫黃奴瘟病之鬼，何不走去？前去封侯，後出破頭。急急如律令。」[28]有時瘟鬼與瘟神的觀念並用。朱橚的《普濟方》裡有「北帝驅五方瘟魔大神呪」，此處的瘟鬼已經成了大神。雖然瘟鬼這裡已經被稱為「瘟魔大神」，但仍在被驅逐之列。可見，瘟鬼的說法長期存在於民間，影響了中國人的思維。不過，明代民間傳說中的瘟鬼，其地位是不穩定的，他們的命運是被大神征服，改邪歸正，最後轉為善神。例如，明代著名小說家、福建人余象斗所著的《北遊記》有這樣一個故事：

> 「山東寧海縣，出一妖怪，不見其形，托人之夢，說他姓張名健，行種麻痘之瘟，害民家幼童。若有些兒不到處者，便種害痘害麻，害死人家子女。」其後，張健被玄天上帝收伏，成為為玄武打下手的善神。「玉旨一到，封張健為盡忠張元帥，手執瘟槌，隨師行法救民。」[29]

　　又如《北遊記》記載，「有一昆侖山，山內有六個妖魔，自號為天、地、年、月、時、六毒，常于路旁放毒害民。有人過此者，無不受傷。」這六魔的毒氣，一度傷害過玄天上帝。不過，玄天得到道教三清的幫助，先降伏了六魔的之上的頭領朱彥夫，「玉帝旨下，封彥夫為管打不通道法朱元帥，手執金槌，帶五毒袋，隨師行道。朱彥夫謝恩，稟師下山。

[27] [明]李東陽：《懷麓堂集》卷九十一，茶陵竹枝歌。文淵閣四庫全書本，第 26 頁。
[28] [明]朱橚：《普濟方》卷二百七十，符禁門。文淵閣四庫全書本，第 6 頁。
[29] [明]余象斗：《北遊記》，長沙，嶽麓書社 1994 年刊印《四遊記》版，第 219-220 頁。

將毒袋扯開，把六毒盡收入袋裡。回見祖師。祖師大悅。彥夫曰：某今收盡毒氣，恐天下人日後將雜邪之氣呼為六毒之氣，倚我名色假收毒氣，誓願除假法之人。祖師曰：『可』。」[30]

同是余象斗著的《南遊記》一書中也有一段這樣的故事：

「此處有一烏龍大王，遞年要辦童男童女祭賽，方才村中一年無事。若無童男童女祭賽，一年不得平靜，自然起瘟出癀。」[31]最後，烏龍大王也敗在華光大帝的手下，改邪歸正，成為華光大帝手下的重要戰將之一。

這種觀念亦見於明人的《三教源流搜神大全》一書。在該書內，張健張元帥、王惡王元帥，還有風火院田元帥、田華畢元帥，都是由瘟鬼變為瘟神的。這類小說的出現，反映了明代融合了古代的瘟鬼與瘟神的觀念，古老的瘟鬼，在民間傳說中都成為瘟神了。受其影響，明代的道教書籍大多稱瘟鬼為瘟神，與漢晉時期張天師道書中的瘟鬼相比，明清道書中的瘟部神明地位提高了。

三、閩人祭祀瘟神的源流

1、宋代閩人對瘟神的信仰

許多學者認為：閩台民眾對瘟神的祭祀在明清之際才熱了起來，因而，有必要研究閩人對瘟神的認識過程。

如前所述，在西周時期就有驅疫鬼的習俗。這種習俗亦見於宋代的福州民間。宋代《三山志》記載：歲除。驅儺。「鄉人儺」，古有之，今州人以為「打夜狐」。曾師建云：「《南史》載：曹景宗為人好樂，在揚州日，至臘月，則使人邪呼逐除，遍往人家乞酒食為戲。迄今閩俗，乃曰『打夜狐』，蓋唐敬宗夜捕狐狸為樂，謂之『打夜狐』。閩俗豈以作邪呼逐除之戲與夜捕狐之戲同，故云；抑亦作邪呼之語，訛而為打夜狐

---

[30] [明]余象斗：《北遊記》，嶽麓《四遊記》本，第 221-222 頁。
[31] [明]余象斗：《南遊記》，嶽麓《四遊記》本，第 79 頁。

歟？」[32]從《三山志》作者梁克家的敘述中可知，福州每年除夜都流行「打夜狐」的習俗，而且，這一習俗是從周代北方南傳的。

周朝驅疫鬼的習俗，後來在漢代被道教發展為懼拜瘟鬼的習俗。福建歷來是正一派道教盛行的區域，道教觀念對閩中影響深遠，事實上，閩人對瘟神的認識應相當早。目前發現的最早材料是宋代的。首先，宋代福建崇安人陳元靚所著《歲時廣記》一書最早提到了瘟神信仰，例如，該書第七卷《戒牛肉》引《藏經》：「每歲五月五日，瘟神巡行世間（全文如前所引）。」該書還記錄了許多避瘟的方法，例如第五卷《千金方》：

> 「避瘟丹，皂解、蒼術、降真香為末，水圓如龍眼大，朱砂為衣，正旦五更，當門焚之，禳滅瘟氣。」

第五卷《投麻豆》又引《雜五時書》：

> 「正旦及上元日，以赤豆、麻子二粒置井中，辟瘟甚效。」

同類性質的內容在該書中還有許多，表明當時閩北人是十分重視瘟神和避瘟方法的。這是閩北人已有瘟神崇拜的一證。其次，宋代閩北還流傳著瘟神的故事，《歲時廣記》第十二卷引《夷堅丁志》：

> 「翁起，予商友，家于建安郭外，去郡可十里。上元之夕，約鄰家二少年入城觀燈。步月松徑，行末及半，遇村夫荷鋤而歌。二少年悸甚，不能前，但欲宿道旁民舍。翁扣其故。一人曰：適見青面鬼持刀來；一人曰：非也，我見朱鬣豹褌持木骨朵耳。翁為證其不然。明旦方入城，其說青面者不疾而終，朱鬣者得疾還死於家。翁獨無恙。」

其中導至人死亡的「鬼」，應為瘟鬼。再次，在宋代閩西也有瘟神的傳說。宋方志開慶《臨汀志》記載「普應廟」的文字中，有這樣的一段故事：

> 「嘗有郵兵月夜見五人旁相語曰：『城上二金甲人彎弓向我，不可

---

32 [宋]梁克家：《三山志》卷四十，土俗類，歲除，陳叔侗校本，北京，方志出版社 2003 年，第 790 頁。

入。』幾月，民大疫死十二三，惟城中無恙。自是郡人敬事甚虔。」[33]

　　這段引文中郵兵所見到的「五人」能夠施放瘟疫，應為「五瘟使者」。此外，清代的乾隆《泰寧縣誌》記載了一段宋代瘟神的故事：

> 「盧嗣績，號太古，石輞黃坑人。生具仙骨，出家於城西之龍山觀。寶籙法劍未知誰授，傳聞每著靈異。嘗過鄉村，遇有淫祠，屬山魈託付者，即正告曰：『除敕封籙職外，凡圖血食而為祟於民者，皆以天心正法伐之。』立毀其祠數處。又于黃坑口遇行瘟使者，盧叱曰：『汝來此何為？』曰：『我奉天行當至此。』盧曰：『雖然，此界以內不許汝入。』自是坑內常安靜，雖六畜無災。」[34]

　　此文雖然後出，但歷代方志陳陳相因，以上記載很可能抄襲前人文章的，所以，它仍有一定的參考價值。終上所述，宋代福建已出現對瘟神的崇拜，應是可信的。

2、余象斗小說與明代閩人對瘟神的崇拜

　　余象斗是明代福建建陽人，生活于萬曆年間，他是一個著名的書商，一生印過許多小說，現代保留下來的明版小說中，有許多是他出版的。他不僅出版小說，自己也編纂小說，《南遊記》和《北遊記》是其兩部著名的神魔小說。這二本書最為流行的有嶽麓書社 1994 年的《四遊記》版本，該書第 79 頁有關於「烏龍大王」行瘟的故事；第 89 頁有哪吒「帶領五千瘟陣鬼兵助戰」的故事；第 91 頁有避瘟使者騙取華光金磚的故事（以上《南遊記》）。在《北遊記》中，由於主角玄天大帝是主管瘟神的最高神，所以，有關瘟神的故事較多。例如在第 217 頁，有黑煞神趙公明率七員瘟神在民間為害，這七員瘟神是：李便、白起、劉達、張元伯、鐘仕貴、史文業、范世卿。我們知道，這八人都是《女青

[33] [宋]胡太初修，趙與沐纂：《臨汀志》祠廟。福建人民出版社 1990 年，第 62 頁。
[34] [清]許燦等：乾隆《泰寧縣誌》卷九，盧嗣績傳，泰寧地方誌編纂委員會 1986 年自刊本，第 230 頁。

鬼律》一文中出現的瘟鬼，又如第 219 頁的張健故事、第 220 頁的朱彥夫故事、第 229 頁的斑竹村故事、第 223 頁的王惡故事，都是典型的瘟神故事。《南遊記》和《北遊記》記載這麼多瘟神故事表明：當時瘟神信仰在福建是檔當普遍的，人們對瘟神並不陌生。明代的《三教源流搜神大全》對瘟鬼有這樣一種說法：張天師收治疫鬼，而疫鬼皆隱形不出，田元帥「作神舟統百萬郎為鼓競奪錦之戲，京中譙噪，疫鬼出現，助天師法斷而送之，疫患盡銷。至今正月有遺俗焉。」[35]從一些史料看，明代福建某些地方確有此俗，「正月上元，十三、四、五日，各家門首懸燈，各裡造紙船以送瘟鬼。」[36]可見，驅瘟鬼的習俗流傳於福建民間。

在眾多瘟神的故事中，有關「斑竹村」的故事尤其值得我們注意：

「卻說玉帝一日升殿，斑竹村中灶君出班奏說：『斑竹相中有三百灶火，百姓俱不行善，惡人為生，作惡非常，不信天地。』玉帝聞奏大怒，准奏。即宣行瘟使者鐘仕貴，領旨降凡行瘟，滅了斑竹村一村民。鐘仕貴領旨出朝，下中界，士地迎接。鐘瘟神曰：『玉帝聞奏大怒，說這一村人民不信善事可滅，差某下凡，你可將我此藥明日已時放于各井中，與眾人飲水，則盡瘟死他一村民。』土地稟曰：『這裡人果不行善，該滅，某中只有一人，姓雷名瓊，賣豆腐為生，其人為人心好，常種善根，施捨心重，此人不可害他。』使者曰：『善人當救，餘者不可賣放。』將藥吩咐土地，土地接了藥，變一老人，去井邊等候，正遇雷瓊來井邊打水作豆腐，土地於瓊背後曰：『此水你多擔些去，明日已時，此水放藥，吃人會死，吃不得。』瓊聽見回頭一看，不見其人，瓊大驚，心中忖曰：『若天降之神，明日入藥于井，害卻一村之人，吾安可知而隱之，偷存自己性命？不若寧作我死，倘若救得一村人，亦是老夫陰功。古云：寧可信其有，不可信其無。』次日自天光一起，直至井邊等候，看果如言否。果見一老人，手拿一包藥而來，正欲放入井中。瓊向前一搶在手，土地大驚，正欲搶回，

[35] [清]葉德輝編：《繪圖三教源流搜神大全》，上海古籍出版社、上海書店、天津古籍出版社聯合出版，第 242 頁。
[36] [明]陳桂芳：嘉靖《清流縣誌》卷二，習俗，福建人民出版社 1992 年，第 42-43 頁。

那老子一氣吞下，即時瘟死於地，四肢青黑。土地大驚，即時帶此老子三魂六魄，上天宮去見玉帝。玉帝聞奏感歎，封雷瓊為威靈瘟元帥，頭戴百姓帽，賜金一朵，金牌一面，內有四字：『無拘霄漢』出入天門無忌，下界助師。雷瓊謝恩，奏帝救一村人民。玉帝准奏。雷瓊轉回斑竹村，托本村中人夢，個個改過行善。』」[37]

單純就這一故事的內容而言，這一故事的核心——一個犧牲者為了救全村人，飲下上帝懲罰人類的毒藥，從而代眾人獻身。這是流傳很廣的故事，在許多民族的傳說中都可見到。例如收入中國小學課本的「獵人海力布」的故事是大家都熟悉的。但是，將這一故事和瘟神崇拜聯繫起來，在福建僅見兩例：一是上述斑竹村的故事，另一則是福州地區的瘟神五帝的故事，生活於清末民初的的福州鄉紳郭白陽說：

「相傳五帝皆裡中秀才，省試時，夜同到一處，見有群鬼在一井下藥，相謂曰：『此足死城中一半人矣。』五人叱之，不見。共議守井，勿令人汲。然汲者皆以為妄也。五人不能自明，有張姓者曰：『吾等當捨身救人。』乃汲水共飲，果中毒死。闔城感之，塑像以祀云。」[38]

這兩則故事的主人公雖不同，但故事的核心是一樣的。從時代順序看，福州的故事應是受閩北的故事影響後產生的。這給我們研究福州五帝崇拜的淵源提供了一個參照體系。

2、福州五帝崇拜的特殊性

福州人將五瘟神稱之為「五帝」，「福州有所謂五帝者，瘟神也。廟祀遍城鄉，土人惴惴崇奉。」[39]這是一個相當特殊的現象。至今閩東多數瘟神廟宇中，五瘟神之姓仍為：張、鐘、劉、史、趙。在福州之外，

---

[37][明]余象斗：《北遊記》，嶽麓《四遊記》本，第229-230頁。

[38][清]郭白陽：《竹間續話》卷二，福州，海風出版社2001年，第41頁。

[39] [清]藍鼎元：《鹿洲初集》卷七，儀封先生（張伯行）傳，廈門大學出版社1995年，第132頁。

除了受福州文化影響的閩北及臺灣之外，多數地區都稱瘟神為「瘟王爺」，或是其他名字。福州人稱瘟神為五帝，目前最早的史料是晚明的。福州人謝肇淛著《五雜組》第十五卷所言：「萬曆庚寅、辛卯間，吾郡瘟疫大作，家家奉祀五聖甚嚴。」文中所謂「五聖」，看來就是民俗中的「五帝」，只是作為儒者，謝肇淛不願提「五帝」之名而已。可見，在福州方面，最早涉及瘟神的材料，應是萬曆年間的《五雜組》。

福州多數民間信仰的歷史都十分悠久，唯有五帝信仰在明末才定型，因而，關於福州瘟神五帝信仰的起源，福建學術界還是有爭議的。大致來說，福州的學者認為五帝信仰起源于福州，而後向各地傳播[40]；莆田、仙游的學者認為五帝信仰起源於莆田、仙遊。例如，2001 年出版的《莆田市志》記載：「五帝廟，位於莆田縣靈川鎮東進村，該廟創建於唐憲宗元和十三年（818 年），廟宇為重簷歇山頂抬梁穿門式混合結構。分為內殿、中殿、外殿，系海內外五帝廟之祖廟，占地八畝多，廟前立有唐代石獅一尊，國家鑒定為的珍貴文物。廟中有古瓷香爐 3 只，還有明清以來書畫、《五帝寶經》等古代經典書籍和其他文物 87 件，今人書畫家書畫 81 件。」[41]按，此廟我們曾到現場看過，現有建築肯定不是唐代的，至於其門口的石獅子，因其為可移動文物，所以，無法證實廟宇的古老，所以，此廟的文物無法證明五帝信仰起源於此地。

其實，對「五瘟神」的信仰在中國流傳已久。考之於史冊，早在漢晉時期的道教著作中，即有「五瘟鬼」的提法。劉元達、張元伯、趙公明、鐘士季、史文業五人之名，早已出現在晉代的《女青鬼律》一書中，而且是身份很高的五方鬼主。在他們手下，另有 11 個瘟鬼，不過，他們時常被稱為「五瘟」。可見，古人眼裡的「五瘟鬼」，其實只是一個虛數，表示數量較多，並非只有五個「瘟鬼」。但在後代，「五瘟」逐漸變成確切的物件，當然，這一變化是在很長的一個時期內逐漸形成的。此外，《太上三五旁救醮五帝斷瘟儀》記載了「天行疫鬼雲中李子遨、張

[40] 葉翔：《閩台瘟神崇拜探源》，福州，1995 年第一屆閩台民間信仰學術研討會論文。

[41] 莆田市地方誌編纂委員會：《莆田市志》卷三十九，文物，第二章，古建築，北京，方志出版社 2001 年，第 2473 頁。

元伯、劉元達、烏丸鬼等」。[42]

　　宋元時代的道教名著《雲笈七籤》云：「辟除五兵、五瘟，可帶履鋒刃。」[43]宋代湖南民間有「送瘟神」的活動：「如澧州作五瘟社。」[44]這兩段文字中的「五瘟」，可是虛數，也可是實數。明代四川的「五瘟神」則為實數，曹學佺的《蜀中廣記》云：「至北街茶肆，老嫗與逢言，近有五人來店吃茶，見吹笛過，各回避。自後疫遂止。人疑即五瘟使者。」[45]山西也有五瘟神之廟：「三靈侯廟在西關，五月五日祀。以廣禪侯、五瘟神合祀。」[46]明版《繪圖三教源流搜神大全》的《五瘟使者》一文中，有五瘟使者的名單：「春瘟張元伯，夏瘟劉元達，秋瘟趙公明，冬瘟鐘仕貴，總管中瘟史文業」。《莆田市志》一書在仙遊興賢廟一條中記載了五帝姓名的來由，作者認為它與明代抗倭戰爭中的五名戚繼光士兵有關：「興賢廟，原為靈顯廟，亦稱五帝廟。位於仙游縣鯉城鎮南橋街。始建於明代。明嘉靖年間，倭寇犯仙，戚繼光率兵抗倭，劉元適、鐘士秀、趙光明、史鐘離、張元伯 5 位抗倭寇將士在南門壯烈犧牲，群眾建廟塑像，奉為先烈。清順治十年（1653 年）重建。廟坐北向南，占地 1800 平方米，由大門、正殿、後堂、左右回廊廂房組成。進深 3 間，面闊 7 間，單簷歇山頂，穿斗抬梁式結構。規模恢巨集。廟中尚存 2 塊明代碑刻。」[47]該書認為，五帝之名原出於興賢廟祭祀的五名抗倭戰士：劉元適、鐘士秀、趙光明、史鐘離、張元伯 5 位。這一傳說很有吸引力，但瞭解史料的人知道，實際上，五帝的姓名早在晉代的《女青鬼律》一書中就已經出現，它原為「五方鬼主」之名：「東方青炁鬼主姓劉名元達，領萬鬼行惡風之病；南方赤炁鬼主姓張名元伯，領萬鬼行熱毒之病；西方白炁鬼主姓趙名公明，領萬鬼行注炁之病；北方黑炁鬼主姓鐘名士季，領萬鬼行惡毒霍亂心腹絞痛之病；中央黃炁鬼主姓史文業，領萬鬼

---

[42] 佚名：《太上三五旁救醮五帝斷瘟儀》，《道藏》第 18 冊，第 333 頁。

[43] [宋]張君房：《雲笈七籤》卷七十九，符圖，文淵閣四庫全書本，第 17 頁。

[44] [宋]莊綽：《雞肋編》卷上。北京，中華書局 1983 年，第 21 頁。

[45] [明]曹學佺：《蜀中廣記》卷七十九，神仙記第九。文淵閣四庫全書本，第 22 頁。

[46] 覺羅石麟：《山西通志》卷一百六十六，祠廟三，文淵閣四庫全書本，第 6 頁。

[47] 莆田市地方誌編纂委員會：《莆田市志》北京，方志出版社 2001 年，第 2477 頁。

行毒瘡癰腫之病。」[48]可見，早在晉代的《女青鬼律》一書中，已經出現了劉元達、張元伯、趙公明、鐘士季、史文業之名。而明版《繪圖三教源流搜神大全》的「五瘟使者」名單：「春瘟張元伯，夏瘟劉元達，秋瘟趙公明，冬瘟鐘仕貴，總管中瘟史文業」等，二者相比，僅有小異，即冬瘟「鐘士季」被改為「鐘士貴」，顯見，明版《繪圖三教源流搜神大全》的五瘟神之名是來自於《女青鬼律》，而不是來自於仙遊興賢廟。不過，劉元達、張元伯、趙公明、鐘士季、史文業等五鬼，在《女青鬼律》是被稱為「五方鬼主」，與五瘟鬼是有區別的，但在後世，這五方鬼主卻被當作五瘟神了。

「五瘟鬼」與「五瘟神」在明清時期是流傳很廣的傳說，但是，除了福州之外，沒有人稱五瘟神為「五帝」。

五帝原是華夏民族祭祀的正神。據《周禮・天官》，「大宰之職，祀五帝則掌百宮之誓戒，與其具修。」可見，周代已有了對五帝的崇拜。後代統治者沿襲周代制度，從漢朝至元朝，朝廷都祭祀五帝。五帝是正神，這與民間信仰是不同的。然而，在儒者之中，關於五帝也存在著種種爭論，最大的疑問是：上帝應只有一人，在上帝之外，又添出五帝，難道天上有六個主宰嗎？所以，明清二代朝廷不再祭祀五帝。不過，儘管朝廷的祭祀制度代有變革，五帝在民間長期有影響。宋《歲時廣記》引《正一旨要》：「十月一日，道家謂之民歲臘，五帝校定生人祿料、官爵、壽算、疾病輕重。其日可謝罪請添算壽。」[49]可見，在唐宋民眾眼裡，五帝是有關人生的重要神靈。他們與「五瘟鬼」原是對立面。萬曆《道藏》中有一篇名為《太上三五旁救醮五帝斷瘟儀》一文，文中記載了五瘟鬼與五帝：「若春之三月有青瘟、青疫行病之鬼」，「若夏之三月有赤瘟、赤疫行病之鬼」，「若秋之三月有白瘟、白疫行病之鬼」，「若冬之三月有黑瘟、黑疫行病之鬼」，「若四季之月有黃瘟、黃疫行病之鬼」，因而文中又有「邪精五瘟鬼」的說法。若要驅逐五瘟鬼，便要請五帝行

---

[48] 佚名：《女青鬼律》見《道藏》第 18 冊，第 250 頁。

[49] 陳元靚：《歲時廣記》卷三十七，崇道教，續修四庫全書影印清光緒本，第 885 冊，第 429 頁。

法，文中請白帝斬殺青瘟、青疫之鬼，請黑帝斬殺赤瘟、赤疫之鬼，請赤帝斬殺白瘟、白疫之鬼，請黃帝斬殺黑瘟、黑疫之鬼，請青帝斬殺黃瘟、黃疫之鬼。可見，這是在用道教五行相克的觀念進行驅鬼。在道教著作中，五帝是五鬼的對立面，他們與「五瘟鬼」是不同的，當然也不可能是五名書生變成。[50]

瘟神在明清之際隨著漢族移民傳入臺灣。黃叔璥的《台海使槎錄》說：「三年王船備物建醮，志言之矣。及問所祀何王？相傳唐時三十六進士為張天師用法冤死，上帝勅令五人巡遊天下，三年一更，即五瘟。神飲饌器具悉為五分，外懸池府大王燈一盞。云偽鄭陳永華臨危前數日，有人持束借宅，永華盛筵以待，稱為池大人。池呼陳為角宿大人，揖讓酬對如大賓。永華亡，土人以為神，故並祀焉。」[51]陳永華是鄭成功及鄭經的軍師，他生活於明清之際。黃叔璥於康熙年間到臺灣，他對臺灣瘟神的描寫，說明當地人是迷信瘟神的。

4、張鯢淵和福州的五帝崇拜

張鯢淵，名肯堂，浙江人，他是明末著名的抗清英雄，在明末任福建巡撫。崇禎十五年二月。「疫起，（福州）鄉例祈土神，有名為『五帝』者。於是，各社居民鳩集金錢，設醮大儺。……自二月至八月，市鎮鄉村日成鬼國，巡撫張公嚴禁始止。」

以上記載出自清初海外散人的《榕城紀聞》，文中所說的張公即為張肯堂，不過，目前流行的中華書局《清史資料》第一輯本《榕城紀聞》，將張肯堂之號誤為「鮑淵」，實際應為「鯢淵」，見《福建通志》本傳。張肯堂嚴禁「五帝」信仰的告示見載於吳履震的《五茸志逸》第五卷：

> 「疫癘之作，固屬天行。若夫死生大數，雖司命無如之何！豈因巫禱邪術，可以僥倖萬一者。未有巫崇倡狂於白晝，冥船交鶩於通衢，擅設儀衛，牌竊巡狩，示號法王，如近日閩中風俗之惡者

---

[50]佚名：《太上三五旁救醮五帝斷瘟儀》，《道藏》第18冊，第335頁。
[51][清]黃叔璥：《台海使槎錄》卷二，臺灣文獻叢刊本，第45頁。

也。倘系邪神，則妖不勝正，斬伐淤瀦，夫豈能逃。若其為正神也，上之不言成功，去民甚遠；下之御捍患，祀典有常，而顧甘巫覡之矯誣，耗愚民之貲蓄，徒博祭賽紛紜，鉦鼓震耀，以供欺世惑民之假借，竊為其神羞之矣。總緣淫巫妖道，倡言蠱說，以至於此。無論為王法所必誅，正教所必辟，即為受病之人計，而冥幻恍惚其心神，叫囂驚擾其耳目，絕湯藥而勿御，禁酒肉而不親，不速之死亡乎？爾民崇正即是保生，袪邪乃以遣病，毋聽誘惑，自墮冥行。本院，以提衡風俗為己任，此後有若等奸民，定行左道惑眾之律，立置重典。且有西門豹、狄梁公、張忠定之故事在，本院自愧先賢，然見義之勇，亦所不敢讓也。」[52]

將張鯤淵《閩中禁左道榜》和海外散人的《榕城紀聞》相比，我們發現官方對瘟神的稱呼和百姓對瘟神的稱呼不同，張鯤淵僅指出巫覡將瘟神「示號法王」，而海外散人則呼之為「五帝」。「五帝」之稱呼一直延續至後代，當然不會是錯的，而張鯤淵也不可能不知道「五帝」之名，所以，唯一的解釋是：張肯堂故意不用「五帝」一名。因為，按儒教的觀念，五帝是只有帝王才有資格祭祀的正神，民間所祀土神是不可能叫「五帝」的。

四、「五通」、「五顯」與瘟神崇拜

「五通」與「五顯」是南方普通的淫祀之一，清代學者多將以二種神靈混同於五通神，《臺灣通史》的作者連橫云：

「臺灣所祀之五帝有二，其一為五顯大帝，廟在台南郡治之南坊。《夷堅志》謂五聖廟之祖祠；《七修類稿》謂五通神則五聖；而《陔餘叢考》謂五聖、五顯、五通、名雖異而實則同。按五通之祀，宋時已盛，清初湯斌巡撫江南，奏毀之，其害始絕。然台南所祀者……亦稱為五顯靈官也；其一為五福大帝，廟在鎮之

[52] （明）吳履震：《五茸志逸》卷五。轉引自傅衣凌：《閩俗異聞錄》，傅衣凌《休休室治史文稿補編》，北京，中華書局 2008 年，第 244 頁。又，參見徐曉望：《福建民間信仰源流》，福建教育出版社 1993 年，第 93 頁-94 頁。

右，為福州人所建，武營中尤崇奉之，似為五通矣……此瘟神爾。」
[53]

拙著《福建民間信仰源流》也提出：福建瘟神崇拜是從五通神衍化而來的。學者在這一問題上的觀點並不一致，許多人認為：五通神和瘟神不是一回事。[54]所以，五通神與瘟神的關係尚有必要深入研究。

五通神信仰的緣起。五通神是唐宋時期南方很普通的民間信仰，傳為柳宗元所著的《龍城錄》中的「龍城無妖邪之怪」云：

「柳州舊有鬼，名五通。餘始到不之信。一日因發篋易衣，盡為灰燼，余乃為文醮訴於帝。帝愍我心，遂爾龍城絕妖邪之怪，而庶士亦得以寧也。」[55]

「大江以南地多山而俗機鬼，甚怖異，多依岩石樹木為叢祠。村村有鬼，曰：『木究』曰：『木下三郎』，一足者曰獨腳五通。」[56]

「大江以南地多山，而俗機鬼，其神怪甚詭異，多依岩石樹木為叢祠，村村有之。二浙、江東曰『五通』，江西、閩中曰『木下三郎』，又曰『木客』，一足曰『獨腳五通』，名雖不同，其實則一。」[57]

聶田《俎異記》山魈：「山魈，嶺南皆有，一足反踵，手足皆三指，雄曰「山丈」，雌曰「山姑」，夜扣人門，雄求金繒，雌求脂粉。」[58]

可見，有關五通鬼的傳說在南方流行很廣，大致說來，五通是一種動物精靈，會危害人類，百姓畏懼五通神，多不敢得罪。

宋代南方百姓祭祀五通神的原因。宋代百姓認為五通神是財神，洪邁說：「或能使乍富，故小人好迎奉致事，以祈無妄之福。」（同前）他舉了一個例子：「臨川水東小民吳二，事五通神甚靈，凡財貨之出入虧

[53]連橫：《臺灣通史》，商務印書館 1983 年，第 403-404 頁。

[54]陳小沖：《臺灣民間信仰》，鷺江出版社 1993 年，第 138 頁。

[55] [明]陶宗儀：《說郛》卷二十六上。上海古籍出版社影印本，第 36 頁。

[56] [明]陶宗儀：《說郛》卷一百一十八，暌車志，叢祠鬼，文淵閣四庫全書本，第 34 頁。

[57] [宋]洪邁：《夷堅志》丁志卷十九，江南木客，第 695 頁。

[58] [明]陶宗儀：《說郛》卷一百一十八，文淵閣四庫全書本，第 24 頁。

贏必先陰告。」[59]宋代南方商品經濟發達，祭五通神的人很多，尤其是著名的徽州商人集團，徽州的婺源有五通神的祖廟，「大觀三年賜廟額，宣和五年封通貺、（通佑）、通澤、通惠、通濟侯。乾道、淳熙累封各八字，其告命云：江東之地，父老相傳謂兄弟之五人振光靈於千載。」[60]這五個封號中都有「通」字，與民間的「五通神」之稱相符合。宋景定八年，五通神累封至八字王，封號為「顯聰昭應靈格廣濟王、二曰顯明昭烈靈護廣佑王，三曰顯正昭順衛廣惠王，四曰顯直昭佑靈貺廣澤王，五曰顯德昭利靈助廣成王。」[61]由於以上五神封號中皆有「顯」字，因而，民眾稱之「五顯」。據《夢梁錄》一書，五顯封號最後定名為：顯聰昭聖孚仁福善王，顯明昭聖孚義福順王，顯正昭聖孚智福應王，顯直昭聖孚愛福惠王，顯德昭聖孚信福慶王。在杭州共有七座廟宇。[62]所以後人說「五通」與「五顯」是一回事，是有根據的。總之宋代五通與五顯是財神，所以，有那麼多人崇拜。建陽人余象斗所著《南遊記》以華光大帝為主角，據其所說，華光原為如來的弟子之一，即妙吉祥，他因燒死獨火鬼，破壞了如來不殺生的戒條，被罰下人間。臨行時如來賜其五通：「你一通天，天中自行；二通地，地府自裂；三通風，風中無影；四通水，水無浸礙；五通火，火裡自在。」在這裡，五通被作功能性解釋。[63]妙吉祥後在徽州婺源縣蕭家莊投胎，蕭婆一胎生產出五胞胎，即為五通。後來，華光驅逐妖魔，立下大功。如來為其寫表上奏玉帝。「玉帝依奏，加封華光為王。封佛中上善五顯靈官大帝。其餘大眾人等，俱依如來表奏，俱送往西方。華光永鎮中界，凡民求男生男、求女生女，買賣一本十利，讀書若金榜題名，感顯應驗，永受祭享。」[64]福建各地多有五通神廟和五顯廟。

[59] [宋]洪邁：《夷堅志》丁志卷十五，吳二孝感，第 667 頁。

[60] [宋]王象之：《輿地紀勝》卷二十，徽州仙釋神。北京，中華書局 1992 年影印文選樓影宋抄本，第 939 頁。

[61] [元]淮海秦晉：《新編連相搜神廣記》前集，五聖始末。第 495 頁。

[62] [宋]吳自牧：《夢梁錄》浙江人民出版社 1980 年，第 131 頁。

[63] [明]余象斗：《南遊記》，嶽麓《四遊記》本，第 62 頁。

[64] [明]余象斗：《南遊記》，嶽麓《四遊記》本，第 106 頁。

　　由此看來，五通、五顯與五瘟神是有區別的，五通原為五個動物精怪。對五通的信仰流傳於南方各地，查舊地圖，南方各地多有「五通」之名。例如廈門的「五通」渡，今更名為五緣灣。後來，徽州一帶的五通修佛成神，被朝廷封為五顯之神。這一稱號傳到各地，漸漸取代了五通的外號，許多地方都有「五顯嶺」之類的稱呼。不過，有些地方又將五顯稱為「五老」，廈門的「五老峰」便是其中之一。實際上，它的古名應為「五通嶺」。可見，由「五通」到「五顯」或是「五老」，五通有其獨自的變化管道，與五瘟不是一回事。至少在相當的範圍內，五通、五顯不等於瘟神。

　　如上所云，實際上「五瘟」與五通是不同的兩個發展系列，五瘟最早出現於漢代的道教著作中，而「五通」是動物精怪發展起來的神明。至少在宋元時代，五通神不等於五瘟神。

　　閩人對五通神的獨特理解與瘟神崇拜。我在前文揭示：五通神是動物精靈，而在閩人眼裡，動物精靈是會施放瘟疫的，例如：

> 「福州永福縣能仁寺護山林神，乃生縛獼猴，以泥裏塑，謂之猴王。歲月滋久，遂為居民妖祟。寺當福、泉、劍、興化四郡界，村俗怖聞其名。遭之者初作大寒熱，漸病狂不食，緣籬升木，自投於地，往往致死，小兒被害尤甚。」[65]

　　永福縣今名永泰，隸屬於福州，福州人對猴王的崇拜延及後世，明代永泰縣還有猴王作祟的傳說：

> 「能仁寺有護法神曰猴王，甚著靈跡。置像於輿，能令舁者跳躍飛走。禱祀極應。」[66]

　　其次，據福州社科所葉翔同志的調查資料，在福州市效閩侯縣青口鎮的瘟神廟——穆嶺寺的「福靈殿請神文」裡，民眾所請眾神中，有一大系列猢猻精：「玉封齊天大聖尊王、神后金牡丹夫人、神弟中天大聖、

---

[65] [宋]洪邁：《夷堅志》甲志卷六，宗演去猴妖，第 49 頁。
[66] 王紹沂等纂修：[民國]《永泰縣誌》卷十二，雜錄，明。永泰縣誌編纂委 1987 年點校本，第 723 頁。

次弟要天三郎、神妹水母娘娘、胡孫神眾。」[67]可見，猴王作瘟神之一，在福建民間有很大影響。此外，在福州一帶的瘟神廟宇中，五大瘟神塑像裡，常有一猴頭人身的瘟神像，這也是閩人將猴王當作瘟神之一的又一例證。

實際上，動物精靈會施瘟疫的觀念也流傳於許多地方，例如：《神異經》云：「西方深山有人長尺余，犯人則病寒熱，名曰山臊。」山臊是與山魈一類的動物精靈，也可視為山鬼，所以《玄黃經》云：「此鬼是也」。[68]這種觀念流傳很廣，浙江湖州一帶有蛇精施放瘟疫的傳說：

「慶元元年五月，湖州南門外，一婦人顏色潔白，著皂弓鞋，踽踽獨行，呼賃小船，欲從何山路往易村。既登舟未幾，即僵臥，自取葦席以蔽。舟才一葉，輾轉聲咳，必相聞。寂然無聲，舟人訝焉，舉席視之，乃見小烏蛇可長尺許，凡數千條，蟠繞成聚，驚怛流汗，復以席覆之。凡行六十里始抵岸，乃扣舷警之。奮而起，儼然人矣，與初下船不小異，腰間解錢二百為雇值，舟人不敢受。婦問其故，曰：我適見汝若此，何敢受？笑曰：切莫授與人。我從城裡來此行蛇瘟，一個月後卻歸矣。徐行入竹林，數步而沒。彼村居人數百家，是復死者太半。初，湖、常、秀三州自春初夏，疫癘大作，湖州尤甚，獨五月稍寧，六月復然，當是蛇婦再還也。」[69]

也許是蛇瘟的傳說流行於各地，宋代京師「釘麥蛇」的習俗：「京師人以麥為蛇形，又以炒熟黑豆、煮熟雞子三物，於元月四鼓時，用三姓人掘地，逐件以鐵釘各釘三下，咒曰：蛇行則病行、黑豆生則病行、雞子生則病行，咒畢，遂掩埋之。」[70]

在江西金溪，有蛙神管理「五瘟使者」的傳說。

「金溪城中市水門廟祀青蛙使者，形即蛙，青色，背上金星七。好

[67]葉翔：《閩台瘟神崇拜探源》，福州，1995年第一屆閩台民間信仰學術研討會論文。有關閩人的猴精崇拜，還可參見拙著《福建民間信仰源流》第二章，第四節，福建古代的猴精傳說與崇拜。

[68]陳元靚：《歲時廣記》卷五，燃爆竹，第186頁。

[69][隋]侯君素：《旌異記》。《說郛》，上海古籍出版社影印本，第5432頁。

[70]陳元靚：《歲時廣記》卷五，釘麥蛇，第188頁。

事者以錫作盆，置金椅於內，閉以錫蓋。去來自如。有祈禱者，啟其蓋
祀之，坐椅上，與人無異，目光炯炯若識人言語者。相傳開縣時作官舍，
取土深數丈，得之。神為人言，云掌邑中『五瘟使者』。故祀於此。邑
人祈求，其應如響。每歲五月五日，城內造龍舟，以人裝故事。其上一
舟，數百人舁之行諸陸地，云禳瘟氣也。甲寅春，有大蛇自神龕出，盤
椅上，啖使者（即青蛙）幾盡，還吐出，若支解然，既又復故。數日觀
者盈廟門，蛇不為動，三日乃去。既去，使者坐椅上如常。未幾土賊楊
益茂據城池，識者以是為先幾之兆。康熙壬申（三十一年），侯官毛公
諱翼垣令吾邑，首禁龍舟。邑人以使者為辭。公乃為疏詣廟中，與使者
對坐。告曰，使者既為一邑主，毋好戲龍舟，費吾百姓錢。吾為令，使
者不得瘟吾百姓也。言訖焚疏。使者自是潛其形。公治邑十二年，使者
雖間出，不歆邑祀，瘟氣亦絕。公去，使者仍來廟中戲，龍舟亦如故。」
[71]

　　以上我們敘述了「猴瘟」與「蛇瘟」及青蛙使者管理「五瘟」的傳
說，這反映了在中國的許多地方，民眾有動物神會施瘟疫的觀念，因而，
對於動物精靈，民眾是相當警惕的。在福建民眾看來，五通神是動物精
錄，因而，他們即為瘟神，清代福州地方小說《閩都別記》認為，五通
神是由水猴、水鳥、蛤蚌、鱸魚、水蛙等五種動物精怪變化而來，後來，
他們又變化為瘟神五帝：「臉分五色，惟中多一眼，衣亦著五色，皆戴
金冠……皆以為五方之五帝下降，行災布病，不論有病無病，無不備大
禮儀當天祭禳，遂于江濱建五帝廟。其香火甚旺，祭祀不斷。」[72]

　　儘管《閩都別記》只是一部小說，但在研究民間信仰的起源過程中，
小說是有很大價值的，它反映了當地人對瘟神來源的看法，上述記載表
明：在當時福州民眾心裡，五通神即為五瘟神。這一事實說明：在福州
一帶，五通神信仰已與五瘟神崇拜合流了。

　　以上分點探討了瘟神發展史上的幾個重要問題：瘟鬼、瘟神、五瘟
使者、五帝，其實，從發展趨勢看，它也可視為瘟神衍化史上的幾個階

[71]謝旻等：雍正《江西通志》卷一百六十一，雜記三，第55-56頁。
[72] [清]何求：《閩都別記》第381回，福建人民出版社，1987年，第513頁。

段，將其串起來觀察，我們可以很清楚地看到：古代的瘟鬼在人們眼裡的地位不斷提高，最終發展為五帝，這一變化是巨大的，但是有線索可尋的。（此文由兩篇論文合成：1.《略論閩台瘟神信仰起源的若干問題》北京，《世界宗教研究》1997 年 2 期；2.《閩台瘟神崇拜起源略考》，閩台民間信仰學術研討會 1995 年論文；收入本書時進行了較大的修改。）

論瑜珈教與臺灣的閭山派法師

　　臺灣民間以捉鬼驅邪為主要職責的法師分為閭山派與普庵派二種，相對於正統道教的道士而言，閭山派法師又謙稱為「小法師」，即「小法」。小法在臺灣與澎湖的民間有相當影響[1]。不過，他們所屬的閭山教一直被當作道教[2]，但在事實上，閭山派巫法原屬於佛教的瑜珈派，在歷史上，閭山派從瑜珈教分離出來，成為獨立的巫法，而後成長為巫教，再後被納入道教系統，完成了從佛入道的變化。本文試圖探討瑜珈教對閭山派的影響及其特徵。

一、瑜珈教的起源

　　瑜珈教或稱瑜伽教、瑜伽門，源出於唐代的佛教密宗，迄於宋元明時期，瑜珈教已經自成體系。明朝洪武二十四年六月，朱元璋命禮部清理釋道二教：「今之學佛者，曰禪、曰講、曰瑜珈；學道者曰正一、曰全真，皆不循本俗。汙教敗行，為害甚大。」[3]按，朱元璋出身於佛門，他對元末明初的佛教有切身體會，因此，他對佛教流派的分析值得重視。在這裡，他主要是從習佛的方式將佛教分為三大流派，其中一種是以修身為主，他們的做法是修禪，力求頓悟成佛；第二種是以向信眾宣講為主，他們主要為信眾講解佛教經典；第三種人以做瑜珈為主，所謂做瑜珈，就是做法事，他們為信眾舉行一定的儀式，以達到驅邪除妖的效果。可見，在朱元璋看來，做瑜珈是佛教中的一大流派。

　　傳統上人們認為驅邪除妖主要是道士們做的事，所以，對和尚也做這類事感到十分不理解。實際上，佛教的密宗從傳入中國之始，即以做法事聞名。例如，唐玄宗時，「西天三藏金剛智，循南海至廣州，來京

---

[1]　黃有興等統計，澎湖屬於閭山派的法壇有 23 座。黃有興、甘村吉編撰：《澎湖民間祭典儀式與應用文書》，澎湖文化局 2002 年，第 58 頁。

[2]　約翰‧坎普爾士：《臺灣北部閭山道士法場科儀演練的描述》，台南市，《道教學探索》第二號，1989 年版；葉明生：《閭山派的源流與形成》，臺灣道教學研究網站。

[3]　《明太祖實錄》卷二百零九，臺灣中研院影印本，第 3109 頁。

師召見。居慈恩寺。智傳龍樹瑜伽密教，所至必結壇灌頂度人，禱雨禳災尤彰感驗。」[4]金剛智即為中國密宗的開創者，據佛教的經典，密教的三大祖師為「初祖金剛智灌頂國師」、「二祖不空灌頂國師」、「三祖慧朗灌頂法師」等。[5]密宗三大祖師在唐代皆以大法力聞名於世，而他們所施法術即為「瑜珈法」，所以，在《大正藏》有「瑜伽密教」的說法。

唐宋時期，隨著密宗的傳播，許多僧人都學習瑜珈法，後唐鳳翔府法門寺的志通和尚，曾經「遇日囉三藏行瑜伽教法，通禮事之。」[6]在《大正藏》有一篇彌伽道蔭著《宋東京開寶寺守真傳》，其中說到守真在四川聖壽寺：「後禮演秘閣梨授瑜伽教」。《夷堅志》記載，宋代臨安人「擇僧二十輩，作瑜珈道場」。[7]可見，當時有部分僧人擅長瑜珈派法術，他們常為民間「捉鬼驅邪」。

密宗的瑜伽術必然會引起中國傳統巫師的興趣，他們向密宗大師學習瑜珈術，這就造成瑜珈術向民眾中間傳播，明代永樂年間朝廷有詔令：「洪武中僧道不務祖風，及俗人行瑜珈法，稱火居道士者，俱有嚴禁。即揭榜申明違者殺不赦。」[8]

此文中的「俗人行瑜珈法」，便是民間巫師行使瑜珈術，這說明當時的瑜珈術已經從佛教密宗傳向百姓了。這類行使瑜珈法的巫師，被稱為瑜珈教徒或是瑜伽教徒、瑜伽門。明代初年，這類人物受到嚴禁，洪武年間下令：「民有效瑜珈教稱為善友、假張真人名私造符籙者，皆治以重罪。」[9]永樂年間，朝廷再次申嚴此禁。不過，明代的法令，在洪武、永樂年間較嚴，其後，人去政亡，對瑜珈教的禁令逐漸被人們忘卻，乃至朝廷也給瑜珈教人物頒發度牒：「正統十一年六月丁酉朔，給賜貴州會誦心經並法華經及能作瑜伽法事者土僧童四十九名度牒。」[10]可見，

[4] 《大正新修大藏經》卷四十，法運通塞志，第十七之七，唐玄宗，第 373 頁。

[5] 《大正新修大藏經》卷二九，諸宗立教志，第十三，瑜伽密教，第 295 頁。

[6] 《大正新修大藏經》，鳳翔府法門寺志通傳，第 858 頁。

[7] 洪邁：《夷堅志》，《夷堅支乙》卷一，王彥太家，北京，中華書局 1981 年，第 796 頁。

[8] 《明成祖實錄》卷一二八，臺灣中研院影印本，第 1593 頁。

[9] 《明太祖實錄》卷二百九，第 3114 頁。

[10] 《明英宗實錄》卷一四二，臺灣中研院影印本，第 2805 頁。

瑜珈教在民間是富有生命力的。

　　總之，瑜珈教源出於佛教的密宗，在宋元明時期成為民間宗教，其中即有僧人也有民間的巫師，他們都會做來自密宗的瑜珈術，為信眾驅鬼除邪，祈雨求晴。

二、瑜珈教的特徵

　　宋代的道教大師白玉蟾給學生講解瑜珈教：「栶問曰：『今之瑜珈之為教者何如？』答曰：『彼之教中謂釋迦之遺教也，釋迦化為穢跡金剛，以降螺髻梵王，是故流傳此教，降伏諸魔，制諸外道，不過只三十三字，金輪穢跡咒也。然其教中有龍樹醫王以佐之焉，外此則有香山、雪山二大聖，豬頭、象鼻二大聖，雄威華光二大聖，與夫那叉太子，頂輪聖王及深沙神，揭諦神以相其法，故有諸金剛力士以為之佐使，所謂將吏惟有虎伽羅、馬伽羅、牛頭羅、金頭羅四將而已。其他則無也。今之邪師雜諸道法之辭，而又步罡撚訣，高聲大叫，胡跳漢舞，搖鈴撼鐸，鞭麻蛇打桃棒，而于古教甚失其真。似非釋迦之所為矣。然瑜珈亦是佛家伏魔之一法。」[11]從白玉蟾的敘述中我們知道：瑜珈教的特點是：其一，有一穢跡金剛法流行於教中；其二，使用靈童，「胡跳漢舞」；其三，拜香山大聖、龍樹醫王、華光大聖、那叉太子等佛教神靈。掌握以上三點特徵，我們就可知道瑜珈教在民間傳播的情況。

　　其一，關於穢跡金剛與金輪穢跡咒。如白玉蟾所云：瑜珈教信奉的穢跡金剛為釋迦牟尼所轉化，他是瑜珈教最高神靈之一。密宗重穢，《大正藏》中有阿質達霰譯的《穢跡金剛禁百變法經》，蕭登福指出：「其壇則多以牛糞塗飾，並將牛糞、尿、乳、酪、酥，合稱牛五淨，以之淨身、供祭。」[12]按，密宗起源於印度的婆羅門，婆羅門皆為雅利安人，他們原為中亞的一個遊牧民族，後來進入印度，成為統治民族，即婆羅門。

---

[11]白玉蟾：《海瓊白真人語錄》卷一，萬曆《道藏》第 33 冊，文物出版社、上海書店、天津古籍出版社，第 114 頁。
[12]蕭登福《道教與密宗》，臺北，新文豐出版社，1993 年，第 4 頁。

由於雅利安人原來是遊牧民族，而中亞多沙漠，所以，他們的習俗帶有中亞遊牧民族的特點。遊牧民族最重視牛的繁殖，他們的一切都來自於牛，所以，他們會將牛神聖化。印度人將牛視為神物與這一點有關。就生活習俗來說，在中亞的沙漠地帶，食用水十分難得，所以，牧民多以牛尿供洗手之用。由於婆羅門沿襲了中亞民族的許多習俗，所以，他們會重視與牛有關的「穢跡」。

宋代穢跡金剛與金輪穢跡咒在民間十分流行，「紹興十年，明州僧法恩坐不軌誅。恩初以持穢跡咒著驗，郡人頗神之。」[13]按，法恩是一個僧人，但他卻以持穢跡咒在民間行巫，得到了許多百姓的信仰，說明他是瑜珈教僧人。

許多巫師也會穢跡咒。「建炎初，車駕駐蹕楊州。中原士大夫避地南來，多不暇挈家。淄川姜廷言到行在參選，以母夫人與弟孚言已離鄉在道，久不得家書，日夕憂惱，邦人盛稱女巫聖七娘者行穢跡法通靈，能預知未來事，乃造其家，焚香默禱。才入門，見巫蓋盛年女子，已跣足立於通紅火磚之上，首戴熱鏊，神將方降，即云：『迪功郎，監潭中南嶽廟』。姜跪問母與弟消息，『更十日當知，又三日可相見』。姜聞語敬拜，積憂稍釋。恰旬日，果得書。又三日，家人皆至。姜悲喜交集，厚致錢往謝。一切弗受，唯留香燭幡花而已。姜後為工部侍郎，每為客道此。」[14]

以上這位能使用穢跡金剛法的女巫，盛裝行法，說明她只是民間的人物，並沒有出家，但她卻能使用瑜珈法的法術，這說明瑜珈法在宋代已經流入民間的巫師中。

其二，使用靈童與「胡跳漢舞」。白玉蟾批評瑜珈教的巫師「胡跳漢舞」，大喊大叫，這使我們知道了「跳舞」這一詞的起源，它原來是巫師在行法時的表演。它還使我們知道：「跳」與「舞」各有不同的起源，舞是中土的傳統，而「跳」來自於胡人——也就是唐宋時代的外國人。既然是由瑜珈教的巫師來「跳舞」，使他們掌握跳舞這一技巧的人，

---

[13] 洪邁：《夷堅志》，《夷堅丙志》卷十二，僧法恩，第 470 頁。
[14] 洪邁：《夷堅志》，《夷堅支景》卷五，聖七娘，第 919 頁。

顯然就是密宗的祖師爺──金剛智等人。在現代的巫師中，「跳神」是一重要的儀式，看來，這一儀式原出於瑜珈教，是從印度傳入中國。

使用靈童跳神在宋代的瑜珈教中就很流行：

「漳泉間人，好持穢跡金剛法治病禳襘，神降則憑童子以言。紹興二十二年，僧若沖住泉之西山廣福院，中夜有僧求見，沖訝其非時。僧曰：『某貧甚，衣缽才有銀數兩，為人盜去。適請一道者行法，神曰：『須長老來乃言』。幸和尚暫住』。沖與偕造其室，乃一村童按劍立椅上，見沖即揖曰：『和尚且座，深夜不合相屈。』沖曰：『不知尊神降臨，失於焚香，敢問欲見若沖何也』。曰：『吾天之貴神，以寺中失物，須主人證明，此甚易知，但恐興爭訟，違吾本心。若果不告官，當為尋索』。沖再三謝曰：『謹奉戒』。神曰：『吾作法矣』。即仗劍出，或躍或行，忽投身入大井，良久躍出，徑趨寺門外牛糞積邊，周匝跳擲，以劍三築之，瞥然僕地。逾時，童醒。問之，莫知。乃發糞下，見一磚臬兀不平，舉之，銀在其下，蓋竊者所匿云。」[15]

以上故事中的施法者是一村童，但是，他應用穢跡金剛法幫人找到失物，這說明他是瑜珈教中的人物。我們注意到：他在行法時，「周匝跳擲」，這應當就是白玉蟾所說的「胡跳」。這一故事表明：中國農村常見的童乩，實際上是瑜珈教從印度傳來。這類例子還可見以下故事：

「福州有巫，能持穢跡咒行法，為人治祟蠱甚驗，俗呼為大悲。裡民家處女，忽懷孕，父母詰其故，初不知所以然，召巫考治之。才至，即有小兒盤辟入門，舞躍良久，徑投舍前池中。此兒乃比鄰富家子也，迨暮，不復出。別一兒又如是。兩家之父相聚詬擊巫，欲執以送官。巫曰：『少緩我，容我盡術，汝子自出矣，無傷也』。觀者踵至，四繞池邊以待。移時，聞若千萬人聲起于池，眾皆辟易。兩兒自水中出，一以繩縛大鯉，一從後棰之。拽登岸，鯉已死。兩兒揚揚如平常，略無所知覺。巫命累瓶甖於女腹上，

[15] 洪邁：《夷堅志》，《夷堅甲志》卷十九，穢跡金剛，第171頁。

舉杖悉碎之。已而暴下，孕即失去，乃驗為祟云。」[16]

以上這一故事中的巫師屬於瑜珈法派，其證明有三：其一，持穢跡金剛法；其二，使用靈童來驅鬼；其三，神童行法時「舞躍良久」，顯然，他是在「胡跳漢舞」，這些特點與白玉蟾所說的瑜珈法相同。使用孩童來傳遞神的旨意，在宋代十分流行，再見以下故事：

> 「呂椿年幼子年三歲，以紹熙癸丑夏得痰疾，父母憂之，醫禱備至。或言有吳法師者，符水極精，宜使治之，乃亟往邀請。複以百錢雇廛市一小兒，令附語。吳訶責詰問，敕神將縛其手。即徐徐高舉手為受繫之狀，繼令縛兩足，亦然。叱之曰：『汝是某鬼乎？』俛首曰『是』。凡所扣數條，皆咕囁應喏。」[17]

這使我們想到：印度與中國的巫師，都用小孩作為靈童傳遞神靈的資訊，看來，這一法術也是從印度傳到中國的。明白了這一點，我們就可對印度密教之所以流行於中國有的新認識，這是因為：密教之中確實有許多中國原來沒有的「巫術」，尤其是跳神與靈童傳信兩大巫術，它最能引起旁觀者的興趣，瑜珈教將這些中國沒有的巫術傳到東土，這就難怪密教在唐宋時期流行一時了。

三、瑜珈教與閭山派的起源

閭山派在臺灣長期被視為道教的一個流派，但是，自從白玉蟾演說閭山派的文字被發現後，學者們才知道：閭山派其實是巫師的一個派別，由於巫師自稱法師，所以，閭山派又被稱為巫法。白玉蟾是這樣說的：

> 「巫者之法，始于娑坦王，傳之盤古王，再傳於阿修羅王，複傳於維陀始王、長沙王、頭陀王、閭山（山在閭州）九郎、蒙山七郎、橫山十郎、趙侯三郎、張趙二郎。此後不知其幾。昔者巫人

---

[16] 洪邁：《夷堅志》，《夷堅丙志》卷六，福州大悲巫，第417頁。
[17] 洪邁：《夷堅志》，《夷堅支景》卷四，吳法師，第908頁。

之法，有曰盤古法者，又有曰靈山法者，復有閭山法者，其實一巫法也。」[18]

可見，閭山派是當時巫法的一大流派。

如果說孤證不能成立，那麼，近年《海遊記》一書的發現，更坐實了這一看法。海北遊人無根子所著《海遊記》一書，原署「建邑書林忠正堂刊」，熟悉明代版刻史的學者都知道：這是典型的建陽書坊刻本小說。本書早已散佚，上世紀九十年代，福建學者葉明生在湖南發現《海遊記》的抄本，而臺灣成功大學的胡紅波副教授則從書商處購得清代乾隆年間再版的《新刻全像顯法降蛇海遊記傳》刊本，遂使本書重新流傳於學界。

《海遊記》是一部以閭山派領袖——陳靖姑為主人公的一部小說，本書敘述陳靖姑出生、學法與除妖的全過程，很顯然，它是一部閭山派巫師的「紀實小說」。

給道教學者衝擊最大的是：《海遊記》將閭山派與儒、佛、道三教並列，自稱為巫教。《海遊記》一書云：「自天地開闢之後，人民安業，以儒、釋、道、巫四教傳於天下。儒出自孔聖人，居人間以孝悌忠信行教，釋出自世尊，居西境以持齋行教；道出老子，居鐘南以修煉行教；巫出自九郎，居閭山以法行教。」[19]

可見，在《海遊記》這部書的作者那裡，巫教是與儒佛道三教相頡頏的一種宗教！至此，我們可以確認閭山派巫法不屬於道教或其他宗教，在歷史上，閭山教巫法至少曾經是自成系統的宗教。

然而，《海遊記》一書又顯示，閭山教巫法與佛教的關係很深，該書對陳靖姑的誕生是這樣說的：觀音菩薩在路過南海時，「見閭山法門久沉不現，欲思揚開其教」，所以，她將一根白髮化為白蟒一條，去人間作亂，而後又將指甲化為陳靖姑下凡投胎，開始學法斬蛇的歷程，由

[18]白玉蟾：《海瓊白真人語錄》卷一，《道藏》第 33 冊，第 113-114 頁。
[19]海北遊人無根子：《新刻全像顯法降蛇海遊記傳》，建邑書林忠正堂原刊，清乾隆重刊本，第 1 頁。胡紅波藏本。

於這一過程，閭山派巫教得以再興。[20]這一說法也見於明代的《三教源流搜神大全》，該書關於「大奶夫人」的誕生是這樣說的：「時觀音菩薩赴會歸南海，忽見福州惡氣沖天，乃剪一指甲化作金光一道直透陳長者葛氏投胎」，可見，按該書的說法，閭山教主神陳大奶原為觀音的一片指甲。[21]

觀音在瑜珈教中被稱為香山大聖，她是山林妖精的剋星，能夠降伏一切危害人類的妖魔鬼怪。觀音派陳靖姑下凡，正是其本職功能。觀音與陳靖姑的關係，說明陳靖姑神系原出於瑜珈教。

明代的《三教源流搜神大全》直接將閩中女巫陳大奶夫人（靖姑）與瑜珈教的法師陳二相聯繫在一起，陳二相：「曾授異人口術瑜珈大教正法，神通三界，上動天將，下驅陰兵，威力無邊。」[22]陳二相又名陳法通，在《三教源流搜神大全》一書裡，陳二相為陳靖姑之兄。《海遊記》一書也有類似的故事：「卻說羅源縣下渡村陳諫議，已有妻葛氏夫人，生一子名法通。義男名海清，一女名靖姑。法通朝拜雪山法天聖者為師，一日，辭母帶海清從各處救人疾苦，母許之。」[23]此文中的陳海清即為陳二相，他們的哥哥是陳法通；《海遊記》云：陳海清是法天聖者劉聖者的學徒，陳海清及義兄陳法通在古田臨水村與蛇精鬥法，陳海清將「文書燒去，請得王、龔、劉三祖師——蘭天聖者、飛天聖者、法天聖者到壇」。[24]關於三大聖者的姓，各書記載都有些不同，有的記為王、龔、劉，有的記為楊、龔、劉，而《三教源流搜神大全》則作「張、蕭、劉、連」四大聖者」。[25]迄今為止，臺灣、澎湖的閭山派法師在做法時，都要請張、蕭、劉、連」四大聖者出場，下為澎湖「小法」操營儀式中所唱的「點軍咒」：

[20]海北遊人無根子：《新刻全像顯法降蛇海遊記傳》，第 1 頁。

[21]佚名：《三教源流搜神大全》卷四，大奶夫人，上海古籍社 1990 年影印葉德輝重刊本，第 183 頁。

[22]佚名：《三教源流搜神大全》卷四，大奶夫人，第 183 頁。

[23]白玉蟾：《海瓊白真人語錄》卷一，萬曆《道藏》第 33 冊，第 114 頁。

[24]海北遊人無根子：《新刻全像顯法降蛇海遊記傳》，第 1 頁。

[25]佚名：《三教源流搜神大全》卷四，大奶夫人，第 183 頁。

　　　吾是東營九夷軍，領軍馬九千九萬人，

　　　今日操營都吉慶，請蕭公聖者領軍進前來；

　　　吾是南營八蠻軍，領軍馬八千八萬人，

　　　今日操營永萬福，請劉公聖者領軍進前來；

　　　吾是西營西戎軍，領軍馬六千六萬人，

　　　今日操營永無災，請連公聖者領軍進前來；

　　　（吾是北營北狄軍，領軍馬五千五萬人，

　　　今日操營永無難，請張公聖者領軍進前來）。[26]

　　澎湖點軍咒證明：說，張、蕭、劉、連」四大聖者是屬於閭山教的，但是，據《三教源流搜神大全》一書，四大聖者又是屬於瑜珈教的，這就間接證明：閭山教源出於瑜珈教。

　　佛教稱其神明為菩薩、佛祖，道教稱其神明為仙人；儒教稱其神明為神；只有瑜珈教將神明稱之為「聖者」。正如宋代道教大師白玉蟾所說，瑜珈教中有：香山、雪山二大聖，豬頭、象鼻二大聖，雄威、華光二大聖等神明，[27]所謂「大聖」，即是「大聖者」的簡稱，前文王、龔、劉三祖師又稱為蘭天聖者、飛天聖者、法天聖者，若要誇張其功能，三聖者就可簡稱為「三大聖者」，張、蕭、劉、連四大聖者也可簡稱為「四大聖者」，將其簡化，就出現：「三大聖」、「四大聖」、「大聖」之類的稱呼。

　　福建北部的邵武一帶是三大聖者王、龔、劉三祖師崇拜最早的發源地，不過，《邵武縣誌》稱之為楊、龔、劉三大祖師：

　　　「三佛祖師者，一劉氏，交趾人，一楊氏，南華人，其一為西域突利屬長民，本無姓，以母契丹氏適龔，遂為龔姓。龔生而好道，早歲辭親出家，至儋州昌化縣地藏菩薩道場，隨眾聽法。至定水與劉、楊遇，相見如故。因同詣雪峰義存，求證上道。義存為剪髮作頭陀，命法名曰：龔志道、劉志達、楊志遠，遂各受偈辭去。

---

[26] 黃有興、甘村吉編撰：《澎湖民間祭典儀式與應用文書》，澎湖文化局 2002 年，第 93 頁。括弧中為該書遺漏者。

[27] 白玉蟾：《海瓊白真人語錄》卷一，《道藏》第 33 冊，第 114 頁。

> 溯舟至郡境，楊適楊源，龔適道峰，而劉居七臺山之獅子岩，後
> 皆化去。紹興八年，郡旱禱雨，立應，敕封真濟、神濟、慈濟三
> 公。淳佑間，加封圓照顯佑大師。」[28]

　　以上三位祖師本為唐末名僧雪峰義存手下的人物，由於他們尚未正式剃度，只能做頭陀，可見，三位祖師與佛教的關係十分密切。在後世巫人眼裡，他們是三大聖者。在閩北的許多地方都有三佛祖師的道場，而邵武縣七臺山對劉聖者的祭祀至今保留。

　　以上三大祖師中雖有二位是南方人，但他們都與北方有很密切的關係，因為，三大祖師最早相會處是在北京附近的「定水」，而龔氏又是北方大族契丹人，契丹的文化中心是在遼國境內閭州的閭山，這就將南方的瑜珈教與北方的閭山聯繫在一起了。

　　白玉蟾在提到閭山派巫法時明確地說，山在閭州，這肯定是指閭州的閭山。過去我們無法理解為何福建的一個巫法流派會與北方的閭山有關係，我曾經以為閭山應為江西廬山的轉音，再次重審白玉蟾的話，應當承認：白玉蟾認為當時福建的一派巫法與北方的閭山有關是有道理的。這是因為：定居於邵武一帶的三佛祖師都與北方有關，是他們傳下了閭山派巫法。

　　閭州為始建於遼代的州，《遼史·地理志》云：「閭州，羅古王牧地，近醫巫閭山。在遼州西一百三十裡，西北至上京九百五十裡，戶一千。」[29]按，閭山在遼代的全名為「醫巫閭山」，說明它與巫覡中的「巫醫」有相當關係。

　　據史冊的記載，醫巫閭山，又名醫無閭山，在中國歷代名山中佔有重要地位。早在晉代，朝廷就將醫無閭山列入全國 44 位朝廷祭祀的山神之內。[30]北魏時，皇帝也曾「幸遼西，望祀醫無閭山」；[31]隋朝前期，

---

[28]李正芳等：咸豐《邵武縣誌》卷十四，福建邵武地方誌編纂委員會 1986 年版，第 437 頁。

[29]脫脫等：《遼史》卷三十七，地理志一，北京，中華書局 1974 年，第 450 頁。

[30]令狐德棻等：《晉書》卷十九，禮志上，北京，中華書局 1974 年，第 584 頁。

[31]魏收：《魏書》卷一百八，禮志一，北京，中華書局 1974 年，第 2739 頁。

朝廷祭祀的山神、水神有所減少，但醫無閭山仍在其中。[32]楊文帝開皇
十四年閏十月，「詔東鎮沂山，南鎮會稽山，北鎮醫無閭山，冀州鎮霍
山，並就山立祠」。[33]從此，閭山成為全國五鎮名山之一，歷代得到朝廷
的祭祀：《舊唐書》云：「范陽司馬畢炕祭醫無閭山廣寧公」。[34]遼代，遼
道宗曾多次幸臨醫巫閭山；[35]金代，「立冬，祭北嶽恒山於定州、北鎮醫
巫閭山于廣寧府」。[36]金朝明昌年間，封「醫巫閭山為廣寧王」。[37]元明
清三代都祭祀醫巫閭山。元朝加封「北鎮醫巫閭山為貞德廣寧王，歲時
與嶽瀆同祀，著為令式」。[38]明朝給諸山神的封號有所降格，《明史》云：
「今依古定制，並去前代所封名號。五嶽稱東嶽泰山之神，南嶽衡山之
神，中嶽嵩山之神，西嶽華山之神，北嶽恒山之神。五鎮稱東鎮沂山之
神，南鎮會稽山之神，中鎮霍山之神，西鎮吳山之神，北鎮醫無閭山之
神。」[39]《清史》記載：「鎮五：曰東鎮沂山、南鎮會稽山、中鎮霍山、
西鎮吳山、北鎮醫巫閭山」。「光緒初元，加太白山神曰保民，醫巫閭山
神曰靈應。」[40]

以上表明：其一，醫無閭山，或稱醫巫閭山，是晉代以後歷代王朝
都祭祀的中國名山之一，它的排名雖在「五嶽」之後，卻是「五鎮」名
山之一。其二，對醫無閭山的祭祀是從隋代以後逐漸上升，一直到元朝
達到最高點，明清雖然祭禮醫巫閭山，但只給予普通山神的地位。其四，
醫無閭山是在遼代才改名為醫巫閭山，因此，醫巫閭山成為巫法之源，
與遼朝有關係。

「醫巫閭山水奇秀」，[41]它位於遼河的上游。是遼朝統治民族契丹人

---

[32]魏徵等：《隋書》卷六，禮儀志一，北京，中華書局1973年，第108頁。

[33]魏徵等：《隋書》卷七，禮儀志二，第140頁。

[34]劉昫等：《舊唐書》卷二四，禮儀四，北京，中華書局1975年，第934頁。

[35]脫脫等：《遼史》卷二六，道宗紀六，第310、314頁。

[36]脫脫等：《金史》卷三四，禮志七·嶽鎮海瀆條，北京，中華書局1975年，第810頁。

[37]脫脫等：《金史》卷三四，禮志七·嶽鎮海瀆條，第810頁。

[38]宋濂等：《元史》卷十九，成宗紀二，北京，中華書局1976年，第418頁。

[39]張廷玉等：《明史》卷四十九，禮志三，北京，中華書局1974年，第1284頁。

[40]趙爾巽等：《清史稿》卷八十三，禮志二，北京，中華書局1977年，第2522-2523頁。

[41]脫脫等：《遼史》卷三八，地理志二·東京道，第463頁。

的發源地之一，因此，契丹人祭祀醫巫閭山是不奇怪的。遼朝開始強大後，對醫巫閭山很重視。遼太祖的太子為「人皇王」，「人皇王性好讀書，不喜射獵，購書數萬卷，置醫巫閭山絕頂，築堂曰望海。」[42]以後，有不少遼朝的貴族在這裡讀書。人皇王在太祖死後未能繼位，流浪到後唐朝，受唐皇帝李從珂的供養，後唐滅亡時，「唐主從珂將自焚，遣壯士李彥紳害之，薨年三十八，葬醫巫閭山」。[43]可見，醫無閭山在五代是一些貴族的葬地。此地宗教也很發達，遼道宗曾「以安車召醫巫閭山僧志達」，[44]可見，當地有佛教存在；金朝封「醫巫閭山為廣寧王」，也是「從沂山道士楊道全請」，[45]這也證明了閭山應有發達的道教，否則，不會由道士為其請封。我們知道：巫教本身受佛教與道教的影響很大，在前引白玉蟾的話中，提到開創巫法的娑坦王、阿修羅王、維陀始王、頭陀王，從其名字看，應為佛教或與之相關的人物；此外，白玉蟾還說巫法與道教有關：「巫法亦多竊太上之語。故彼法中多用太上咒語。最可笑者，昔人于巫法之符下草書『太上在天』，今之巫師不知字義卻謂『大王在玄，呵呵』。」[46]可見，閭山派巫法兼融佛道二教，它的這一特點的形成，應與閭山派陶冶於閭山的宗教環境有關。

閭山派的形成，應以醫無閭山改名為醫巫閭山為其始。時為五代契丹立國之初。閭山派巫法形成後，逐漸向四方傳播。其中，楊、龔、劉三大祖師來到閩中，傳下閭山派。其中，劉祖師之名為劉志達，而前引閭山僧人中，有名為「志達」的醫僧，[47]二者有可能就是同一人。

四、閩江流域的四大聖者

在閩江流域上游的民間信仰調查中，我看到了「張蕭劉連」四大聖

[42] 脫脫等：《遼史》卷三八，地理志二·東京道，第 463 頁。

[43] 脫脫等：《遼史》卷六四，皇子表，第 973 頁。

[44] 脫脫等：《遼史》卷二六，道宗紀六，第 310、314 頁。

[45] 脫脫等：《金史》卷三四，禮志七·嶽鎮海瀆條，第 810 頁。

[46] 白玉蟾：《海瓊白真人語錄》卷一，《道藏》第 33 冊，第 113-114 頁。

[47] 脫脫等：《遼史》卷二六，道宗紀六，第 310、314 頁。

者的祖廟。張聖者的祖廟在永福（今名永泰）縣境內，有關張聖者的研究，我將另文敘述；連公的祖廟在古田縣境內，南平市樟湖阪鎮也有一座連公廟；至於蕭公則是南平市與建甌市最盛行的民間信仰。

建甌市的蕭公是當地香火最盛的民間信仰，城內有多座蕭公廟，其中坑裡蕭公廟較為宏大，大殿中除蕭公太保外，另塑 99 尊太保神像；此外，通淮門的蕭公廟在舊城門之上，每天都有許多人前來參拜。建甌蕭公太保又稱蕭公菩薩，在當地被視為財神。調查中得知，建甌蕭公太保的祖廟在城郊小松鎮的山上，最早在宋代即有顯靈，原為祭祀山魈之廟。後來，山魈被僧人超度，成為正神，所以，當地人稱之為「蕭公」。

南平最早的蕭公廟在溪源庵風景區，這裡的蕭公傳說與建甌不同。相傳南平的蕭公原為宋代大田縣（宋代大田縣隸屬於尤溪、德化二縣）的一個農民，他來到南平溪源庵附近打工，顯示出大法力，後來得到民眾的祭祀，成為南平主要保護神。歷代有不少關於蕭公顯靈的傳說。

邵武、順昌一帶有三濟祖師崇拜，其中劉志達的祖廟在七臺山。七臺山位於邵武、順昌二縣交界處，古代屬於邵武縣，今屬順昌縣。七臺山十分險峻，無緣登上。但在順昌境內看到多處三濟祖師廟，著名的順昌寶山元代石廟，即是一座三濟祖師廟。

以上對閩江流域初步的調查，可知閩江中游與上游分別有張、蕭、劉、連四大聖者的崇拜，他們在各自的信仰領域都有許多信奉者。在閭山教中，四大聖者是具有很大影響的法師，所以，閭山教法師做法，往往要請四大聖者出面捉鬼。這是澎湖「點軍咒」中出現四大聖者的原因。據臺灣學者的調查，閭山教在臺灣民間流傳很廣，類似點軍咒之類的咒語，在臺灣廟宇中十分流行。臺灣許多廟宇的廟門外都有一座安置張、蕭、劉、連四大聖者的小神龕，而祭祀那吒太子的元帥廟，更將四大聖者當作那吒太子的四大將，這都是瑜珈教閭山派的觀點。

綜上所述：佛教的密宗流派傳入中國後，出現了瑜珈派僧人。這些僧人將瑜珈術傳播於民間，出現了懂瑜珈術的巫師，人們稱這類巫師為瑜珈教。閭山派巫法實為瑜珈教的一支，它在宋元明時期流行於民眾之中，是具有廣泛影響的民間宗教。閭山派的巫師又稱為法師、童乩，他

們打蔴繩、跳神等一系列法術，都與瑜珈教有關。所以，臺灣與澎湖閭山派的「小法」與「童乩」，都與瑜珈教有關。瑜珈教閭山派請神的特點是將張蕭劉連四大聖者作為捉鬼的主要神將。(《福州大學學報》2008年 2 期)

早期吳本信仰中的佛道因素分析

吳本信仰在後世被稱吳真人、保生大帝，看起來是一個道教的神靈。但已有學者指出：在早期吳本信仰中曾有佛教的成分，迄至後代，人們才將吳本塑造為道教神靈。因此，分析吳本信仰中的佛道因素，是一個饒有興趣的問題。

一、吳本信仰與佛教有關的史料

龍海縣丁厝的《白氏丁氏古譜》是漳州一帶流傳的著名族譜，其中保留了不少唐宋之際的地方史料。該譜的「懿跡紀」記載吳本曾為丁家題寫丁遷的《遺囑歌詞二十韻》及其他敘文：「迨宋仁宗朝，吳真君以通家善書，為吾舍再錄此頌及敘於祠堂，為世守芳規。其榜末題云：『天聖五年臘月吉日，泉礁江濮陽布叟吳本謹奉命拜書。』」這一段短短的文字展現了吳本真實狀況，他生前不是道士，而僅是一個布衣。但是，吳本死後，人們很快將其塑造為神，「父老私諡為醫靈真人，偶其象于龍湫庵。」[1]「醫靈真人」為道教之名，而龍淵庵則應是一座佛教的小廟，雖說當時佛道同行於世，但一座小廟裡佛道並存，仍是不倫不類。好在傅宗文先生考證：道教神靈得「真人」之號是在北宋神宗熙寧末年之後。[2]而吳本死於宋仁宗時期，因此，吳本去世之初，人們不可能給其醫靈真人之諡號。這樣說來，吳本逝世之初，人們僅是在龍淵庵這一小廟裡祭祀吳本，普通百姓死後，子孫寄其香火於佛教寺院，這是很流行的習俗，所以，此時還不能將吳本歸屬於任何教派。迄至南宋高宗紹興二十一年，「歲在辛未，鄉尚書顏定肅公奏請立廟，相與誅茅於雲嶠院之側」。[3]宋代福建各地有書院與寺院之設，此處的雲嶠院是什麼性質

---

[1] 楊志：《慈濟宮碑》，鄧來祚等：乾隆《海澄縣誌》卷二二，藝文志，第1頁。乾隆二十七年刊本。

[2] 傅宗文：《吳本事蹟鉤沉》，張國舉主編：《吳真人學術研究文集》，廈門大學出版社，1990年，第188頁。

[3] 楊志：《青礁慈濟宮碑》，鄧來祚等：乾隆《海澄縣誌》卷二二，藝文志，第2頁。

的院？從《宋史》的記載來看，宋代福建的書院多設於南宋後期，此前的儒者授學之處，多被稱為精舍、私塾等。而且宋代的書院並不多，漳州僅有一所龍江書院較有名，所以，此處的雲嶠院應是佛教的寺院。當地人將祭祀吳本的廟宇建於佛教寺院之側，可知其與佛教有關。不過，這一地址的風水尚不令人滿意，人們又在新址立廟，迄至淳熙乙巳年（1158 年、淳熙十二年），在顏唐臣的率領下，重新翻建廟宇，「既又立屠蘇，其房居學佛者以供灑掃之役，祠宇粗備」。[4]此處的「屠蘇」即是草庵的別名，在吳本廟宇的邊上建一座草庵給學佛的人居住，讓他們為吳本廟宇做一些雜事，這反映了吳本信仰與佛教的關係。

後世的吳本廟宇也有由僧人主持的。而著名的泉州花橋吳真人廟，其住持所刊《太上說慈濟真君救世妙經》，說慈濟真君是觀音菩薩的化身。在花橋理事會現任理事中，有妙蓮、瑞耀、善戒、妙戒等釋氏弟子。[5]

顯而易見，雖說吳本崇拜在後世被封為道教的真人、真君等封號，實際上，它與佛教有相當的關係，怎樣解釋這一關係則是吳本研究史上的一個難點。

二、宋代吳本信仰受佛教影響的原因

道教與佛教並稱為二大宗教，實際上，正統道教的影響遠遠比不上佛教。道教興起了東漢末年，而與此同時，佛教也在民間廣泛傳播。自魏晉南北朝隋唐宋以來，佛教深入中國的每一個角落，成為第一大宗教。宋代理學家黃榦說：「王氏入閩，崇奉釋氏尤甚，故閩中墻廟之盛甲於天下。家設木偶、繪像，堂殿之屬，列之正寢，朝夕事之惟謹」[6]。這是說，自唐五代以來，閩中幾乎每家每戶都在家堂設立佛像，朝夕供奉。漳州「土俗崇信釋氏，男女聚僧廬為傳經會，女不嫁者為庵舍以居」

4　楊志：《青礁慈濟宮碑》，鄧來祚等：乾隆《海澄縣志》卷二二，藝文志，第 2 頁。

5　連心豪：《吳本崇拜瑣議》，廈門吳真人研究會編：《吳真人與道教文化》，第 138-139 頁。

6　黃榦：《勉齋集》卷三七，處士唐君煥文行狀，文淵閣四庫全書本，第 17 頁。

7。泉州至有佛國之號，「泉之為郡，風俗淳厚，其人樂善，素號佛國」
8。釋慧恭迎來到泉州，「所至之所，檀施臻集，徒侶解缽，禪坊立就，其為士庶向奉如此」9。宋代閩南的寺院以資產雄厚著稱於世，如陳淳論漳州：「舉漳州之產而七分之，民戶居其一，而僧戶居其六」10。唐宋時期，閩南僧人之多也是全國出名的，《九朝通略》云：「至道元年，太宗覽泉州僧藉，一歲未度者僅近四千餘。語近臣曰：古者一夫耕三人食，尚有受其餒者，近世一夫耕迨至十人食者，黎民安得不困！東南風俗惰遊，固非樂為清淨，但憚耕種，避徭役耳」11。可見，早在宋代初年，福建僧人之多，便讓宋太宗感到吃驚。

　　與佛教的極盛相比，閩南的正統道教發展規模有限。從道教發展史來看，早期的道教是民間宗教，在東漢末年發生張角太平道大起義，在東晉末出現了孫恩、盧循組織的五斗米教起義，因此，早期道教遭到統治階級的多方打擊，只能在民間流傳，其規模不大。自唐代開始，其皇室自稱老子李耳之後，而老子又被奉為道教開創者，從此，政府開始大力扶持道教；迄于宋代，趙氏皇室亦奉道士趙玄郎為始祖，所以，唐宋二代道教發展較快。不過，由於道教是政府所推行的宗教，民眾往往敬而遠之，雖然在官府支持下，各地蓋了不少道觀，但其數量有限，以下是《八閩通志》所載閩南泉漳二州的道觀：

唐宋閩南道觀表12

晉江	老君祠	原為白雲廟，唐改名
晉江	龍興觀	唐開元間（713~741 年）建
晉江	開元觀	唐神龍初建
晉江	金粟崇真觀	唐時建

7　脫脫等：《宋史》卷四二九，朱熹傳，北京，中華書局 1977 年，第 12762 頁。
8　王象之：《輿地紀勝》卷一三〇，北京，中華書局影印文選樓影宋抄本，第 3733 頁。
9　贊寧：《宋高僧傳》卷一二，唐天臺紫凝山慧恭傳，第 291 頁。北京，中華書局 1987 年點校本。
10　陳淳：《北溪大全集》卷四三，擬上趙寺丞改學移貢院，第 10-11 頁。文淵閣四庫全書本。
11　王象之：《輿地紀勝》卷一三〇，福建路，第 130 頁。
12　黃仲昭：弘治《八閩通志》下冊，卷七七，寺觀志，第 826~833 頁。福建人民出版社 1990 年。

晉江	紫極宮	唐天寶二年（743年）建
晉江	祐聖宮	唐天寶二年（743年）建
晉江	廣孝觀	宋崇寧間建
晉江	紫澤宮	始建年代不明，廢於元代
晉江	柏庭觀	始建年代不明，明代已廢
晉江	衍慶道院	始建年代不明，明代已廢
晉江	碧虛觀	始建年代不明，明代已廢
晉江	通元道院	始建年代不明，明代已廢
晉江	紫雲道院	始建年代不明，明代已廢
晉江	真君宮	宋時建
晉江	靈慈宮	天妃祠，始建于宋紹興年間
晉江	慈濟宮	宋乾道間建，祀吳真人
晉江	東嶽行宮	宋紹興間建
南安	慈濟宮	宋時建
同安	慈濟宮	宋景祐間建
德化	龍山觀	宋乾道七年建
永春	聖祖殿	宋嘉熙中重修
惠安	崇真觀	建于宋端拱元年之前
龍溪	玄妙觀	唐貞元間（785~805年）建
龍溪	東嶽行宮	宋紹興二十九年建
龍溪	慈濟宮	宋景定元年建
漳浦	崇首觀	宋時建
長泰	紫極宮	宋寶慶元年建
長泰	佑聖宮	宋時建

　　以上見於文獻記載的共有 28 座道觀，其數量無法與同時代的佛寺相比。這種情況是普遍性的。宋代《三山志》的作者論述福州的道觀：「惟道家以清淨不死為術，彼安分委命來鄉者寡矣。非若釋氏，以死後禍福恐驚怖。故寺院無數，而道觀至今才有其九。」[13]應當說，泉漳二州與福州的情況類似。總之，在宋代福建民眾看來，道教是官府推崇拜

---

[13]梁克家：《三山志》卷三八，寺觀類六，第 624 頁。福州：海風出版社，2000 年。

的、高高在上的宗教，而佛教則是親民的、具有廣泛性的宗教，所以，他們多接受佛教而不是道教。

明白宋代佛教、道教各自的影響，就可知道，為什麼吳本死後民眾將其供在佛教的龍湫庵及雲嶠院，對民眾來說，官府提倡的道教高不可及，而佛教在他們的身邊，將吳本供入寺院是自然而然的。

三、佛教與吳本信仰性格的塑造

吳本的信徒稱吳本為觀音菩薩的化身，宋朝給其廟宇的名號為「慈濟」，這都說明佛教對吳本信仰影響頗深。

由於以往佛教史的研究多側重於佛教理論及流派，所以，至今學術界對佛教在下層社會的影響理解不足。其實，對民眾來說，他們不太理會禪宗的高深理論，其拜佛的主要目的是解決生活中的問題。從佛教的發展史來看，佛教理論發展的高峰是唐代，佛教各宗派——法華宗、律宗、密宗、法相宗、禪宗都在唐代形成了完美的體系，尤其是禪宗在晚唐五代形成了臨濟宗、曹洞宗、溈仰宗、雲門宗、法眼宗等五大流派。但到了宋以後，只有禪宗保持一定的影響，佛教的多數信眾更傾向于密宗的修持與法術。密宗自唐代傳入中國，在西藏被稱為「藏密」，在日本被稱為「東密」，東密的根源是在中國，唐代中葉由空海和尚傳入日本。不過，在中國，由於「唐武宗滅佛」與「周世宗滅佛」兩大事件的發生，一方面，東密受到極大的打擊，在中土失傳。另一方面，密宗的修持及法術引起民眾極大的興趣，深入到民間，形成了瑜珈（或稱瑜伽）教派。瑜珈教的特色是拯救眾生，解除民眾的困難。例如，瑜珈教改造民眾心中的觀音形象，塑造了「千手觀音」，其意是觀音菩薩神通廣大，可以解救民眾的一切困苦。瑜珈教要求信眾千遍萬遍地念觀音菩薩，以達到自救。另外，瑜珈教讓民眾相信：有道的僧人具有極大法力，只要他們念起神秘的梵文經典，就可驅除一切魔障。這一時代的瑜珈教徒就像道士一樣，常為民眾做法事，以驅鬼救人，改變人生的命運。宋代的道教大師白玉蟾給學生講解瑜珈教：「柑問曰：『今之瑜珈之為教者何

如？』答曰：『彼之教中謂釋迦之遺教也，釋迦化為穢跡金剛，以降螺髻梵王，是故流傳此教，降伏諸魔，制諸外道，不過只三十三字，金輪穢跡咒也。然其教中有龍樹醫王以佐之焉，外此則有香山、雪山二大聖，豬頭、象鼻二大聖，雄威華光二大聖，與夫那叉太子，頂輪聖王及深沙神，揭諦神以相其法，故有諸金剛力士以為之佐使，所謂將吏惟有虎伽羅、馬伽羅、牛頭羅、金頭羅四將而已。其他則無也。今之邪師雜諸道法之辭，而又步罡撚訣，高聲大叫，胡跳漢舞，搖鈴撼鐸，鞭麻蛇打桃棒，而于古教甚失其真。似非釋迦之所為矣。然瑜珈亦是佛家伏魔之一法。」[14]從以上白玉蟾對瑜珈法的闡釋中可知，瑜珈教除了所拜神明多是外來的，許多作為很像道教，有步罡念訣等一整套施法方式。

宋代，瑜珈教也傳到了吳本的故鄉——泉州、漳州交界處：「漳泉間人，好持穢跡金剛法治病禳禬，神降則憑童子以言。紹興二十二年，僧若沖住泉之西山廣福院，中夜有僧求見，沖訝其非時。僧曰：『某貧甚，衣缽才有銀數兩，為人盜去。適請一道者行法，神曰：『須長老來乃言』。幸和尚暫住』。沖與偕造其室，乃一村童按劍立椅上，見沖即揖曰：『和尚且座，深夜不合相屈。』沖曰：『不知尊神降臨，失於焚香，敢問欲見若沖何也』。曰：『吾天之貴神，以寺中失物，須主人證明，此甚易知，但恐興爭訟，違吾本心。若果不告官，當為尋索』。沖再三謝曰：『謹奉戒』。神曰：『吾作法矣』。即仗劍出，或躍或行，忽投身入大井，良久躍出，徑趨寺門外牛糞積邊，周匝跳擲，以劍三築之，瞥然僕地。逾時，童醒。問之，莫知。乃發糞下，見一磚杌兀不平，舉之，銀在其下，蓋竊者所匿云」[15]。

以上故事中的施法者是一村童，但是，他應用穢跡金剛法幫人找到失物。正如白玉蟾所說，穢跡金剛是瑜珈教崇拜的神明。此外，這位村童施法時「周匝跳擲」，這應當就是白玉蟾所說的「胡跳」。可見，宋代漳泉一帶已經有瑜珈教傳播。

[14]白玉蟾：《海瓊白真人語錄》卷一，第114頁。萬曆《道藏》第33冊，文物出版社、上海書店、天津古籍出版社。

[15]洪邁：《夷堅志》，《夷堅甲志》卷十九，穢跡金剛，第171頁。北京，中華書局1981年。

從宋代的史料看，吳本信仰似與瑜珈教有一定關係。楊志的《青礁慈濟宮碑》記載吳本的生平：「侯弱不好弄，不茹葷，長不娶，而以醫活人。枕中、肘後之方，未始不數數然也。所治之疾，不旋踵而去。遠近以為神醫。」[16]莊夏論說：「不茹葷，不受室，嘗業醫，以全活人為心。按病投藥，如矢破的，或吸氣噓水以斂，病者雖沈痼奇怪，亦就痊癒」[17]。以上兩段記載發表於吳本死後一百多年，二者都強調吳本「不茹葷」、「不受室」，在這一時代，道士不必吃素，也可以結婚；摩尼教提倡吃素，不禁通婚；吃素而不結婚的主要是佛教人士。顯而易見，楊志與莊夏的碑記，無意中都將吳本塑造為和尚之類的人物。但在實際上，吳本與龍溪丁厝的丁氏家族是「通家」，一般地說，這是指二家之間有姻親關係，所以，真實的吳本也許是有婚姻並有子女的。可見，是傾向於佛教的人士將吳本塑造成一個「不受室」並吃素的佛教人士。此外，吳本在為病人治病時使用了一些神秘的手段，「或吸氣噓水以斂，病者雖沈痼奇怪，亦就痊癒」，這類手段既流行於道士中，同樣流行於聖者（瑜珈教法師）中，因此，楊志與莊夏碑記中的吳本近似於瑜珈教的聖者。

佛教慈悲為懷，重視濟世，將拯救苦海中的民眾視為宗教的主要目的。據莊夏的碑記，吳本生前為醫，「無問貴賤，悉為視療，人人皆獲所欲去」[18]，這就有佛教慈悲為懷的精神。吳本死後，其廟宇之名是「慈濟」，似也受到佛教的影響。

四、吳本信仰與道教的關係

道教是中國的傳統宗教，但中國的傳統宗教不只道教。道教產生於東漢，迄今僅有二千年的歷史。而在夏商周時期，中國早已有了神道設教。不論是夏王、商王、周王，都自稱為上天之子，他們將祭祀上帝視

---

[16]楊志：《青礁慈濟宮碑》，鄧來祚等：乾隆：《海澄縣誌》卷二二，藝文志，第1頁。乾隆二十七年刊本。

[17]莊夏：《慈濟宮碑》，鄧來祚等：乾隆：《海澄縣誌》卷二二，藝文志，第5頁。

[18]莊夏：《慈濟宮碑》，鄧來祚等：乾隆：《海澄縣誌》卷二二，藝文志，第5頁。

為朝政第一要務，每年春秋二季，夏商周之王都要祭祀四方神靈。這一制度也被秦漢以來各代皇帝所繼承，歷代皇帝都將祭天及祭祀四方神靈當作重要政務之一。這類由三代傳及後世的國家宗教，學界稱之為宗法性宗教，它不同於道教。

吳本被列入國家祀典，得到慈濟廟號及「忠顯英惠侯」的封號，這並不是說他已經成為道教的神靈，而只能證明他是宗法性宗教的低級神明。所以，最早的慈濟廟並沒有稱為宮，宮是道教廟宇的主要名稱之一，而吳本被封之初，其廟宇被稱為「祠」。明代《海澄縣誌》說：「淳祐志云：『真人沒而有靈，鄉人即其地祠焉』。莊少師夏云：『里人欲廣故居之祠，然則平昔故廬，即今香火所都也。其內丹宅猶在』」。[19]以上宋代的《臨漳志》及莊夏的碑刻都稱吳本廟宇為「祠」，《宋會要輯稿》記載吳本的廟宇，「醫靈神祠，在泉州府同安縣。乾道二年十月，賜廟額『慈濟』。」[20]在劉克莊的文集中，至少有三處將吳本的廟宇稱之為祠，而在真德秀的文集中，也有一處將慈濟廟稱為「祠」。

在中國古代，祠用以祭祀對當地有功的名人，例如，清代晉江縣境內有石吏部祠、朱都憲祠、青陽八賢祠、蔡文莊祠、昭忠祠；具有神跡的才被稱之為廟，晉江縣有武廟、天后廟、城隍廟、風神廟、龍神廟。[21]宋代的情況與清代大致類似，吳本的廟宇早被稱為祠，說明朝廷早期是將其作為地方名人來祭祀，而不是將其當作道教神明。

宋朝是一個高度崇尚道教的時代，宋徽宗自稱為道教神仙下凡，以道教皇帝自命，這在歷史上是少見的。過去，中國歷朝代在儒學及宗法性宗教的影響下，都嚴厲禁止民間淫祠。但在宋徽宗之後，開始給民間信仰諸神封號，使之成為國家正祀的神明。宋朝有意混淆宗法性宗教與道教的區別，在宋徽宗主導下，給一些國家正祀神明以「真人」、「真君」之類的封號，這就使國家正祀向道教靠攏。楊浚的《白礁志略》記載吳

[19]張燮等：崇禎：《海澄縣誌》卷十三，名跡志。第461頁。北京，書目文獻出版社：《日本藏中國罕見方志叢刊》，1990年影印本。

[20]徐松輯：《宋會要輯稿》禮，二〇之一六七。

[21]周學曾等：道光《晉江縣誌》卷十六，祠廟志，第388-435頁。福建人民出版社1990年。

本的受封過程：

> 淳熙元年（1174　年），「勅凡鄉村市鎮立宮，皆書『慈濟』懸掛
> 之。」
> 「慶元二年（1196 年）丙辰，封忠顯侯。」
> 「嘉定間（1208-1224 年），改封英惠侯。」
> 「寶慶三年（1227 年）丁亥，增封康佑侯。」
> 「端平二年乙未（1235 年），封靈護侯。」
> 「嘉熙三年（1239 年）已亥，封正佑公。」
> 嘉熙四年庚子，封沖佑真人。
> 「淳祐元年（1241　年）辛丑，詔改廟為宮。五年乙巳，封孚惠
> 真君。」
> 「德祐元年（1275 年）乙亥，封孚惠玄道普祐真君。」[22]

以上史料表明：在晚宋嘉熙四年之前，吳本所得封號都是國家正祀
的「侯」與「公」，但到了嘉熙四年之後，他就得到了一個「沖佑真人」
的封號，而後還得到了「真君」的封號，這使他成為道教的神明。

以上史料也有一些問題，因為《白礁志略》是晚清名士楊浚的作品，
他是從何得知宋末吳本得到這些封號？現在還找不到旁證，現有資料只
能證明吳本被封為：「忠顯英惠侯」，這在楊志的碑記中有記載。但吳本
在宋末被視為道教的真人，還能得到其他史料的證明。劉克莊說：「顯
佑真人起白焦，醫術妙一世，能於鬼手中奪人命。既仙去，人事之如生」
[23]。可見，劉克莊稱吳本為顯佑真人。

劉克莊還提到，龍溪城內有專門祭祀吳真人的道院：「龍溪蔡君德
容奉香火尤謹，真人降焉，密傳符咒，蔡素修方，及得神授，益自信。
然專以救危厄，起膏肓，未嘗問賄謝。余每謂叢祠滿天下，小者希勺酒
獨號之薦，大者受萬年之饗，真人則異於是。生不葷茹，死不血食，挹
澗泉擷溪毛，而來瘍者、失痛痿者，卻扶而去之。固黻冕食萬羊者之所

---

[22]楊浚：《白礁志略》卷一。楊浚：《四神志略》，清光緒刻本。
[23]劉克莊：《後村先生大全集》卷一百一十，龍溪蔡德容道院，第16-17頁。四部叢刊影印舊
抄本。

愧也。前輩詠市醫云：左手檢方，右雇金兩，手雖殊均劍戟，蔡君則異於是，富者至，予之藥，貧者至，亦予之藥，固兩手均劍戟者之所愧也。乃題其贈卷而歸之」[24]。可見，蔡德容這位醫生信奉吳真人，自稱他的醫術得自吳真人，因而，他以道院奉吳真人香火。總之，在宋代後期，吳本已經被部分民眾視為道教真人了。

　　綜上所述，吳本崇拜原為宋代漳泉之間的民間信仰，民眾主要將其當作民間的醫神崇拜。不過，吳本信仰早在宋代已經受到佛道二教的影響，佛教塑造了吳本慈悲為懷的神格，而又賦予巫醫的形象。道教將吳本推崇為真人。二大宗教的浸潤，促進吳真人信仰發展、傳播。但從本質上而言，吳本信仰最早屬於民間信仰。（參加廈門青礁慈濟宮會議論文）

---

[24]劉克莊：《後村先生大全集》卷一百一十，龍溪蔡德容道院，第 16-17 頁。

從《閩都別記》《海遊記》看陳靖姑信仰的兩大系統

　　陳靖姑信仰流傳於福建、浙江與臺灣等地，各地有關陳靖姑的傳說都有一些差異。明代海北遊人無根子所著《海遊記》記載的陳靖姑傳說，有明顯的佛教痕跡，而《閩都別記》所載陳靖姑傳說則屬於道教系統。比較二者的差異可看出道教與佛教對民間信仰的爭奪。

一、關於陳靖姑信仰的起源

　　現存有關陳靖姑信仰[1]的史料，都將陳靖姑托附為唐代的人。但是，唐代福建人口稀少，文獻也少，根本找不到有關陳靖姑信仰的記載。吳任臣的《十國春秋》是敘述唐五代時期南北諸國的史書，其中雖有記載陳靖姑，但吳任臣本身是清代的人，該書有關陳靖姑的史料，明顯是抄於清代的方志。更為詭異的是：宋代福州州志──《三山志》一書，雖有《祠廟》一節，並記載了許多福州的民間信仰，卻沒有相關陳靖姑信仰的記載。要知道《三山志》一書纂成於南宋中葉，這一事實使許多學者懷疑陳靖姑信仰的起源時代──它也許不是唐代的民間信仰，甚至不是宋代的民間信仰，要不然，《三山志》一書怎麼可能不記載有關陳靖姑的信仰？其實，《三山志》一書編纂者多為儒者，而其掛名的主編更是宋代曾任宰相的梁克家，而儒者一向主張消滅民間的淫祀，在這一背景下，梁克家不可能詳細記載被儒者視為淫祀的民間廟宇，只有那些經過官府封賜的民間信仰，才可能得到梁克家的記載，事實上，《三山志·

---

[1]　對陳靖姑信仰的研究，早在 20 世紀 30 年代即有《福建三神考》一書問世，不過，本書僅是對陳靖姑信仰的簡單敘述，後來，法國第十大學的貝桂菊教授在福建做了有關陳靖姑信仰的人類學調查，相關成果於上世紀 90 年代出版。我對臨水夫人的研究始於寫在 1990 年的《臨水夫人考》一文，後來又有《福建民間信仰源流》一書在 1993 年出版，該書有關臨水夫的章節及《臨水夫人考》一文，其主要成果是發掘了有關臨水夫人的文獻史料，其中對張以寧《順懿廟記》、陳鳴鶴《晉安逸志》的發現與研究，都有一定價值。《福建民間信仰源流》一書並對《閩都別記》有關陳靖姑的長篇神話進行的分析。此後對陳靖姑的研究逐漸多了起來，而《海遊記》一書的發現，則是陳靖姑研究史上重要的突破。

祠廟志》所載的民間信仰，都得到過官府的封賜。所以，《三山志》未載陳靖姑信仰，不能說明宋代不存在陳靖姑信仰，倒是可以證明：迄至南宋中期，陳靖姑信仰還不是很熱，所以，沒有閩籍大臣為其請封——儘管宋末閩籍大臣的數量不少。

　　現在可知有關陳靖姑信仰的可靠史料，是出於元代古田人張以寧的《古田縣臨水順懿廟記》一文，張以寧在本文中說：「古田東去邑三十裡，其地曰臨川，廟曰順懿，其神姓陳氏，肇基於唐，賜敕額于宋，封順懿夫人。英靈著于八閩，施及于朔南。事始末具宋知縣洪天錫所樹碑。皇元既有版圖，仍在祀典，元統初，元浙東宣慰使都元帥李允中寔來謁廟，瞻顧諮嗟，命廣其規，未克就緒。乃至正七年，邑人陳遂嘗掾大府，慨念厥初狀神事蹟，申請加封」[2]。

　　這段文字表明：元代古田一帶的陳靖姑信仰已經十分盛行，所以，古田名人都為其申請加封，而身為大學士的張以寧，也為陳靖姑寫了《順懿廟記》。不過，張以寧的《順懿廟記》提到：陳靖姑始封於宋代，而知縣洪天錫為其寫過碑記。有關陳靖姑受封于宋末，則有明代《八閩通志》、《建寧府志》等書的記載。《八閩通志》云：

> 「順懿廟，在（古田）縣（水？）口臨水。神陳姓，父名昌，母葛氏。生於唐大曆二年。嫁劉杞，年二十四而卒。臨水有白蛇洞，中產巨蛇，時吐氣為疫屬。一日，有朱衣人執劍，索白蛇斬之。鄉人詰其姓名，曰：『我江南下渡陳昌女也。』忽不見。巫往下渡詢之，乃知其為神，遂立廟於洞上，凡禱雨煬，驅疫癘，求嗣續，莫不回應。宋淳祐間封崇福昭惠慈濟夫人，賜額『順懿』」[3]。

　　據此，陳靖姑出生在一個世代為巫師的家庭，她生於唐大曆二年（767年），以巫術為生，在一次打胎祈雨的法事中死去，死後被奉為保胎女神，得到許多人祭祀，又稱「臨水夫人」。臨水夫人在宋代得到封賜較遲，一直到南宋後期的淳祐年間才得到封賜，由福州太守徐清叟

---

[2]　張以寧：《翠屏集》卷四，文淵閣四庫全書本，第48-49頁。
[3]　黃仲昭：弘治《八閩通志》卷五八，祠廟，福建人民出版社1990年，第373-374頁。

奏封，嘉靖《建寧府志》記載：

> 「宋浦城徐清叟子婦孕十七月不產，忽一婦踵門自言：『姓陳，專醫產』。令別治樓，樓心穿一穴，置產婦樓上，仍令備數僕，持杖伺樓下。既而產一蛇，長丈餘，自穴而下，群僕捶殺之。酬以物，不受。但需手帕一方，令親書『徐某贈救產陳氏』數字。且曰：『吾居古田縣某處，左右鄰某人。異日若蒙青眼，萬幸！』出門不見。後清叟知福州，憶其事，遣人尋訪所居。鄰舍云：『此間只有陳夫人廟，常化身救產，諦視之，則所題手帕已懸像前矣』」[4]。

　　按，徐清叟媳婦「懷孕」十七個月，最後生產出一條「白蛇」，這實質上是患了鉤蟲病，嚴重的鉤蟲病患者，其腹內之蟲可長至數米，有人用藥將此鉤蟲打下，而徐清叟將其附會為救產女神陳靖姑顯神，因而為陳靖姑請封，這是陳靖姑第一次得到朝廷的封賜，從而成為著名的女神。古田縣令洪天錫應是在這一背景下於寶慶年間為陳靖姑廟立碑。

　　以上是有關陳靖姑信仰的原始記載，就這些史料而言，陳靖姑信仰至少在宋代已經在民間流行，但直到宋末才受到朝廷封賜，元明兩代，陳靖姑信仰已經相當流行了。不過，從原始的陳靖姑信仰而言，無法分析這一信仰屬於佛教還是屬於道教，更像是民間樸質的信仰。

二、《海遊記》所展示佛教對陳靖姑信仰的改造

　　明代的《海遊記》一書云：「自天地開闢之後，人民安業，以儒、釋、道、巫四教傳於天下。儒出自孔聖人，居人間以孝悌忠信行教，釋出自世尊，居西境以持齋行教；道出老子，居鐘南以修煉行教；巫出自九郎，居閭山以法行教」[5]。可見，在《海遊記》這部書的作者那裡，巫教是與儒佛道三教相頡頏、且自成系統的一種宗教。其中，巫教的開創者是閭山九郎。關於閭山派巫教，宋代道教大師白玉蟾說：「巫者之

4　范嵩等：嘉靖《建寧府志》卷二十，上海古籍社 1963 年景印天一閣本。
5　海北遊人無根子：《新刻全像顯法降蛇海遊記傳》，建邑書林忠正堂刊，第 1 頁。

法，始于娑坦王，傳之盤古王，再傳于阿修羅王，復傳於維陀始王、長沙王、頭陀王、閭山（山在閭州）九郎、蒙山七郎、橫山十郎、趙侯三郎、張趙二郎。此後不知其幾。昔者巫人之法，有曰盤古法者，又有曰靈山法者，復有閭山法者，其實一巫法也」[6]。可見，閭山派是當時巫法的一大流派。不過，迄至元明時期，諸派巫法似都歸宗於閭山派門下，而其門徒也打出了巫教的旗號。

閭山派巫教以陳靖姑為教主，這是眾所周知的。《海遊記》一書，便是敘說陳靖姑學法、行法的故事。整篇故事約有二萬餘字，此處當然不可能將全文錄入。不過，查明代的《三教源流搜神大全》一書，其中有關「大奶夫人」陳靖姑的記載，大致上是《海遊記》的縮寫，今引錄如下：

「昔陳四夫人祖居福州府羅源縣下渡人也。父諫議，拜戶部郎中，母葛氏，兄陳二相，義兄陳海清。嘉興元年，蛇母興災吃人，占古田縣靈氣穴洞于臨水村中，鄉人已立廟祀，以安其靈，遞年重陽，買童男童女二人以賽其私願耳。遂不為害。時觀音菩薩赴會歸南海，忽見福州惡氣沖天，乃剪一指甲化作金光一道，直透陳長者葛氏投胎，時生於大曆元年甲寅，歲正月十五日寅時誕聖，瑞氣祥光，罩體異香，繞闥金鼓聲，若有群仙護送而進者。因諱進姑。兄二相曾授異人口術瑜珈大教正法，神通三界，上動天將，下驅陰兵，威力無邊，遍敕良民。行至古田臨水村，正值輪祭會首黃三居士供享，心惡其妖，思靖其害，不忍以無辜之穉唉命於茶毒之口，敬請二相行法破之。奈為海清酒醉填差文券時刻，以致天兵、陰兵未應，誤及二相為毒氣所吸。適得瑜仙顯靈，憑空擲下金鐘罩，復仙風所照，邪不能近。兄不得脫耳。進姑年方十七，哭念同氣一系，匍往閭山學法，洞王女即法師傅度驅雷破廟罡法，打破蛇洞取兄，斬妖為三。殊料蛇稟天宿赤翼之精，金鐘生氣之靈，與天俱盡，豈能殀得。第殺其毒，不敢肆耳。至今八月十三起，乃蛇宿管度，多興風雨霖雹，暴至傷民稼穡。蛟妖出沒，此其證也」[7]。

[6]　白玉蟾：《海瓊白真人語錄》卷一，《道藏》第 33 冊，第 113-114 頁。
[7]　佚名：《三教源流搜神大全》卷四，上海古籍社 1990 年影印清刊本，第 183-184 頁。

　　以上故事與佛教的關係體現在：

　　其一，陳靖姑（或稱陳進姑）是觀音的化身之一。《海遊記》的開篇說：後世巫教不顯，是佛教的觀音之神使閭山巫法再興。觀音之所以將指甲化為陳靖姑大奶夫人，是因為她「見閭山法門久沉不現，欲思揚開其教」，所以，她將一根白髮化為白蟒一條，去人間作亂，而後又派陳靖姑下去斬蛇，由於這一過程，閭山派巫教得以再興[8]。可見，觀音是閭山派教主所依仗的主神。

　　其二，陳靖姑之兄陳二相是瑜珈大教的門徒。關於瑜珈教，宋代道教大師白玉蟾曾給學生彭椊講解：「椊問曰：『今之瑜珈之為教者何如？』答曰：『彼之教中謂釋迦之遺教也，釋迦化為穢跡金剛，以降螺髻梵王，是故流傳此教，降伏諸魔，制諸外道，不過只三十三字，金輪穢跡咒也。然其教中有龍樹醫王以佐之焉，外此則有香山、雪山二大聖，豬頭、象鼻二大聖，雄威華光二大聖，與夫那叉太子，頂輪聖王及深沙神，揭諦神以相其法，故有諸金剛力士以為之佐使，所謂將吏惟有虎伽羅、馬伽羅、牛頭羅、金頭羅四將而已。其他則無也。今之邪師雜諸道法之辭，而又步罡撚訣，高聲大叫，胡跳漢舞，搖鈴撼鐸，鞭麻蛇打桃棒，而于古教甚失其真。似非釋迦之所為矣。然瑜珈亦是佛家伏魔之一法」[9]。

　　從白玉蟾的敘述中我們知道：瑜珈實為佛教中的一派，以重視降伏妖魔為其特點。瑜珈教的神靈相當繁雜，其中，香山大聖觀音、雪山大聖等，都是著名的神靈。《海遊記》一書記載了相關故事：「卻說羅源縣下渡村陳諫議，已有妻葛氏夫人，生一子名法通。義男名海清，一女名靖姑。法通朝拜雪山法天聖者為師，一日，辭母帶海清從各處救人疾苦，母許之」[10]。按，《海遊記》中的劉祖師又被稱為「雪山法天聖者」，他應當就是白玉蟾所說的瑜珈教「香山、雪山二大聖」之一。可見，陳靖姑信仰在佛教人士看來，是屬於佛教的。

8　海北遊人無根子：《新刻全像顯法降蛇海遊記傳》卷上，臺北，施合鄭基金會，第 66 頁。
9　白玉蟾：《海瓊白真人語錄》卷一，《道藏》第 33 冊，文物出版社、上海書店、天津古籍出版社，第 114 頁。
10　白玉蟾：《海瓊白真人語錄》卷一，萬曆《道藏》第 33 冊，文物出版社、上海書店、天津古籍出版社，第 114 頁。

　　關於雪山大聖，其實為「雪山法天大聖者」的縮寫。從其所展示的神跡來看，它實為一個有法術的人，這類人物各種宗教都有，只是稱呼不同罷了。道教稱之為道士，佛教稱之為和尚，只有瑜珈教才將這類人物稱之為「聖者」，這是十分特殊的稱呼。《海遊記》所載的聖者其實不只雪山法天聖者一人，還有蘭天聖者、飛天聖者、法天聖者等三人。《海遊記》云：陳法通與義弟陳海清在古田臨水村與蛇精鬥法，陳海清將「文書燒去，請得王、龔、劉三祖師——蘭天聖者、飛天聖者、法天聖者到壇」[11]。關於三大聖者的姓，各書記載都有些不同，有的記為王、龔、劉，有的記為楊、龔、劉，他們在閩北的農村很有影響，有時被稱之為三佛祖師，或是三濟祖師。

　　《邵武縣誌》云：

> 「三佛祖師者，一劉氏，交趾人，一楊氏，南華人，其一為西域突利屬長民，本無姓，以母契丹氏適龔，遂為龔姓。龔生而好道，早歲辭親出家，至儋州昌化縣地藏菩薩道場，隨眾聽法。至定水與劉、楊遇，相見如故。因同詣雪峰義存，求證上道。義存為剪髮作頭陀，命法名曰：龔志道、劉志達、楊志遠，遂各受偈辭去。溯舟至郡境，楊適楊源，龔適道峰，而劉居七臺山之獅子岩，後皆化去。紹興八年，郡旱禱雨，立應，敕封真濟、神濟、慈濟三公。淳祐間，加封圓照顯祐大師」[12]。

　　以上三位祖師在傳說中為唐末名僧雪峰義存手下的人物，由於他們尚未正式剃度，只能做頭陀，回溯白玉蟾有關巫法源流的演說，我們知道，其中有「頭陀王」其人，應當就是這三位聖者了。

　　總之，在佛教看來，陳靖姑是觀音的化身，也是瑜珈派的重要神靈之一，她的師尊輩人物中，尚有三佛祖師等人。

---

[11] 海北遊人無根子：《新刻全像顯法降蛇海遊記傳》卷上，臺北，施合鄭基金會，第 66 頁。
[12] 李正芳等：咸豐《邵武縣誌》卷十四，福建邵武地方誌編纂委員會 1986 年版，第 437 頁。

三、道教有關陳靖姑信仰的重塑

明代萬曆年間重編的《道藏》一書，對陳靖姑信仰有如下記載：

「按，《楓涇雜錄》云：唐大曆中，閩古田縣有陳氏女者，生而穎異，能先事言，有無輒驗。嬉戲每剪為鳶蝶之類，噀之以水，即飛舞上下，斷木為尺許牛馬，呼呵以令，其行止一如其令。飲食遇喜，升鬥輒盡，或辟穀數日自若也。人鹹異之。父母亦不能禁。未字而歿。附童子言事，鄉人以水旱禍福叩之，言無不驗。遂立廟祀焉。宋封順懿夫人，代多靈跡，今八閩人多祀之者」[13]。

將以上記載比之前述有關陳靖姑的傳說，完全是另一種樣子，陳靖姑噀水變物，辟穀數日，預言未來，是一個道士的形象了。

明末陳鳴鶴的《晉安逸志》對陳靖姑事蹟有較詳細的鋪張敘說：

「女道除妖。陳靖姑，閩縣人，五世好道。靖姑少孤，與其兄守元力田牧畜。守元食牛山中，靖姑餉而遇餒嫗，即發其簞飯飯之，別以己食進兄。嫗因托身，靖姑以母事之，不敢有缺。嫗病疽，靖姑跪而吮之。無何，嫗死，靖姑為棺殮畢葬。一日，守元出，靖姑為守牛，渡牛而溺。忽見紫府嚴麗，前時餒嫗雲衣月帔，迎立而笑曰：兒來何遲。遂授以神篇秘籙。居歲余，見靖姑于寶皇，寶皇大悅，乃拜真官得主地上鬼神。賜鶴馭歸家。守元見之，大恐曰：妹既已為魚鱉餌矣，何遽如許？靖姑告之故，乃竊發嫗塚，但衣被而已。於是，為靖姑再拜求其術，願得通籍金闕，望見寶皇顏色。靖姑上書請之嫗，嫗報曰：上下有等，幽顯有章，道俗有別，神之紀也。而兄凡品也，安取禮而見上帝無已。得授方列于漢文成、五利之屬，足矣。其後，守元以方得幸于閩王鏻父子，封天師，賜甲第、車馬、帷幄、器物，為之築壇，築黃金為寶皇，奉祠之。靖姑既善符籙，遂與鬼物交通，驅使五丁，鞭笞百魅。嘗詣郡城，道遇荒塚，得遺骸，卷以簀而禁之。須臾，肉骨起拜曰：妾，縣王宮人也。姓班氏，不知易幾世矣。嫗實生我，請得

以身事嫗，備除門之役所甘心焉。靖姑遂畜為弟子。鄉有虎魅，能變形為人，靖姑劾系降之。使為遠遊前驅。永福有白蛇為魅，數為郡縣害，或隱形王宮中，幻為閩王后，以惑王。王及左右，不能別也。王患之，召靖姑使驅蛇。靖姑率弟子為丹書符，夜圍王宮，斬蛇為三，蛇化三女子，潰圍飛出，靖姑因驅五雷，追數百里，得其首於閩清，得其尾於永福，各厭殺之。其頭奔入古田臨水井中。於是靖姑乘勝從他道馳入古田，圍井三匝，蛇乃就女人服，系頸自縛，箭貫耳，抱馬足，請降。諸弟子或言誅蛇，靖姑曰：蛇千歲之精，亦天地一氣，且已降服，又殺之，非太上好生之意。乃以蛇屬部伍，使長居井中。還報閩王，閩王曰：蛇魅行妖術逆天理，隱淪後宮，誑惑百姓，斧鉞所不能傷，虎狼所不避。今靖姑親率神兵，斬首級，服其餘孽，以安元元，功莫大焉。其封靖姑為順懿夫人，食古田三百戶，以一子為舍人。靖姑辭讓食邑不受，乃賜宮女三十六人為弟子，建第臨水，使者存問，相屬於道。後數歲，靖姑逃去，隱居海上」[14]。

　　以上故事比之《搜神記》的記錄大不相同，卻也體現了陳靖姑屬於道教系統。二者的差異表現在：《搜神記》對陳氏女的記載脫離了福建的民間傳說，大致是外省文人的記載；而陳鳴鶴為福建人，對福建民間傳說瞭若指掌。他在《晉安逸志》中謂陳靖姑是一道教神仙，其主要事蹟是鎮服白蛇，這都與福建民間傳說符合。而其在這段這載中提到陳靖姑的哥哥是陳守元，超度陳靖姑的神靈是寶皇，都使陳靖姑傳說更有道教風味。陳守元在歷史上實有其人，他生活於五代時期，是閩國王宮最寵信的道士之一。而道教神靈——「寶皇」，也是福建的「土產神仙」。寶皇原名為王霸，為南朝梁時期的道士，王霸幼好神仙術，「每登怡山（在福州西部），經宿乃返。年三十遊武夷山，十六年還舊居，乃于山南鑿井，有白龜吐泉煉藥既成，點瓦為金。是歲閩中斗米千錢，乃鬻金運米以濟貧民。後以所餘藥服之，旬日如醉，忽于所居皂莢木下蟬蛻而去」[15]。唐代末年，王潮與王審知率兵始入閩，經唐朝授職為「威武軍

---

[14]陳鳴鶴：《晉安逸志》，轉引自徐燉：《榕陰新檢》卷六。
[15]梁克家：《三山志》卷三八。

節度使」，此後，王氏子孫盤據閩中六十年，建立了閩國政權。王氏統治者為鞏固自己的政權，自稱是王霸子孫。王氏後人在道士陳守元的主持下，稱王霸為「寶皇」，為其建寶皇宮。這是道教勢力在福建最大的時期。可見，陳鳴鶴將陳靖姑托附于陳守元及寶皇，是將陳靖姑的傳說進一步道教化了。

　　何求主編的《閩都別記》於清光緒年間出版，這是一部 300 萬言的巨著，也是福州民間傳說的彙集。從其所述內容來看，本書在清乾隆、嘉慶年間既已定型。《閩都別記》涉及陳靖姑的傳說有 20 多萬字，可以比上一部長篇小說。事實上，臺灣的出版商將這部分故事單獨出版，命名為：《臨水平妖傳》。

　　表面上看，《閩都別記》對陳靖姑故事的敘述，受到佛道兩家的影響，例如，在陳靖姑誕生一事上，《閩都別記》採用了觀音化身說。觀音以一滴血化為陳靖姑，托生於福州下渡陳家，以後收伏了呂洞賓白髮變化的白蛇。但從陳靖姑的師承來看，陳靖姑在《海遊記》一書，其師傅是閭山九郎之妻——張大夫人。閭山九郎又稱法主公，姓張，是閭山派的重要人物之一。對法主公的信仰源出於永福縣，法主公又被稱為張聖君，永福流傳的《張聖君履歷咒》：「少年悟道白雲寺，十歲原來會能仁。盤谷龜峰初脫俗，師拜龍樹大醫王。傳授五雷天心法，諸般文法盡皆通。蒙師賜得七星劍，手持寶劍斬邪魔」[16]。由此可知，張聖者少年時崇拜龍樹大醫王，而龍樹大醫王如白玉蟾所說，本為瑜珈教中的人物[17]。可是，在《閩都別記》一書中，陳靖姑的師傅卻被換成是道教的許真人[18]。許真人許遜，是道教著名的神仙，在江南一帶很有影響，並被江西人奉為保護神。其次，作為次要人物的陳靖姑之兄，也從法師陳二相改為道士陳守元[19]；再次，陳靖姑脫凡成仙，在《閩都別記》中是由

---

[16] 永泰縣方壺岩管理委員會：《方壺山》，1999 年自刊本，第 136 頁。

[17] 白玉蟾：《海瓊白真人語錄》卷一，《道藏》第 33 冊，文物出版社、上海書店、天津古籍出版社，第 114 頁。

[18] 何求：《閩都別記》第二十二回，福建人民出版社 1987 年版，第 136 頁。

[19] 何求：《閩都別記》第二十四回，福建人民出版社 1987 年版，第 144 頁。

道教的張仙上奏天帝,「以陳靖姑為臨水夫人」[20]。《閩都別記》以 20
萬字的篇幅,敘述了陳靖姑修道之後,助夫破案、掃除人間的妖魔鬼怪,
從而成為福州區域最高神靈,「處處立廟,家家奉之」[21]。

　　近世以來,陳靖姑信仰進一步道教化。此處引臺北碧潭臨水宮創建
人吳芳寫的《臨水真經序》,其中對陳靖姑是這樣介紹的:

「伏維九天金闕玉封順天聖母臨水陳太后,閨名靖姑,乃大士化
身,于唐昭宣帝天佑二年正月十五日降生于福建省福州下渡,聖
父諱昌,清操自守,樂善好施,聖母葛氏,貞靜賢淑,懷太后時,
有飛鳳啣珠之兆,誕生之辰,景雲覆室,紫氣盈庭,閭裡引為祥
瑞。幼即慕道,聰明慧莊,悟澈玄機。行年十三,入閭山大法院
許真君之門,得授諸種妙法,惟志恬成道,泯婚嫁思想,拒習扶
胎救產保赤佑童之術,藝成辭師,下山承法主派閭山法,將王楊
二太保為護法,時值五季之酷,群魔亂舞,寰宇不寧,太后以慈
悲為心,斬妖誅魔,大顯神通,廣施法力。護國保民,受萬家景
仰,但前緣數定,始嫁古田縣劉杞。至閩王永和二年(929 年),
閩境大旱,山石生煙,太后行年廿四歲,身懷六甲,為挽救蒼生,
遂脫胎祈雨于福州龍潭角,披髮江上,作法籲天,獲傾盆大雨,
旱災消解,不意受群妖所乘,疲弱中奮劍除妖,後是日即肉身飛
昇。證果於古田縣。真魂復返閭山。補學扶胎救產保赤佑童之術。
顯靈度世,聖跡昭然。然歷代褒封,郡邑立廟」[22]。

　　此文大致將佛教對臨水夫人的影響去除了,但在《臨水真經》一文
中,尚保留著臨水夫人是觀音化身的說法。

　　由於陳靖姑被納入道教仙靈,所以,以她為教主的閭山派,也逐步
成為了道教中的一個流派,至今在臺灣與福建有很大影響。

　　總之,陳靖姑信仰作為民間信仰約在唐宋之時產生,於宋末元初影
響擴大。而道教與佛教兩大宗教開始將其納入自己的範疇,從而使其成

---

[20] 何求:《閩都別記》第八十二回,福建人民出版社 1987 年版,第 418 頁。

[21] 何求:《閩都別記》第五十四回,福建人民出版社 1987 年版,第 305-306 頁。

[22] 吳芳:《臨水真經序》,錄自:碧潭觀光廟宇臨水宮編印:《臨水真經》,1985 年自刊本,
　　第 1-2 頁。

為本教重要神靈之一。陳靖姑信仰中亦佛亦道的形象，其原因在此。（廈門大學宗教學研究所編《道學研究》2005 年第二期，香港蓬瀛仙館 2005年 12 月刊）

附錄：徐曉望臺灣海峽史論文目錄

徐曉望：《占城稻質疑補證》，《中國社會經濟史研究》1984 年 3 期。

徐曉望：《試論明清時期官府和宗族的相互關係》《廈門大學學報》1985 年 3 期。

徐曉望：《淺議清代福建山海經濟開發的關係》，福州，《學習月刊》1986 年第 9 期。

徐曉望：《福建歷代茶政沿革考》，福州《福建茶葉》1986 年第 1、2 期。

徐曉望：《河口考察記》，《中國社會經濟史研究》1986 年第 2 期。

徐曉望：《明清閩浙贛山區經濟發展的新趨勢》，《明清福建社會與鄉村經濟》，廈門大學出版社 1987 年。

徐曉望：《福建歷史上幾個人口數字考證》《福建論壇》1987 年第 4 期。

徐曉望：《試論中國古代亞細亞生產方式的化石──義門》《東南文化》第 3 輯，1988 年。

徐曉望：《明代福建糧食市場試探》《福建史志》1988 年 4 期。

徐曉望：《清代福建武夷茶生產考證》，《中國農史》，1988 年 2 期。

徐曉望：《論姚啟聖為統一臺灣所作的歷史貢獻》，《理論學習月刊》1988 年第 5 期。

徐曉望：《清代前期廣東福建兩省的糧布消費問題》，《中國社會經濟史研究》1989 年 2 期。

徐曉望：《試論清代閩粵鄉族械鬥》《學術研究》1989 年 5 期。

徐曉望：《從閩都別記看福建古代商人的活動》，《福建論壇》1989 年第 4 期。

徐曉望：《論近代福建經濟演變的趨勢──兼論近代福建經濟落後的原因》《福建論壇》1990 年 2 期。

徐曉望：《「臨水夫人」考》福州，《海峽兩岸文化交流》史料第一輯論文集華藝出版社 1990 年

徐曉望：《朱熹──一個反對君主專制的啟蒙思想家》，1990 年國際學術討論會論文，《朱子學新論》，上海三聯書店 1991 年。

徐曉望:《唐末五代福建茶業考》《福建茶葉》1991 年 1 期。

徐曉望:《王潮、王審知治閩策略初探》《理論學習月刊》1991 年 3 期。

徐曉望:《閩國田制考略》《中國社會經濟史研究》1992 年 2 期。

徐曉望:《〈閩國史〉序言》《福建月刊》1992 年 10 月 8 日。

徐曉望:《福建古代制糖術與制糖業》,泉州,《海交史研究》1992 年第 1 期。

徐曉望:《清——民國福建糧食市場的變遷》,《中國農史》1992 年 3 期。

徐曉望:《論中華文化與閩台文化》南京《東南文化》1992 年 3~4 期。

徐曉望:《論唐末五代福建佛教的發展》,新加坡:《南洋佛教》第 302 期。

徐曉望:《明清經濟史研究》林道周編:《福建社會科學研究概覽》,團結出版社 1993 年。

徐曉望:《福建地方史研究》林道周編:《福建社會科學研究概覽》,團結出版社 1993 年。

徐曉望:《論母親崇拜與臨水夫人信仰的性質》《陳靖姑文化研究》1993 年 8 月

徐曉望:《論河洛文化南傳與閩文化的崛起》,鄭州《尋根》1994 年 1 期。

徐曉望:《論閩國時期福建的人口問題》,《福建史志》1994 年第 2 期。

徐曉望:《再論閩台是統一的文化區域》,《臺灣研究》1994 年第 3 期。

徐曉望:《試論清代東南區域的糧食生產與商品經濟關係問題》,南京《中國農史》1994 年第 3 期。

徐曉望:《明清福建婦女的社會勞動和社會地位》,張炳午主編:《中國歷史社會發展探奧》,遼寧人民出版社 1994 年。

徐曉望:《澳門媽祖閣碑記與清代泉州與澳門之間的貿易》,新加坡:《南洋學報》第五十卷,1995 年。

徐曉望:《八次下西洋的王景弘》,泉州《海交史研究》,1995 年第 2 期。

徐曉望:《論楊時傳道東南的文化意義》《朱子研究》1995 年二期。範立生等編:《客家名賢楊時研究文集》,成都時代出版社 2011

年。

徐曉望：《朱熹不賤工商》，臺灣，《孔孟月刊》第三十三卷第七期；《朱
　　　　子研究》1995 年 1 期轉載。

徐曉望：《福建洋務企業失敗原因初探》《福建史志》1995 年 6 期。

徐曉望：《論五代兩宋福建城市的發展》，《福建文史》1996 年第 11 期。

徐曉望：《建陽書坊與明代小說出版業》，葉再生主編《出版史研究》第
　　　　四輯，北京，中國書籍出版社 1996 年。

徐曉望：《沈有容與大埔石刻》，李乾朗主編：《馬祖大埔石刻研究》，參
　　　　寫 40000 字，馬祖島連江縣 1996 年印。

徐曉望：《清廷統一臺灣的決策內幕》，北京，《統一論壇》1996 年第 6
　　　　期。

徐曉望：《論唐代福建儒學教育的發展與文化的興盛》，福州，《教育評
　　　　論》1996 年第 1 期。

徐曉望：《明代抗倭名將沈有容傳》，《福建史志》1996 年第 3 期。

徐曉望：《閩台媽祖文化源流》上，《福建民族》1996 年第 1 期。

徐曉望：《閩台媽祖文化源流》下，《福建民族》1996 年第 2 期。

徐曉望：《閩台蛇崇拜源流》，《福建民族》1996 年第 3 期。

徐曉望：《葉向高與福清社會》，《福建文史》1996 年第 6 期。

徐曉望：《論福建思想文化的區域特徵》福州，《福建論壇》文史哲版,1996
　　　　年第 3 期。

徐曉望：《福建客家文化與區域文化特性》《客家》1996 年第 1 期。

徐曉望：《論東南母親崇拜與觀音信仰的嬗變》新加坡《亞洲文化》第
　　　　19 期。

徐曉望：《關於福建民間信仰問題的思考》《福建論壇》1997 年 3 期。

徐曉望：《關於福建民間信仰的調查與研究》《宗教與現代社會》福建教
　　　　育社 1997 年月版。

徐曉望：《略論閩台瘟神信仰起源的若干問題》，《世界宗教研究》1997
　　　　年，第 2 期。

徐曉望：《論小商品經濟》，《中國經濟史研究》1997 年 2 期。

徐曉望：《福建人與澳門媽祖文化淵源》，廣東，《學術研究》1997 年，第 7 期。

徐曉望：《清代中琉貿易與福建手工業》，泉州，《海交史研究》1997 年第 2 期。

徐曉望：《福建人與澳門媽祖文化淵源》，廣東《學術研究》1997 年第 7 期。

徐曉望：《澳門的天后聖母崇拜與中西宗教的相容》，臺灣《歷史月刊》1997 年第 4 期。

徐曉望：《論媽祖與中國海洋文化精神》，《福建學刊》1997 年第 6 期。

徐曉望：《五代時期的畬族與客家》，《福建文史》1997 年第 1 期

徐曉望：《宋代福建佛教的盛衰》《南洋佛教》第 307 期。

徐曉望：《清代官府祭祀天后儀禮研究》，《澳門媽祖文化論文集》1998 年 4 月，澳門海事博物館、澳門文化研究聯合出版。

徐曉望：《宋代的閩籍宰相》，《炎黃縱橫》1998 年 1 期。

徐曉望：《明代漳州商人與中琉貿易》，泉州，《海交史研究》1998 年，第 2 期。徐曉望：《閩商研究》，中國文史出版社 2014 年。

徐曉望：《南宋福建人口統計資料辨證》，《福建史志》1998 年 4 期。

徐曉望：《論科舉制與中國東南的開發》福州，《東南學術》1998 年第 6 期。

徐曉望：《論元代福建的人口問題》福州，《福建論壇》文史哲版,1998 年第 6 期.

徐曉望：《論宋元明福建的糧食復種問題》，《中國農史》1999 年，第 1 期。

徐曉望：《明洪武年間福建的人口統計》，《福建史志》1999 年第 5 期

徐曉望：《明代福建市鎮述略》，《史林》1999 年，第 1 期。

徐曉望：《從航運之神到好運之神》，陳國強、林華章主編：《兩岸學者論媽祖》第二集，香港閩南人出版有限公司 1999 年。

徐曉望：《從閩都別記看中國古代東南區域的同性戀現象》河南《尋根》雜誌 1999 年第三期。

徐曉望：《論福建思想文化的發展道路》，《閩文化源流與近代福建文化變遷》論文集，海峽文藝出版社 1999 年。

徐曉望：《論吳隋二代臺灣移民進入大陸南部》《海峽兩岸臺灣移民史學術研討會論文集》1999 年內刊本；徐曉望：《早期臺灣史考證》，福州，海風出版社 2014 年。

徐曉望：《古代羅馬家族制度及西方理解東方的誤區》《學術研究》2000 年第 7 期。

徐曉望：《明代福建的冶鐵業》《福建史志》2000 年第 5 期。

徐曉望：《商品經濟與明清以來福建自然環境的變更》，西安，《中國歷史地理論叢》2000 年第三輯。

徐曉望：《從明清（使琉球錄）看閩江出海航道的變更》參加第八屆中琉歷史關係國際學術會議。

徐曉望：《明代福建的人口統計的一些問題——從人口統計看明朝官民關係的相互調整》，《中國社會歷史評論》第二卷天津古籍出版社 2000 年。

徐曉望：《明代福建人口統計問題》，《中國社會歷史評論》2000 年，第 3 期。

徐曉望：《論早期臺灣開發史的幾個問題》，北京，《臺灣研究》2000 年第 2 期。

徐曉望：《閩南民系的社會經濟特徵與臺灣開發》，《福建論壇》（文史版）2000 年第 1 期。

徐曉望：《論緣文化與閩台社會的人際關係特徵》，《福建論壇》經濟社會版，2000 年第 7 期。

徐曉望：《五緣文化——世界華人社會的組合特徵》臺灣《民聲雜誌》2000 年第 1 期。

徐曉望：《對閩王審知的評價問題》，福州社科院編《王審知學術研討會論文集》，2000 年。

徐曉望：《論施琅與姚啟聖》施偉青等：《施琅研究》廈門大學出版社 2000 年。

徐曉望：《論元代福建的教育》《教育評論》，2000 年 5 期。

徐曉望：《論元代福建商品生產的發展》《中國社會經濟史研究》2000 年 3 期。

徐曉望：《福建佛教與民間信仰》《法音》2000 年 1 期。

徐曉望：《明代福建的銀礦業》，《福建史志》2001 年，第 5 期。

徐曉望：《論朱熹與清官性格的塑造》，《福建省委黨校學報》2001 年。

徐曉望：《論隆武帝的戰略問題》，《中國史研究》2002 年 2 期。

徐曉望：《論隆武帝與鄭氏家族的權力之爭》，《福建師範大學學報》2002 第 1 期。

徐曉望：《論隆武帝與鄭芝龍》，《福建論壇》人文版，2002 年 3 期。

徐曉望：《論宋代福建經濟文化的歷史地位》《東南學術》2002 年 2 期。

徐曉望：《唐代福建的佛教流派及其對外交流》，《中共福建省委黨校學報》2002 年第 6 期。

徐曉望：《宋元福建絲織業考略》，《福建史志》2002 年 3 期。

徐曉望：《論明末清初漳州區域市場的發展》，《中國社會經濟史研究》2002 年 4 期（人大複印資料《中國近代史》2003 年第 6 期轉載）。

徐曉望：《閩台海洋文化的起源》，《海峽交通史論叢》海風出版社 2002 年。

徐曉望：《從溺嬰習俗看福建歷史上的人口自然構成問題》，《福建論壇》經濟社會版，2003 年，第 3 期。

徐曉望：《晚明在臺灣活動的閩粵海盜》，北京，《臺灣研究》2003 年第 3 期。

徐曉望：《論 17 世紀荷蘭殖民者與福建商人——關於臺灣海峽控制權的爭奪》，《福建論壇》人文社會科學版，2003 年第 3 期。

徐曉望：《貿易導向與閩臺地緣關係發展》，呂良弼主編：《海峽兩岸五緣論》，北京，方志出版社 2003 年。

徐曉望：《21 世紀閩台民間信仰的研究》，中國宗教學會秘書處編：《中國宗教學》第一輯，宗教文化出版社，2003 年。

徐曉望：《從福建霞浦縣松山天后宮掛圖看閩東媽祖信仰的文化心態》，
　　　　《媽祖信仰與現代社會學術研討會》兩岸會議 2002 年，林美
　　　　容等編：《媽祖信仰的發展與變遷——媽祖信仰與現代社會國
　　　　際研討會論文集》，臺灣宗教學會 2003 年刊。

徐曉望：《元代泉州的海外宗教及其對泉州文化的影響》，《閩南文化研
　　　　究》，中央文獻出版社 2003 年第 9 期。

徐曉望：《媽祖信仰及其文化精神》，《莆仙文化研究》海峽文藝出版社
　　　　2003 年。

徐曉望：《論晚唐五代莆仙區域文化發展浪潮》，《莆仙文化研究》論文
　　　　集，海峽文藝出版社 2003 年。

徐曉望：《論隆武時期的閩軍》，《第九屆明史國際學術討論會》廈門大
　　　　學出版社　2003 年。

徐曉望：《論晚明福建商業性農業的發展》，《中共福建省委黨校學報》
　　　　2003 年 4 期。

徐曉望：《宋元福建佛教的發展》，《面向新世紀初的福建佛教》宗教文
　　　　化出版社 2003 年。

徐曉望：《莆仙文化學術研討會綜述》，《莆仙文化研究》海峽文藝出版
　　　　社 2003 年。

徐曉望：《論唐末五代閩北經濟文化的發展》，福建省炎黃文化研究會
　　　　編：《武夷文化研究》，海峽文藝社 2003 年。

徐曉望：《宋代區域文化發展的高峰——閩北文化》，福建省炎黃文化研
　　　　究會編：《武夷文化研究》，海峽文藝社 2003 年版，與陳遵沂、
　　　　黃潔瓊等，本人撰寫 8400 字。

徐曉望：《論唐五代福建土著的漢化進程》，霍彥儒主編：《炎帝與漢民
　　　　族論集》，三秦出版社 2003 年。

徐曉望：《論隋唐五代福建的開發及其文化特徵的形成》，《東南學術》
　　　　2003 年第 5 期。

徐曉望：《論晚明對臺灣、澎湖的管理及設置郡縣的計畫》，北京，《中
　　　　國邊疆史地研究》，2004 年第 3 期。

徐曉望：《晚明福建與江浙的區域貿易》，《福建師範大學學報》2004 年第 1 期。

徐曉望：《明代福建絲織業考略》，《福建史志》2004 年第 1 期。

徐曉望：《儒學與宋代福建的地方官》，《朱子研究》2004 年 2-3 合刊。

徐曉望：《曹學佺“石倉全集”與晚明臺灣、澎湖的開發》，廈門大學臺灣研究中心、廈門大學臺灣研究院：《海峽兩岸臺灣史學術會論文集》，2004 年。

徐曉望：《關於福建省的女性生活與女神信仰的歷史》（日文），野村伸一編著：《東亞的女神信仰和女性生活》，慶應義塾大學出版社會 2004 年。

徐曉望：《宋代閭山派巫法與早期媽祖信仰》《大甲媽祖國際學術研討會會後實錄》台中縣靜宜大學觀光事業學系，2004 年。又見：徐曉望：《福建民間信仰論集》，北京，光明出版社 2011 年。

徐曉望：.《華人的媽祖信仰與環南海經濟圈》，《媽祖文化與 22 世紀東亞文明》國際研討會論文集《媽祖研究學報》第一輯 2004 年 4 月馬來亞雪隆海南會館媽祖文化研究中心出版（2003 年 10 月 19 日“媽祖文化與 21 世紀東亞文明”國際研討會論文）

徐曉望：《宋代福建的私塾與儒學的發展》《孔學論文集》三第一屆儒學國際學術研討會（馬來西亞孔學研究會主辦《儒學國際學術研討會》論文集 2004 年 8 月吉隆玻）。《閩台文化新論》，北京，中國書籍出版社 2012 年。

徐曉望：《從閩南郡縣的設置看閩南區域的開發》，《閩台文化交流》2004 年 5 月漳州師院閩台文化研究所彙編。

徐曉望：《論瑜珈教與《西遊記》的眾神世界》，《東南學術》2005 年第 5 期。

徐曉望：《從《閩都別記》、《海遊記》看陳靖姑信仰的兩大系統》，廈門大學宗教學研究所編《道學研究》2005 年第二期，香港蓬瀛仙館 2005 年 12 月刊。

徐曉望：《論施琅與清朝的關係》《施琅研究》，香港人民出版社 2005 年。

徐曉望：《從幾條新史料看鄭和航海與福建的關係》江蘇省編《紀念鄭和下西洋 600 周年國際論壇論文集》中國社會科學文獻出版社 2005 年 7 月。

徐曉望：《晚明臺灣北港的事變與福建官府》，臺北，臺灣各姓淵源研究學會編：《臺灣源流》，2005 年冬季刊，第 33 卷。

徐曉望：《福建省統轄臺灣之始》，本篇為作者參加 2005 年學術會議的文章，後發表于福建省炎黃文化研究會等編：《臺灣建省與抗日戰爭研究——紀念抗日勝利 60 周年暨臺灣建省 120 周年學術研討會論文集》，廈門：鷺江出版社 2008 年。

徐曉望：《鄭芝龍之前開拓臺灣的海盜袁進與李忠》，福建漳州：《閩台文化交流》2006 年 1 月。

徐曉望：《論明代北港的崛起》，《臺灣研究》2006 年 2 期。

徐曉望：《嚴啟盛與澳門史事考》，《文化雜誌》中文版第 58 期，澳門特別行政區政府文化局 2006 年。

徐曉望：.《論法主公與《西遊記平話》》，臺灣，《歷史月刊》2006 年 11 月號。

徐曉望：《清代賜封天后問題新探》，臺灣，《臺灣源流》2006 年冬季刊，總 37 期。

徐曉望：《宋代閭山派巫法與早期媽祖信仰》，趙麟斌主編：《閩台民俗散論》，北京，海洋出版社，2006 年。

徐曉望：《閩國時期的福州宗教》，福建省炎黃文化研究會、中共福州市委宣傳部編：《閩都文化研究》上、下，福州，海峽文藝出版社 2006 年。

徐曉望：《論閩國時期福州文化的發展》福建省炎黃文化研究會、中共福州市委宣傳部編：《閩都文化研究》上、下，福州，海峽文藝出版社 2006 年。

徐曉望：《論漢唐宋元福州城市的發展》福建省炎黃文化研究會、中共福州市委宣傳部編：《閩都文化研究》上、下，福州，海峽文藝出版社 2006 年。

徐曉望：《晚明福建財政與福建疆吏對臺灣問題的處理》，《法國漢學》
　　　　第十二輯，《邊臣與疆吏》，中華書局 2007 年。徐曉望：《早期
　　　　臺灣史考證》，福州，海風出版社 2014 年。

徐曉望：《晚明汀州兩江流域區域市場比較》，周雪香編：《多學科視野
　　　　中的客家文化》，福建人民出版社 2007 年。

徐曉望：《清軍入閩與鄭芝龍降清事考》，《福建論壇》2007 年 7 期，人
　　　　大複印資料明清史 2007 年 11 期轉載。

徐曉望：《論明清以來儒者關於媽祖神性的定位》，福州，《福州大學學
　　　　報》，2007 年 2 期。

徐曉望：《澳門媽祖閣洋船石考》，澳門理工大學，《中西文化研究》2007
　　　　年 2 期。

徐曉望：《長樂顯應宮新考》，《福州晚報》2007 年 4 月 14 日，21 版。

徐曉望：《長樂仙岐村天妃行宮考》，《福州晚報》2007 年 4 月 28 日，
　　　　30 版。

徐曉望：《清初賜封媽祖天后問題新探》，《福建師範大學學報》，2007
　　　　年 2 期。

徐曉望：《元代道士薛弘茂與天妃信仰》，廈門大學：《道學研究》2007
　　　　年 2 期。

徐曉望：《論元代的湄洲廟與媽祖信仰》，《莆田學院學報》第 14 卷，第
　　　　3 期。

徐曉望：《論西遊記傳播源流的南北系統——兼答蔡鐵鷹先生》，福州，
　　　　《東南學術》2007 年第 5 期。

徐曉望：《唐五代書院考略》《教育評論》2007 年 3 月。

徐曉望：《五代書院考略》《福建行政學院、福建經濟管理幹部學院學報》
　　　　2007 年 6 期

徐曉望：《論明代廈門灣周邊港市的發展》，《福建論壇》文史哲版，2008
　　　　年第 7 期。

徐曉望：《論明清福州城市發展及重商習俗》，《閩江學院學報》，2008
　　　　年 1 期。

徐曉望：《鄭芝龍家族與明代澳門的閩商》，澳門，《澳門研究》2008 年
　　　8 期；徐曉望：《閩商研究》，北京，中國文史出版社 2014 年。

徐曉望：《論瑜珈教與臺灣的閭山派法師》，《福州大學學報》2008 年 2
　　　期。

徐曉望：《論馬祖列島的水神信仰與祖地福建》，《臺灣研究》2008 年第
　　　3 期。

徐曉望：《論關帝信仰與閩人的英雄崇拜》，泉州市區民間信仰研究會：
　　　《論關帝信仰與閩人的英雄崇拜》，廈門大學出版社 2008 年。

徐曉望：《清代敕封天后問題新探》，省炎黃文化研究會編：《閩台文化
　　　研究》，福州，海峽文藝社 2008 年。

徐曉望：《澳門媽祖文化信仰》吳志良主編：《澳門史新論》第四冊第一
　　　章，澳門基金會 2008 年。

徐曉望：《論明代福建商人的海洋開拓》，《福建師範大學學報》2009 年
　　　第 1 期。

徐曉望：《明代韓江流域區域市場研究》葉顯恩等主編：《泛珠江三角與
　　　南海貿易》，香港出版社 2009 年。

徐曉望：《論明清時期中國手工業技術的進步》，《東南學術》2009 年第
　　　3 期，《經濟史》人大複印資料 2009 年 10 月，《明清史》人大
　　　複印資料 2010 年 1 月。

徐曉望：《論晚明泉州區域市場發展的瓶頸》，《福建論壇》文史哲版，
　　　2009 年第 8 期。

徐曉望：《論王審知開發東南的偉大貢獻》趙保佑主編：《區域文化與區
　　　域發展》，河南人民出版社 2009 年。

徐曉望：《關於廈門港崛起的一些認識》《福建經濟史考證》澳門出版社
　　　2009 年。

徐曉望：《晚明漳州城與九龍江區域市場》《福建經濟史考證》澳門出版
　　　社 2009 年。

徐曉望：《晚明閩江下游與閩東沿海的區域市場》《福建經濟史考證》澳
　　　門出版社 2009 年。

徐曉望：《晚明延平府城與閩江上游區域市場》《福建經濟史考證》澳門
　　　出版社 2009 年。

徐曉望：《福建與東亞貿易的三個關鍵時期》《福建經濟史考證》澳門出
　　　版社 2009 年。

徐曉望：《清代中琉貿易與福建手工業》《福建經濟史考證》澳門出版社
　　　2009 年。

徐曉望：《明代閩北茶業考證》《福建經濟史考證》澳門出版社 2009 年。

徐曉望：《清代武夷茶製作技術考證》《福建經濟史考證》澳門出版社
　　　2009 年。

徐曉望：《論歷史上安溪制茶業的興衰》《福建經濟史考證》澳門出版社
　　　2009 年。

徐曉望：《廈門島的媽祖廟與媽祖稱呼的起源——關於媽祖之稱起源的
　　　一個假說》，《媽祖國際學術研討會——媽祖民間信仰論與文物
　　　論集》，台中縣文化局 2009 年。

徐曉望：《福建特殊文化與彼岸的回聲》，《中共福建省委黨校學報》2009
　　　年第 5 期。

徐曉望：《閩都文化與近代中西文化交流》，《閩江學院學報》2009 年第
　　　3 期。

徐曉望：《明代韓江流域與汀江流域的區域市場》，葉顯恩等主編：《泛
　　　珠江三角與南海貿易》，香港出版社 2009 年。

徐曉望：《論閩都文化與臺灣文化》，葉聖陶研究會主編：《中華傳統文
　　　化研究與評論》第三輯。北京，人民教育出版社 2009 年。

徐曉望：《福建與東亞貿易的三個關鍵時期》，《福建史志》2009 年第 2
　　　期。

徐曉望：《晚明延平府城與閩江上游區域市場》，《福建經濟史考證》，澳
　　　門出版社 2009 年。

徐曉望：《明末西班牙人佔據臺灣雞籠、淡水時期與大陸的貿易》，《臺
　　　灣研究集刊》2010 年第 2 期。

徐曉望：《福清葉向高家譜列傳研究——從高利貸家族到官宦人家》，《福

建師範大學報》2010 年第 3 期。

徐曉望：《雅加達金德院與閩南原鄉》，漳州師院《閩台文化交流》2010
　　　年 1 期。

徐曉望：《論閩南人與中國海洋文化》，《閩南》2010 年第 2 期。

徐曉望：《晚明日本市場的開拓和限制》，《中共福建省委黨校學報》2010
　　　年 6 期。

徐曉望：《歷史學——人類社會發展的資鑒之學》，陳必滔主編：《社會
　　　科學概覽》，福建人民出版社 2010 年。

徐曉望：《福建與澳門媽祖文化淵源》，《澳門人文社會科學研究文選》
　　　社會科學文獻出版社 2010 年。

徐曉望：《論陳元光開漳對福建開發的巨大貢獻》漳州師院《閩台文化
　　　交流》2010 年 2 期。

徐曉望：《論荷據時期臺灣市鎮的性質》，王碧秀主編：《五緣文化與兩
　　　岸關係》，同濟大學出版社 2010 年；徐曉望：《早期臺灣史考
　　　證》，福州，海風出版社 2014 年。

徐曉望：《平潭縣媽祖信仰調查》，臺灣大甲媽祖國際學術研討會文集
　　　2010 年。

《福清葉向高家譜列傳研究——從高利貸家族到官宦人家》，《福建師範
　　　大學報》2010 年第 3 期。

徐曉望：《梁嘉彬“流求論”的成功與失誤》，2010 年福建省五緣文化
　　　參會論文。徐曉望：《早期臺灣史考證》，福州，海風出版社
　　　2014 年。

徐曉望：《論傅衣凌的史學道路》，《相聚休休亭——紀念傅衣凌誕辰 100
　　　年學術論文集》，廈門大學出版社 2011 年。

徐曉望：《隋代陳稜、朱寬赴流求國航程研究》，《福建論壇》2011 年，
　　　第 3 期。

徐曉望：《元代瑠求及臺灣、彭湖相關史實考》，《福建師範大學學報》
　　　2011 年，第 4 期。

徐曉望：《臺灣光復與釣魚島列嶼的法理回歸》，《東南學術》2011 年，

第 2 期。

徐曉望：《臺灣：琉球之名的失落——關於琉球與臺灣歷史的一種假說》，陳小沖主編：《臺灣歷史上的移民與社會研究》，北京，九州出版社 2011 年。

徐曉望：《臺灣光復與釣魚島列嶼的法理回歸》，《東南學術》2011 年，第 2 期。

徐曉望：《澳門媽祖閣之正覺禪寺研究》，《澳門研究》2011 第 4 期。

徐曉望：《唐宋海壇島的行政隸屬——平潭政制沿革研究》，《中共福建省委黨校學報》2011 年第 8 期。

徐曉望：《論越人與中國海洋文化的起源》，中國太平洋學會等編：《中國民間海洋信仰與祭海文化研究》，北京，海洋出版社 2011 年。

徐曉望：《論朱熹及其閩北文化的背景》，《朱子文化》2011 年第 2 期。

徐曉望：《臺灣：琉球之名的失落》，陳小沖主編：《臺灣歷史上的移民與社會研究》北京，九州出版社 2011 年。

徐曉望：《論越人與中國海洋文化的起源》，中國太平洋學會等編：《中國民間海神信仰與祭海文化研究》北京，海洋出版社 2011 年。

徐曉望：《論唐宋流求與臺灣北部的十三行文化》，《福州大學學報》2012 年第 1 期。

徐曉望：《論明清之際臺灣海洋經濟的形成》，福州，《學術評論》2012 年第 2 期。

徐曉望：《明代煙草傳播新考》《閩台文化交流》2012 年第 1 期。

徐曉望：《清代建煙在國內的傳播》，《閩台文化交流》2012 年第 2 期。

徐曉望：《明代葡萄牙人在漳州的貿易及東亞歷史的拐點》，《澳門研究》2012 年第 3 期。

徐曉望：《范祖禹〈王延嗣傳〉及閩國史料的新發現》《閩台文化新論》，北京，中國書籍出版社 2012 年。

徐曉望：《論南宋大儒王應麟的儒學成就》《閩台文化新論》，北京，中國書籍出版社 2012 年。

徐曉望：《宋代閩北建寧府的科舉事業》《閩台文化新論》，北京，中國

書籍出版社 2012 年。

徐曉望：《宋代福建各州進士統計表》《閩台文化新論》，北京，中國書籍出版社 2012 年。

徐曉望：《論鄭成功複台之際臺灣的法律地位》福建論壇 2012 年第 10 期；《人大複印資料・明清史》2013 年第 2 期。

徐曉望：《福建思想文化的發展道路》，《閩都文化》2012 年第 3 期。

徐曉望：《八閩文化淺論》《閩台文化新論》，北京，中國書籍出版社 2012 年。

徐曉望：《閩南文化簡論》《閩台文化新論》，北京，中國書籍出版社 2012 年。

徐曉望：《論閩國時期福州文化的發展》《閩台文化新論》，北京，中國書籍出版社 2012 年。

徐曉望：《論閩南區域中原儒學文化的傳承》《閩南文化新探——第六屆海峽兩岸閩南文化研討會論集》，鷺江出版社。

徐曉望：《船政測繪術和平潭歷史地圖概說》《閩都文化》2012 年第五期。

徐曉望：《論閩南海洋文化對臺灣經濟的影響》《建省炎黃文化研究會等編：《海洋文化與福建發展》，鷺江出版社社 2012 年。

徐曉望：《明清時期福建儒商並重的文化傳統》《閩商文化研究》2012 年第 2 期。

徐曉望：《明清祭祀媽祖的官廟制度比較》，劉存有主編：《宗教與民族》第七輯，北京，宗教文化出版社 2012 年。

徐曉望、徐思遠：《論明清閩粵海洋文化與臺灣海洋經濟的形成》，《福州大學學報》2013 年第 1 期。

徐曉望：《論福建漢民族的形成過程》《閩台文化新論》，北京，中國書籍出版社 2012 年。

徐曉望：《論嚴複與閩人相容並蓄的文化精神》《閩台文化新論》，北京，中國書籍出版社 2012 年。

徐曉望：《論陳寶琛的文化價值觀及其政治選擇》《閩台文化新論》，北

京，中國書籍出版社 2012 年。

徐曉望：《關於泉州蕃商蒲壽庚的幾個問題》《福建論壇》人文社會版，
　　　2013 年第四期。

徐曉望：《關於澳門開港與媽閣廟起源的再認識》《澳門研究》2013 年
　　　第二期。

徐曉望：《論明清時期福建瓷器生產大勢》《澳門研究》2013 年第五期。

徐曉望：《清代福建制煙業考》《閩台文化研究》2013 年第二期。

徐曉望：《福州工商業和晚清臺灣的城市化進程》，閩台緣博物館主辦：
　　　《西岸文史集刊》第二輯，福建教育出版社 2013 年。

徐曉望：《澳門媽祖閣與媽祖信仰相關問題研究》《世界宗教研究》2014
　　　年第 5 期。

徐曉望：《論福建精神的歷史文化淵源》《中國福建省委黨校學報》2014
　　　年第 3 期。

徐曉望：《林希元、喻時及金沙書院《古今形勝之圖》的刊刻》《福建論
　　　壇》2014 年第 4 期。

徐曉望：《明清閩北商幫研究》徐曉望：《閩商研究》，北京，中國文史
　　　出版社 2014 年。

徐曉望：《清代閩西連城商人及其慈善事業》徐曉望：《閩商研究》，北
　　　京，中國文史出版社 2014 年。

徐曉望：《論閩商發展的階段性和主要特點》徐曉望：《閩商研究》，北
　　　京，中國文史出版社 2014 年。

徐曉望：《"沉東京、浮福建"與閩台古文明起源的假說》徐曉望：《早
　　　期臺灣史考證》，福州，海風出版社 2014 年。

徐曉望：《沈有容史事考》徐曉望：《早期臺灣史考證》，福州，海風出
　　　版社 2014 年。

徐曉望：《洋口考察記》徐曉望：《明清東南海洋經濟史研究》，北京，
　　　中國文史出版社 2014 年。

徐曉望：《明清廣東與福建的區域經濟互動》徐曉望：《明清東南海洋經
　　　濟史研究》，北京，中國文史出版社 2014 年。

徐曉望：《泉州海洋經濟的崛起》《閩南》2014 年第 4 期。

徐曉望：《晚清閩台經濟互動與臺灣經濟的起飛》《閩台商業史新探》經
　　　濟日報出版社 2015 年。

徐曉望：《鴉片戰爭前後中英茶葉貿易的口岸之爭》《福建論壇》2015
　　　年第 8 期。

徐曉望：《論明清泉州海洋經濟模式的形成與發展（上）》陳慶宗、陳支
　　　平編：《閩南文化論壇論文集》，上海世紀出版集團：上海文化
　　　出版社 2015 年。

徐曉望：《論宋元時期上海周邊港市媽祖信仰的傳播》澳門媽祖文化研
　　　究中心編：《媽祖信仰與華人的海洋世界》，澳門基金會 2015
　　　年。

徐曉望：《宋元莆仙人與媽祖信文化廣東的傳播》澳門媽祖文化研究中
　　　心編：《媽祖信仰與華人的海洋世界》，澳門基金會 20 15 年

徐曉望：《關於澳門開港與與媽閣廟起源的再認識》澳門媽祖文化研究
　　　中心編：《媽祖信仰與華人的海洋世界》，澳門基金會 20 15 年

徐曉望：《論唐代的閩越遺風與閩人的海商傳統》《閩台文化交流》2015
　　　年第 4 期。

徐曉望：《民國時期的閩台貿易淺探》《閩台關係研究》2016 第 1 期

徐曉望：《論中國海上絲綢之路在中國東南的起源》《歷史教學》2016
　　　年第 3 期下半月刊。

徐曉望：《論福建海洋文化與中外文化交流》《中共福建省委學校學報》
　　　2016 年，第 3 期。

徐曉望：《疍家人與中國原生態海洋文化》王欣、萬明：《中外關係史視
　　　野下的一帶一路》陝西師範大學出版總社 2016 年。

徐曉望：《晚清福州與北臺灣的城市化建設》《福建論壇》文史哲版，2016
　　　年第 10 期。

附錄：徐曉望著作目錄

徐曉望：《福建民間信仰源流》，福建教育出版社 1993 年。

徐曉望主編：《福建思想文化史綱》，福建教育出版社 1996 年。

徐曉望：《閩國史》，臺灣五南公司 1997 年。

徐曉望、陳衍德：《澳門媽祖文化研究》，澳門基金會 1998 年。

徐曉望：《媽祖的子民——閩台海洋文化研究》，上海學林出版社 1999 年。

林仁川、徐曉望：《明末清初中西文化衝突》，上海華東師大出版社 1999 年。

林慶元主編：《福建近代經濟史》，福建教育出版社.2001 年。撰寫：第一編第八章第一節、第二編第六章第一、二節。

徐曉望：《閩南史研究》，福州，海風出版社 2004 年。

徐曉望主編：《福建通史·上古卷》，福州，福建人民出版社 2006 年。

徐曉望：《福建通史·隋唐五代卷》，福州，福建人民出版社 2006 年。

徐曉望主編：《福建通史·宋元卷》，福州，福建人民出版社 2006 年。

徐曉望：《福建通史·明清卷》，福州，福建人民出版社 2006 年。

徐曉望主編：《福建通史》，福州，福建人民出版社 2006 年。

徐曉望：《早期臺灣海峽史研究》福州，海風出版社 2006 年。

徐曉望：《媽祖信仰史研究》福州，海風出版社 2007 年。

徐曉望：《閩澳媽祖廟調查》，澳門，中華媽祖基金會 2008 年。

徐曉望：《21 世紀的文化使命》福州，海風出版社 2009 年。

徐曉望：《福建經濟史考證》，澳門，澳門出版社 2009 年。

徐曉望：《閩北文化述論》北京，中國社會科學出版社 2009 年。

徐曉望：《福建民間信仰論集》，北京，光明出版社 2011 年。

徐曉望：《福州台江與東南海陸商業網絡研究》緒論、第一章、第五章、第九章、第十章，福州，海峽書局 2011 年。

徐曉望：《福建平潭概況》第一章、第二章第一節，福建人民出版社 2011 年。

徐曉望：《閩台文化新論》，北京，中國書籍出版社 2012 年。

徐曉望：《唐宋東南區域史論》，北京，中國書籍出版社 2012 年。

徐曉望：《宋代福建史新編》，北京，線裝書局 2013 年。

徐曉望：《閩商發展史‧古代部分》，蘇文菁主編：《閩商發展史》，廈門
　　　　大學出版社 2013 年。

徐曉望等：《中國地域文化通覽‧福建卷》，上編，北京，線裝書局 2013
　　　　年。

徐曉望：《閩商研究》，北京，中國文史出版社 2014 年。

徐曉望：《閩國史略》，北京，中國文史出版社 2014 年。

徐曉望：《明清東南海洋經濟史研究》，北京，中國文史出版社 2014 年。

徐曉望：《明清東南山區社會經濟轉型——以閩浙贛邊為中心》，北京，
　　　　中國文史出版社 2014 年。

徐曉望：《早期臺灣史考證》，福州，海風出版社 2014 年。

徐曉望：《商海泛舟——閩台商緣》北京，社會科學文獻出版社 2015 年。

徐曉望等：《閩台商業史新探》經濟日報出版社 2015 年。

澳門媽祖文化研究中心編：《媽祖信仰與華人的海洋世界》，澳門基金會
　　　　2015 年。

徐曉望：《福建文明史》，中國書籍出版社 2016 年。

徐曉望：《明代前期福建史》，北京，線裝書局 2016 年。

徐曉望：《中國福建海上絲綢之路發展史》，北京，九州出版社 2017 年。

國家圖書館出版品預行編目資料

徐曉望臺灣史研究名家論集（二編）/徐曉望　著者. -- 初版. -
臺北市：蘭臺, 2018.06
面；　公分. -- (臺灣史研究名家論集；2)
ISBN　978-986-5633-70-7　（全套：精裝）

1.臺灣研究　2.臺灣史　3.文集
733.09　　　　　　　　　　　　　　　107002074

臺灣史研究名家論集 2

徐曉望臺灣史研究名家論集（二編）

著　　者：徐曉望
主　　編：卓克華
編　　輯：高雅婷、沈彥伶、塗語嫻
封面設計：塗宇樵
出 版 者：蘭臺出版社
發　　行：蘭臺出版社
地　　址：台北市中正區重慶南路 1 段 121 號 8 樓之 14
電　　話：(02)2331-1675 或(02)2331-1691
傳　　真：(02)2382-6225
E—MAIL：books5w@gmail.com 或 books5w@yahoo.com.tw
網路書店：http://bookstv.com.tw/、http://store.pchome.com.tw/yesbooks/、
　　　　　博客來網路書店、博客思網路書店、三民書局

總 經 銷：聯合發行股份有限公司

電　　話：(02) 2917-8022　　　　傳 真：(02) 2915-7212
劃撥戶名：蘭臺出版社　帳號：18995335
香港代理：香港聯合零售有限公司
地　　址：香港新界大蒲汀麗路 36 號中華商務印刷大樓
　　　　　C&C Building, 36,Ting, Lai, Road, Tai,Po, New,Territories
電　　話：(852) 2150-2100　　　　傳真：(852) 2356-0735
經　　銷：廈門外圖集團有限公司
地　　址：廈門市湖里區悅華路 8 號 4 樓
電　　話：86-592-2230177　　　　傳 真：86-592-5365089
出版日期：2018 年 6 月初版
定　　價：新臺幣 30000 元整（套書，不零售）
ISBN：978-986-5633-70-7

《臺灣史研究名家論集》

（共十四冊）卓克華總編，汪毅夫等人著作

王志宇、汪毅夫、卓克華、周宗賢、林仁川、林國平、韋煙灶、
徐亞湘、陳支平、陳哲三、陳進傳、鄭喜夫、鄧孔昭、戴文鋒

ISBN：978-986-5633-47-9

這套叢書是兩岸研究台灣史的必備文獻，解決兩岸問題也可以從中找到契機！

　　這套叢書是十四位兩岸台灣史的權威歷史名家的著述精華，精采可期，將是臺灣史研究的一座豐功碑及里程碑，可以藏諸名山，垂範後世，開啓門徑，臺灣史的未來新方向即孕育在這套叢書中。展視書稿，披卷流連，略綴數語以說明叢刊的成書經過，及對臺灣史的一些想法，期待與焦慮。

臺灣史料研究叢書(套書)定價：28000元

《臺灣史研究名家論集》 共十四冊

陳支平——總序

　　臺灣史研究的興盛，主要是從二十世紀八十年代開始的。臺灣史研究的興起與興盛，一開始便與政治有著密切的聯繫。從大陸方面講，「文化大革命」的結束與「改革開放」政策的實行，使得大陸各界，當然包括政界和學界，把較多的注意力放置在臺灣問題之上。而從臺灣方面講，隨著「本土意識」的增強，以及之後的「臺獨」運動的推進，學界也把較多的精力轉移到對於臺灣歷史文化及其現狀的研究之上。經過二三十年的摸索與磨練，臺灣歷史文化的學術研究，逐漸蔚為大觀，成果喜人。以大陸的習慣性語言來定位，臺灣史研究，可以稱之為「臺灣史研究學科」了。未完待續……

汪毅夫——簡介

1950年3月生，臺灣省臺南市人。曾任福建社會科學院研究員，現任中華全國臺灣同胞聯誼會會長，福建師範大學社會歷史學院兼職教授、博士生導師，享受國務院特殊津貼專家。撰有學術著作《中國文化與閩臺社會》、《閩臺區域社會研究》、《閩臺緣與閩南風》、《閩臺地方史研究》、《閩臺地方史論稿》、《閩臺婦女史研究》等15種，200餘萬字。曾獲福建省社會科學優秀成果獎7項。

汪毅夫名家論集—目次

100 台北市中正區重慶南路1段121號8樓之14
TEL：（8862）2331 1675 FAX：（8862）2382 6225

E-mail：books5w@gmail.com
網址：http://bookstv.com.tw